図説 日本未確認生物事典

笹間良彦

角川文庫
21313

目次

獣類の変化《へんげ》

鳥類の変化《へんげ》

湿性類の変化《へんげ》

はじめに

電子科学の著しい発達や、生物学的に遺伝子の組み換えとＤＮＡによる超微体の分野まで応用されつつある現代において、過去における妖《あや》しい現象(anomalous phenomena)も解明されつつある状態となって来た。

これは加速度的に科学が発達したことによって人の思考も生活環境も変化した結果で、誠に結構なことであるが、それだけに人の心に自然に対する尊敬と夢とロマンが失われつつあることも事実である。その反面に、深層心理では、かつて不可解であったものに対する幻想的思考への憧《あこが》れが逆に芽ばえて来ている。

子供達の持つ玩具《がんぐ》に鬼や河童《かっぱ》の面は通用しなくなり、リモコン操作のメカニック玩具が普及するなかで、超能力的怪獣玩具が子供達の夢として歓迎されている。いかに科学が発達しても所詮《しょせん》人類は夢を追い、未知の分野に興味を示すものであるから、科学で割り切って納得してしまうことには未練がある。精神医学の進歩により、狐・狸・天狗《てんぐ》が人を誑《たぶら》かし、また動物霊が憑《つ》いたりすることは昔の話として否定されているが、これも進歩した神霊学や超能力の開発が科学的分野において研究され、人々に新しい驚異と興味を与えている。そうした中で過去の伝承された、奇現象を見せた生物達を一概に一笑に付して抹殺してしまってよいものであろうか。科学万能の現代という時代においてこそ、もう一度実在しないのに実在する？　不可思議な奇現象生物の歴史を見直す必要があるのではないだろうか。

故に本書は過去における奇現象・超常現象を示し、また想像の分野において発生したさまざまな生物例を集録したのであるが、これを広く世界に求めたらとても数冊の書でもまとめきれないので、過去の日本の生物に範囲を絞ることにした。これらの、いまだ未確認な奇現象生物を錯覚、幻覚によるものと断定する前に、なぜ目撃談、遭遇談として記録に留《とど》められたり、伝承されてきたかを考える必要がある。したがって本書は、現代的視野から実態はこうであろうと説くより、記録、伝承が何を意味しているのか、昔の人がどのように受けとめていてその深層心理は何であったかを読んでいただき考えてもらうために、収録した記録や伝承譚《たん》には、意識的に現代的解説はつけない事にした。

一九九三年初冬

笹間良彦

凡例

（1）本書は、多数の資料から引用文を採っているが、読者の読み易さを考慮して、原文のままの採録は短いものに限り、多くは現代語、もしくは読み下し文にしている。

（2）＊印のついた図版は、資料から著者が描きおこしたものである。

（3）図版資料として保存されているとされる各種の未確認生物の写真も考えられるが、これらは巧妙な人工物であるのが通例であるため、本書には収録していない。

擬人的妖怪編

天狗の記録の大概

てんぐのきろくのたいがい

日本で天狗《てんぐ》の文字の初見は『日本書紀』舒明《じよめい》天皇九（六三七）年二月十一日の条に

大きい星が東の空から西の空に向かって流れ、雷のような音を立てた。人々は流れ星が鳴ったのだといったら、唐からきた旻僧《びんのほうし》が、あれは流れ星ではない。天狗というものだ。それが証拠には雷のような音を立てたではないかといった。

とある。流星が大気中に入って摩擦を生じるから音を発するので、大気中に入らぬ星は音が聞こえない。それだけの違いで流星と天狗の区別をしていたので、中国では目撃した人の位置から流星の走り方に種類があるとも考えていた。『漢書音義』では尾をあまり引かない流れ星を飛星、尾を長く引くのを流星または奔星、という。

『符瑞円』では

流星は天からの使者で上方から降って来るのを流れ星といい、下から上に奔《はし》るのを飛星、その大きく光って流れるのを奔星という。

として、また『史記』劉向《りゅうきょう》伝には

流れ星で音を発しているのを天狗星といい、音の無いのを狂夫という。

また、『五雑俎《ござっそ》』には

流れ星には色があって、青赤いものを地鴈《じがん》といい、青赤で光の強いものは天鴈《てんがん》という。赤黒で大型で啄《くちばし》ある如く尖って見えるものは梁星《りょうせい》といい、これは婦女の妊娠を妨げる兆《きざし》として恐れられ天狗星といい、こうした流れ星を不吉として嫌がる。

と、中国では流れ星の状態によっていろいろの名称の使い分けをしたり、天からの使いと見ただけに色々と分類して観察していた。故に舒明天皇九年の流星は大音響を轟《とどろ》かしたので流星ではない天狗だとしたのである。ところが当時の日本人は天狗を「アマツキツネ」または「アマツトトネ」と訓《よ》んだがために、後世天狗が狐、もしくは狐に縁のある存在と考えるようになったのである。
中国では何故天狗、つまり天の狗《いぬ》としたかというと、『史記』や『漢書』に

天狗状如二大奔星一有レ声。其下止レ地類レ狗。所レ墜望レ之如二火光一炎々衝レ天。
天狗如二大流星一。色黄有レ声。其止レ地類レ狗。所レ墜望レ之如二火光一炎々衝レ天。

などと、天狗は大奔星《だいほんせい》のようであって音響を発し、地上に落ち止まったところに狗のようなものがいると思われていたからで、これは日本の雷獣に対する考え方と同じである。天から降って来た犬と考えたから、雷音を発する流星を天の狗としたのである。こうした、雷音を発する天狗星が落ちると不吉の兆《きざし》と考えられていた思想が日本にも伝えられ、天狗は妖《あや》しげな現象から怪しいわざをなす存在として認識される根底となっている。

そしてこれが日本古代神話に出て来る句句廼馳《くぐのち》や罔両《もうりょう》（魑魅魍魎《ちみもうりょう》）の存在に結び付けられ天狗の文字を藉《か》りるようになり、また仏教流入以降は飛天夜叉《ひてんやしゃ》や大黒天《だいこくてん》・荼吉《だき》尼《に》等の性格となり、また神仏混淆《こんこう》の思想から神道系の山岳修験道信仰の山霊山神も加味されて、日本独特の天狗の存在が確立されて来たのである。

従って日本の天狗として形態がまとまり始め、人目に触れるようになったのは、平

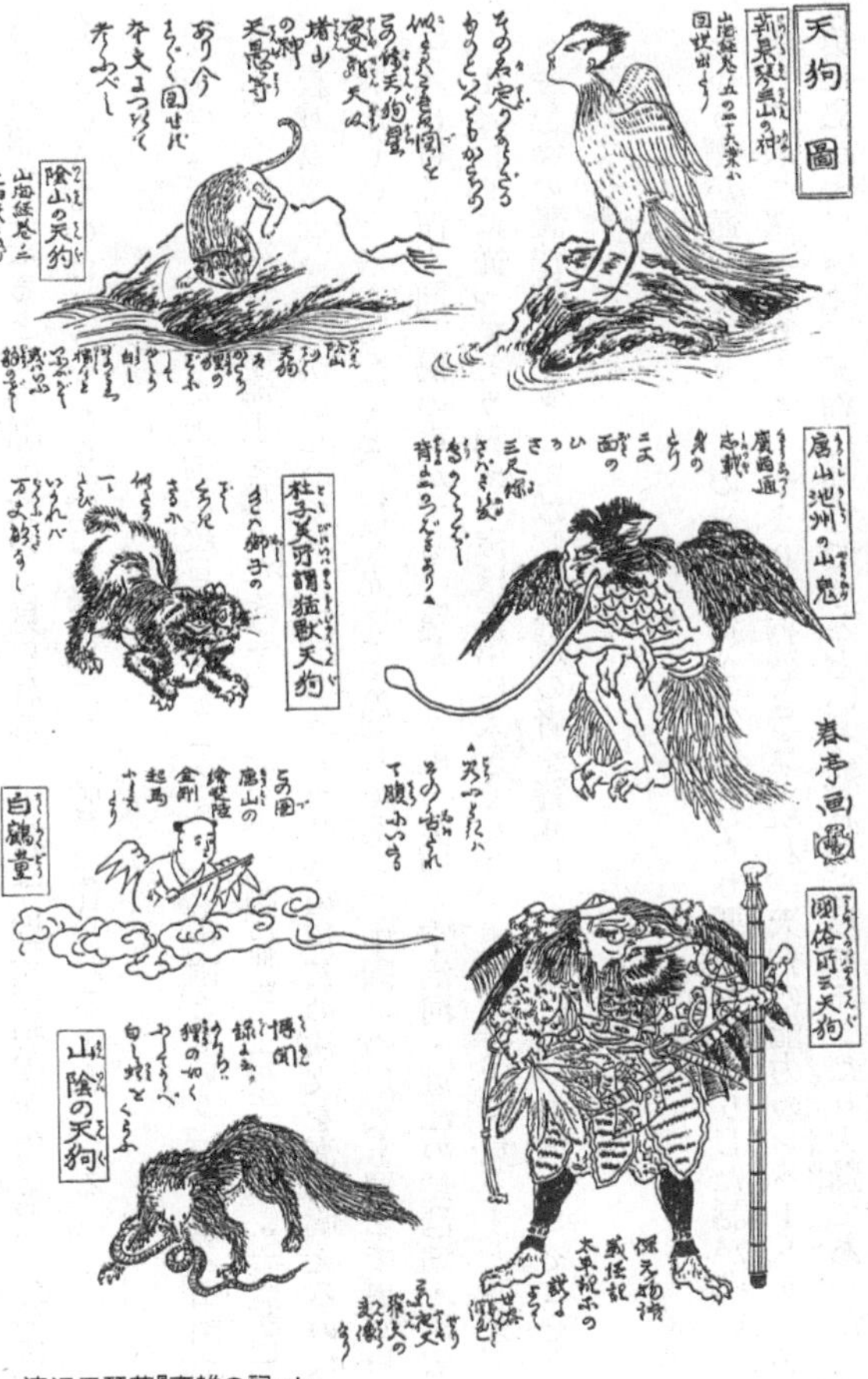

天狗　滝沢馬琴著『烹雑の記』＊

安時代頃からで『大鏡』や『宇津保物語』『栄花物語』等に天狗の語が散見し始め、『今昔物語』になると天狗譚《たん》は数多く見られる。当時は仏教説話が盛んであった為に、天狗というものはインドから渡って来たという話まで作られるようになる。

天竺（インド）にいた天狗が震旦《しんたん》（アフガニスタンとも中国ともいう。この場合中国であろう）に渡る途中海上を飛んだところ、海の水に諸行無常、是生滅法、生滅滅已、寂滅為楽という声がしたので驚いて、こうした仏法の深甚の法文を海が唱えるのはおかしいと飛んで行くと、行く先々でも同じである。中国についても同じで更に日本に行く海も同じ偈《げ》の声がする。筑紫・河尻・淀河・宇治河・近江の琵琶湖・比叡山と行くに従ってそう唱える声は次第に大きくなり、更に賀茂川を見下すと四天王や色々の護法神が往来して厳しく外道の者を警戒しているので、天狗はこそこそと隠れてしまった。

という譚が載っており、このほか天狗が鳶《とび》に化けたり悪戯《いたずら》をしたりした話が多い。

そして人に憑《つ》いたりする、つまり天狗憑きまで現れ、天狗の能力のレパートリーが次第に広がっていく。天狗は飛行できるという観念から鳶であったり大鷲《おおわし》であったり、それが人に化けたり、その能力は絶大でありながら仏法や賢人には敵《かな》わない存在とな

北条高時天狗に遭うの図　月岡芳年筆『芳年武者无類』(国立国会図書館ウェブサイトより)

天狗『狂歌百物語』(東洋大学附属図書館蔵)

り、その反面に後世の如く神秘性を漂《ただよ》わせたり、超能力的霊性を示すほどにはなっておらず、人中に混ざると却《かえ》って滑稽《こっけい》な存在として軽視され、増長慢の悪戯者として嫌われ、不可解な容貌《ようぼう》に表現されている。長州《ちょうしゅう》本『平家物語』にも

天狗と申すは人にて人ならず。鳥にて鳥ならず、犬にて犬にもあらず。足手は人、かしらは犬、左右に羽生えて飛びあるくものなり。人の心を転ずる事、上戸のよき酒をつめるが如し。小通を得てすぎぬることをば知らずといへども未来をは悟る。是れと申すは持戒のひじり、もしくは智者などの我れに過ぎたる者あらじと慢心起こしたる故に、仏にもならず、悪道にも落ちずしてかかる天狗といふものに成なり。

と、当時の天狗観が窺《うかが》われるが、驕慢《きょうまん》無道の者も天狗であるとする説は『源平盛衰記』智巻第八法皇三井《みい》灌頂《かんじょう》の事の条に

故に尼法師のおごりたかぶっているのも尼法師天狗である。こうしたものは頬《つら》は天狗面《づら》・頭は剃髪、左右の手に翼をつけ身体に衣、肩に袈裟をつけ、何かと鼻にかけるからすぐにわかる。男も同じで頭に烏帽子《えぼし》をつけ、身体に水干《すいかん》・狩衣《かりぎぬ》・直垂《ひたたれ》を着ているが、顔は高慢自慢が鼻につく天狗で、背に翼をつけている。女の自惚《うぬぼれ》天狗は頭に美髪を伸べて紅白粉《おしろい》で化粧し青黛《まゆずみ》を塗り、鉄漿《かね》で歯を黒く染め、緋の袴に薄衣かずいて、あたしは賢女で、並ぶもの無き美女であると心に思うことが顔に出るのである。

また悪魔が天狗の業尽きて人に変身した時や、深山の峯や幽谷の人跡未踏の所に隠棲したもの、驕慢の者の集まったものを魔縁という。

などと記し、当時僧侶《そうりょ》の増長慢が目に余ったと見えて、大智の僧は大天狗、小智の僧は小天狗、無智驕慢の僧は畜生道に堕《お》ちるとしている。こうした現象は現代にも見られるから、日本で突然変異の如く発生した天狗は科学万能の世の中になっても絶滅

天狗の雷相『三教捜神大全』

しないばかりか、益々《ますます》増えている。日本の天狗はいまでも実在し健在であるといえる。

深山幽谷に棲《す》んで、退屈の折には稀《まれ》に人を誑《たぶら》かしたり嚇《おど》したり悪戯《いたずら》して気を紛らしていた天狗も、人智が発達して文明社会になると環境破壊とやらで自《おの》ずと棲む場所が狭くなり、変身して雑踏の中にまで現れて、高慢得意の態度をとったり、人を陥れたりして呵々《かか》大笑している。それが現代人にわからないのは、エイリアンが人中に混じっていてもわからないのと同じである。従ってある者は昔体験した天狗との接触は、エイリアンではなかったかという。

とにかく、天狗との接触に於《おい》て、天狗にさらわれた話、誑かされた話、人体転換された話、異次元の世界に行った話、技術を教えられた話は、中世以降記録・物語・伝説に頗《すこぶ》る多く残されていて、天狗という名称の固定観念にとらわれなければ、天狗の行為としての範疇《はんちゅう》に入れられる現象は現代でもしばしば見られるところである。

天狗界の様子

てんぐかいのようす

『甲子夜話《かっしやわ》』巻七十三の六項に天狗界のことが詳しく記されている。

松浦《まつら》静山《せいざん》の下僕で東上総《かずさ》泉郡中崎村の農夫上がりの源左衛門は、七歳の時に氏神の八幡宮に行った途中で山伏に誘われて行方不明になり、それから八年経って天狗から「お前は不浄であるから俗界に返してやる」といわれて相模国大山に置き去りにされ、迷っていたところ、腰にさげていた迷子札で住地がわかり、親切な人が連れて家に戻ることができた。それから三年経って、十八の時に山伏がまた現れて背に負われて空中を飛び、立山に連れて行かれた。山中の洞に住んだが、此処には僧と山伏が十一人いて源左衛門を連れて来た山伏は長福坊といい、ここで一番偉い者を皆が権現といった。十一人はそろって呪を唱えたり、笙《しょう》・篳篥《ひちりき》を奏して踊ったりして日を過ごした。権現は髪も髯も見事な白髪で上品で温和であって生まれつきの天狗ではなく、僊任《せんにん》（仙人）であった。天狗たちに連れられてよく諸国を廻った。鞍馬や貴船に行った時は、参詣人が色々な願いごとをいうのを集まった天狗たちが評議して叶えてやったり却下したりしていた。他の山に行った時は天狗たちが兵法剣術を練習していたので、源左衛門もその術を伝授された。また天狗の集まりがあって猿楽・宴歌・酒席にも連れていかれた。

頭領の権現は毎朝天下安全を祈っていたという。頭領がある時義経時代の一の谷の合戦の様子を見せてやろうといい、忽《たちま》ち目の前に物凄い戦場が現れたことがある。また世間では木の葉天狗というが、この天狗は天狗界ではハクロウ（白狼）といって狼の年劫経たものが天狗になったもので地位は低い。十九歳になった時に人間界に戻してやるといって証状と兵法の巻物二つと脇差と袈裟をくれて帰してくれた。

最初にさらわれた時に着ていた着物と巻物二つは上総の氏神様に奉納し、脇差と袈裟は今でも持っている。巻物は宮司が披《ひもと》いたところ目が幻《くら》んで視ることができなかったので今でもあり、中には梵字が一杯書いてあったという。

天狗　歌川国芳筆『鞍馬牛若丸図』（国立国会図書館ウェブサイトより）

天狗が物を買うための銭はハクロウが山で作った薪を売って得た銭や、登山する人を背負って得た銭を用いる。また、天狗たちは酒が好きだという。東北の恐山には「ぐひんどう」（狗賓堂）があり、毎月下旬には信濃国善光寺から如来尊を請じて祭礼を行い、その賽銭の上がりでハクロウの三熱の苦をまぬかれるように祈る。この如来来迎の時は権現以下天狗全員が集まって炬松《たいまつ》を昼間のように明るくして御迎えする。

天狗界にいた時は菓子を一度食したきりでひもじさは全く

なく、従って両便も今に至るまでしたことがない。

また江戸《えど》下谷《したや》長者町《ちょうじやまち》の藤川弥八郎道場の内弟子神城四郎兵衛正清は、文化五（一八〇八）年六月に天狗に誘われて天狗界を往来するようになり江戸中の評判となり、その様子を幕府御広敷番頭稲田喜蔵が『壺蘆圃雑記《ころほざつき》』に聞き書きとして記録している。

これによると食物は

松葉、竹葉、木の葉、猿の仔、魚肉、五穀は喰わず、金銀は用いない。

風俗は

髪は肩のあたりまで伸ばし、瞳は黒くそのまわりは黄色で目の縁も黒い。衣服は深山には綿に似たものがあるからそれを織って着る。陰茎陰嚢はあるが淫犯の気が無いから用便だけで小さい。

空を飛行するのは翼によってではなく飛び上がって飛行するので、三百里位は飛べる。

天狗同士の争いはないから殺人としての術は習わぬが、不敗のすべは習うから人がどんな武器をもってかかっても決して敗れることはない。また山を穢《けが》すものには罰を加えるが、関係ない悪人には罰を加えない。

とある。江戸時代の天狗界話で一番有名なのは仙童寅吉《とらきち》の『仙境異聞』で、これは当時の国学者達が寅吉を熱心に追及し、山崎美成《やまざきよししげ》が『平児代答《へいじだいとう》』に詳しくまとめている。寅吉は江戸下谷七軒町《しちけんちょう》の町人の子で、七歳のときに常陸《ひたち》国岩間《いわま》山の十三天狗の頭領杉山僧正《すぎやまそうしょう》に連れ去られて天狗と共に生活をした。このことは平田《ひらた》篤胤《あつたね》も『仙境異聞』にまとめている。それによると

天狗は魚、鳥を煮たり焼いたりして食うが四足獣は食わない。田螺《たにし》、餅、蜜柑、葡萄は好物で、苺、桑の実、梅、えびかつら、柿、櫟《くぬぎ》の実も食う。天狗の年齢は二百歳から千歳、稀に三千歳の者もいる。羽団扇は空に上るときも降りるときにも用い、妖魔を払い悪獣悪鳥を殺すときにも用いる。姿は山伏姿に共通する。

等とあり、この三説で大体想像がつくであろう。
岡田挺之の『秉穂録《へいすいろく》』第二編巻之下に

天狗　石川豊信筆『絵本江戸紫』(国立国会図書館ウェブサイトより)

熊野山中にて炭を焼く者の所へ、七尺ばかりなる大山伏の来る事あり。魚鳥の内を火に投ずれば、なまぐさきをきらふて去る。又白き姿の女の猪の群れを追掛けて来ることありといふ。

と記され、この山伏は恐らく天狗と思われるが、魚鳥の肉を嫌う点は寅吉のいうのとは異なる。
熊野《くまの》には白い姿の女が猪を追ったりして棲んでいるが、前記三人の天狗界でも女天狗はいないから、これは天狗とは別の女仙または山女であろう。

頻那夜迦・荼吉尼

びなやきゃ・だきに

比丘《びく》諦忍《ていにん》は『天狗名義考』の中で『寂照堂谷響集《じゃくしょうどうこっきょうしゅう》』にある

　比那天狗従二我教一見レ之。魔波旬屬。頻那夜迦吒吉尼等亦其類也。

を引用し、この天狗説は理に適っていると領定している。頻那夜迦《びなやきゃ》とか吒（荼）吉尼とは本来古代インドの神でヒンドゥ教では厚く尊信されているヴィナーヤカ（Vinayaka）やダーキー（Dākini）のことである。

ヴィナーヤカは梵名《ぼんめい》でナンディケーシュヴァラ（Nandikeśivara）、漢訳で俄那《ガナ》鉢底《バッティ》といい、ガネーシャ（Ganeśa）ともいう。ヴィナーヤカは指導者または障害を与えるものの意、ガネーシャのイーシャは神または集団の王であるから、魔障の集団の王の意となる。

漢訳して難提自在天《なんでいじざいてん》ともいうのは『大聖歓喜双身毘那夜迦天形像品儀軌《だいしょうかんぎそうしんびなやかてんぎょうぞうひんぎき》』に

六通自在の故に聖天と名付く

とあって日本ではもっぱら聖天《しょうてん》若《も》しくは歓喜天《かんぎてん》の名で親しまれている。生まれはインドの三大主神の中のシヴァ神とその妃《きさき》のパールヴァティーの間にできた子で、出生にもさまざまの伝承があり、またその姿の象頭人身についても色々の言い伝えがある。性質は父親に似て狂暴で恐ろしい神であるが、正しく厚く信仰すると人々に幸福をもたらすといい、またさまざまに変化する。

日本では二つの象頭人身が向き合って抱擁している像が見られるが、ルーツであるインドでは象頭単身多臂《たひ》で親しまれている。

夜叉神の一つで神通力を有し、鼻が長いことは後世の天狗に似ないこともない。しかしヴィナーヤカを天狗と同様に見ることは、天狗が僧や修験者ではなく夜叉に等しい存在と見るからである。

また茶吉尼も夜叉と見、従って日本の天狗と同類と見るのも仏教的観察からである。茶吉尼本来の姿は麗しき裸体の女神で、インドのバラマウ地方のドラヴィダ族の中の一部族、カールバース人に地母神として尊崇され、土地の豊穣《ほうじょう》を司《つかさど》る神であるが、ヒンドゥ教に採り入れられるとシヴァ神の妻カーリーの侍女にされ、兇悪《きょうあく》の存在として認識されるようになった。更に仏教に採り入れられると人の血肉を摂る恐ろしい神

荼吉尼天(稲荷神と弁才天の習合した日本の仏神)＊

飯綱権現『増補仏像図彙』(国立公文書館蔵)

となり、人の死を六ヵ月前に予知する通力を与えられたところから、神通力を授ける神として僧、修験者に信仰され、日本に於ては狐（野干《やかん》の誤解）を通じて稲荷《いなり》神と習合したり、天狗信仰と結び付いて飯綱《いいづな》権現と垂跡《すいじやく》したりしている。

こうした点から天狗に類する夜叉飛天に含められることもあろうが、そのルーツから考えると頻那夜迦・荼吉尼は、日本の天狗とは全く異なるのである。

にもかかわらず天狗信仰の修験者、僧が飯綱権現に祈るに荼吉尼の法を以《もつ》てし、飯綱権現を荼吉尼とし、飯綱権現を飯綱三郎《いづなさぶろう》という天狗名（狗賓名《くひんな》）とする点からは、荼吉尼天も天狗であるということになり、日本の天狗の複雑性が窺われる。

女天狗

おんなてんぐ

天狗は男ばかりかと思うと、女性の天狗もある。諦忍の著した『天狗名義考』にも『先代旧事本紀』を引いて素戔嗚尊《すさのおのみこと》の溜った息から生まれたのは人身獣首の天狗神という女性神で、男の精をうけず天逆気《あめのさかいき》を呑んで子を妊《はら》み、生まれたのが天魔雄命《あめのざこのみこと》であるとしている。

また『源平盛衰記』智巻第八法皇三井灌頂の事の条に

> 当レ知《まさにしるべし》魔王は一切衆生の第六の意識かえりて魔王となる。故に魔形も又一切衆生の形に似たり。されば尼法師の驕慢は、天狗に成たる形も尼天狗法師天狗にて侍《はべる》也。頬《つら》は天狗に似たれども、頭は尼法師也。左右の手に羽は生《おい》たれ共、身には衣《ころも》に似たる物を著《き》て、肩には袈裟に似たる物を懸たり。男驕慢は天狗と成ぬれば、頬《つら》こそ天狗に似たれ共、頭には烏帽子冠《かぶり》を著たり。二の手には羽生《おい》たれ共、身には水干袴《すいかんばかま》、直垂《ひたたれ》、狩衣《かりぎぬ》なんどに似たる物を著たり。女の驕慢は天狗と成ぬれば、頭にかずら懸《かけ》て紅粉白物の様なるものを頬につけたり。大眉《おおまゆ》作てかね黒なる者もあり。紅の袴に薄衣かずきて大虚《おおぞら》を飛もあり。

とあって尼法師も驕慢になると天狗になるという。その姿は顔は天狗（当時の天狗は鼻高天狗ではなく鳶や烏《からす》の如く口が啄嘴《くちばし》になっている。いわゆる鳶天狗、烏天狗の貌《かお》）であるが頭は尼と同じく剃髪《ていはつ》頭で、背中に翼はえて、衣のようなものを着て袈裟《けさ》をかけているというから、女天狗もいたのである。

しかしこれは慢心が昂《こう》じて天魔に魅入られると、鬼魔《おにま》天《てん》に変じて天狗となるものであるから、法衣《ほうえ》をまとっているのである。男性が驕慢の結果天狗となるものは顔こそ天狗に似てくるが、頭には烏帽子、身体に水干か狩衣か直垂に袴《はかま》を着ていて、顔と背中の翼を見なければわからない。つまりこの世の人々の中に混じっているのである。そして世俗に混じっている天狗は男ばかりでなく女もおり、これは頭に長い髪を生やしていて顔を白く、唇を赤く塗り黛《まゆずみ》をつけ、歯は鉄漿《かね》で黒く染め、緋《ひ》の袴に小袖《こそで》五《いっ》ツ衣《ぎぬ》きて薄衣《うすぎぬ》をかずいでいるから一見優美な女性に見えて誰も天狗とは思わぬが、何ぞはからん、この姿で虚空を飛翔《ひしょう》するので、これが女性が慢心して変化《へんげ》した女天狗である、というのである。もちろん人が変化して天狗になるというのは後白河《ごしらかわ》法皇やその寵姫《ちょうき》を皮肉っての表現であるが、当時天狗は男ばかりではないという認識があったのである。

女性が美しい姿で空中を飛行することは中国にも例があり、『池北偶談《ちほくぐうだん》』に

文登ノ、諸生畢夢求、九歳ノ時嬉《あそぶ》二於庭一ニ時方ニ午ナリ。
天宇澄霽ニシテ無レ雲。見ルニ二空中一ヲ一婦人乗二白馬一、華袿素裾ニシテ一少奴牽キ二馬絡一ヲ自レ北而南ス。
行クコト甚于徐シ。漸遠乃不レ見。予従姉居ルモ二永清県一、亦嘗於二晴昼一仰二見空中一一少女子美而艶粧、朱衣素裾手揺二団扇一自レ南而北。久之始没。

とある。九歳の時の想い出であるが庭で遊んでいた昼頃、一点の雲なく晴れ渡って

いる空に少年の馬の口取りに牽《ひ》かれた白馬に美しい女性が乗っている姿が見えた。それは北から南の方角に進んで行ったがやがて遠ざかって姿が見えなくなってしまった。わたしの従姉《いとこ》も永清県《えいしんけん》に住んでいるが、過去の晴れた真昼間、美しい女性が手に団扇《うちわ》を持って空中を南から北に向って行くのを見たというから、中国でも折々見る現象で、これも天狗の一族であろうか。但し中国ではこうしたものを天狗とはいわない。日本でも美女が空中を飛翔した話が松浦静山の『甲子夜話』にあるが、これは昔の八女《やめの》県《あがた》山中で月明の夜に見たもので、八女姫《やめひめ》という古代の女神らしい。

日本の女天狗は増長慢の結果心が天狗となったのであるから、外見からではわからないのが常である。

江戸時代初期に天狗の見世物があった事が庄司甚内《しょうじじんない》の『洞房語園《どうぼうごえん》』に記されている。

さいつころ葺《ふき》や町小芝居にて天狗のみせものく\と呼ばつて手をたたき人を招く。何ならんと偽《だま》されるとは知ながら這入つてみれば梟《ふくろう》の額の毛をむしり、丹を塗りこみ、ちいさき兜巾《ときん》をかぶせ紙にて裁付《たつつけ》をはかせ、其体画ける天狗の如し、世の中をたわけにしたるやうなれど云々、今も鵂《ふくろう》などを作りて天狗の巣立とてみすること往々あり。(『嬉遊笑覧』)

これによっても、鳥類は天狗のイメージに近いことがわかる。

明治以後の天狗《めいじいごのてんぐ》

華々しかった天狗譚も西欧窮理の思想が入って、行灯《あんどん》の灯《あか》りから洋灯《ランプ》の光に替わると、天狗自身あまりあらわに姿を現さなくなった。それは他の妖怪《ようかい》と全く同じで、大方写実的傾向が強くなり、確認せねば納得出来ぬ傾向となった幕末の世状は、欧米の知識を光として旧体制の不合理に対する鬱憤《うっぷん》を、勤王倒幕の旗印に切り換えている最中で、天狗の出る舞台もなく、裏路地の入口に睨《にら》みをきかす大屋の隠居も町絵師も正体のつかめぬ天狗には信を置かなくなっていた。

幕末体制から天皇親政のドンデン返しの明治の御代《みよ》となり、先進国の知識に追いつけと、文明開化の世の中に天狗譚も固陋《ころう》の至りと怪力乱神を語らず、イエス・ノウ・アイドントノウの幅利かす洋服姿の中に兜巾《ときん》鈴懸《すずかけ》の山伏姿では気恥ずかしいとして、天狗も恐れて深山に鳴りをひそめたものらしい。

さりとて民衆の心に深く浸《し》み込んだ日本で生まれた超能力ある天狗先生を、このまま明るい電気の光のもとから消滅させるのも惜しい事と、豹《ひょう》は死して皮を残すの譬《たと》え通り、大天狗の御貌《おんかんばせ》は商業政策の一助のもと、商標に用いられた例は頗る多い。曰《いわ》く天狗印何々と。

この中で一きわ明治っ子に馴染《なじ》まれたのは、岩谷松平《いわやまつへい》が一八八三（明治十六）年頃に東京銀座《ぎんざ》通りに、おかめ面の天狗を煉瓦《れんが》高くかかげた岩谷天狗。人を煙に巻くわけではあるまいが、煙草のレッテル、看板に、勿驚《おどろくなかれ》煙草税金《たばこのぜいきん》二百万円と書いたは、重税にあえぐ商業の苦しみを訴えたのではなく、営業成績日本一を誇示して得意の鼻をうごめかせての宣伝ゼスチュアの新商法。成程千客万来笑いの止まらぬおかめの面に、自慢を表す天狗鼻は誰のアイデアやら、これは天狗の入れ智恵かもしれない。このように商標にまで用いられると女嫌いの天狗も気恥ずかしくなったのか、天狗譚は急速に減った。

幕末から明治にかけて奇矯《ききょう》を以て鳴る狩野《かのう》派の画家　猩々暁斎《しょうじょうきょうさい》が僅《わず》かに天狗を目撃して、これが最後の天狗譚。

暁斎、戸隠山観修院《とがくしやまかんしゅういん》に天井画を描くために招聘《しょうへい》されて、門人杉本留吉を連れて揮毫《きごう》し、一夜下僕菊松を従えて奥の院を参詣《さんけい》した折に、天狗現れ菊松は気絶、参拝より戻った暁斎の介抱によって蘇生《そせい》したが、目の光った鼻高天狗は異様の態《てい》であったというが、話をよくよく吟味すると、己れの主人暁斎の姿を見誤ったことになるから、暁斎もよっぽど異様の人物であったことになる。暁斎は後に『暁斎画談』を著して、その中に戸隠山にて天狗に逢《あ》う図を描いているが、恐ろしい形相の烏天狗風に描いているのは、己れがそうした顔貌《がんぼう》であったのか。本当の天狗が暁斎の姿を藉りて下僕を嚇したものか、戸隠山参道の暗闇ではしかと見定め難い。

江戸時代末期の混乱時代には天狗党という義臣の挙兵があったり、勤王のための御用金徴発と称する押込強盗は面態隠しに天狗面をつけたが、これは世が変わるときに現れる『太平記』の故事に倣った出現で、本当の天狗と思い込んだ悪徳商人が震えながら金箱を差出すと、浮揚する事なく歩いて去ったので、追いかけて捕らえると単なる盗人であったという話がある。故に山に入っても天狗に嚇かされる事もなく、うっかり天狗に憑かれると精神病として病院に入れられ不自由の生活をするから、天狗もうっかり人に憑けない。

南方で蚊が媒介する病気のデング熱は、成程発熱して顔が真赤になるから天狗熱だと、洒落《しゃれ》にもならぬ事を真面目に合理づけようとするのは、天狗を顚覆《てんぐ》と牽強付会《けんきょうふかい》した類《たぐ》いである。文明開化の世の中は深山に籠《こも》ってばかりいてはとても生存不可能と、多くの天狗共は街中に紛れ込んで人の姿に変身し、高慢無礼の態度そのままに己れの技量を誇示する、何々天狗が満ちあふれてくる。

思えば日出《い》ずる国に星となって天降《あまくだ》りしてから千数百年、その間にさまざまに人と

暁斎戸隠山中で天狗に遭うの図　河鍋暁斎筆『暁斎画談』（国立国会図書館ウェブサイトより）

接触して現在まで生き延びるとは天上無窮とまでは行かなくとも、かくまで生命長いことは流石《さすが》に天狗なればこそである。

異国、特に欧米に天狗はないかと思って英和辞典を引いたら'Long nosed goblin'とあって、いやはや長鼻の怪物という直訳では象と間違い易いし、超能力の天狗が泣くであろう。

天狗の面は未《いま》だに壁の装飾品として馴染み深いが、よろず合理的な欧米人は、この天狗面を帽子掛に利用して、汗臭い帽子を掛けられて迷惑しているであろうが、天狗はそれだけ外国にまで認識されて大衆に愛される存在となったのである。

封（肉人）　ほう（にくじん）

牧墨僊《まきぼくせん》の『一宵話《ひとよはなし》』巻之二に異人として、

異人　慶長十四（一六〇九）年四月四日に出《いで》し事は旧記に見ゆ

として

徳川家康が駿河に住んだ時の或日の朝、庭に小児くらいで手はあっても指は無く、その手で天を指して立っている者がいたので、家臣たちが騒ぎ立ち、追い廻した揚句、城から離れた小山に追い払ってしまった。これを或人が聞いて、それは惜しい事をした。これは白澤図《はくたくず》に載っている封というもので、これを食うと多力になって武勇にすぐれるという仙薬である。何故捕えて料理して主君家康に食させなかったのだ。また主君に差上げなくとも御仕えする近臣たちが食べれば、皆武勇に強くなり御役に立つべきものを、といって残念がったという。

と記しており、その頭書に

此怪物は切支丹なり。遂いやれと仰せられしといふにて、封とは形のことなり。封はツトヘビ、ソウタの類ならん、封は○の形なり。

と註《ちゅう》している。何とも不気味な得体の知れぬ生物であるが山の精でもあろうか。現代的見方をすると、何万光年の先の星からUFOに乗って飛来したエイリアンの一種とされるかもしれない。

鬼《おに》

鬼とは本来「人間が死んで神となったことをいったことは、鬼の文字の構成からも窺われる。」（加藤常賢著『漢字の起源』参照）

これから、鬼は死後に現世に怨《うら》みや未練があってさまざまな現象を見せたり、形となって現れるものをいうようになり、さらに山川万物の精が現れるのと同じように思われ、魑魅《ちみ》と同様に扱われることもあった。『疏《そ》』に

鬼や山川の精が車に満ちて怪異の現象を見せること甚だしいものがある。

と記され『論衡』訂鬼編にも

鬼とは物の年劫経て老いたものが凝って精となり霊力を発揮する者である。

「付喪神」の行列の中の鍋蓋をかむった鬼　土佐行秀筆『狂画苑』（国立国会図書館ウェブサイトより）

と発展していく。日本の鬼のイメージに近いということは、日本の鬼がこの思想を借りて発展していったことになる。

日本に於ても、古くは鬼は人が死んだ後の魂を指したことは狩谷《かりや》棭斎《えきさい》の『箋注倭名《せんちゅうわみょう》類聚抄《るいじゅうしょう》』を見ても明らかで人神の部に

> 周易には人が死して神となったものを鬼といい、日本名では「おに」という。或説では「おに」は隠《おぬ》の音の訛《なま》りである。大体鬼は隠れているもので、その形をあらわさないものであるから隠というのである。（中略）『四声字苑』では人が死んで魂を神としたものを鬼というのである

鬼　土佐行秀筆『狂画苑』(国立国会図書館ウェブサイトより)

としている。

隠はインと発音するのが漢音、オンと発音するのは呉音であるが、隠《かく》れる意味で、つまり現世から隠れる、即ち人が現世から去ったものに対しても用いる言葉である。

故に『日本書紀』巻之一神代巻にあるごとく、黄泉《よみ》の国の神々は鬼であるが果たして古代から鬼を「おに」と訓《よ》んだかどうかは疑問である。

鬼は隠《おん》の世界に住む者であるから本来現世に現れる者ではない。『日本書紀』にある如く現世と死後の世界であるあの世とは黄泉津平坂《よもつひらさか》の千引磐《ちびきのいわ》で厳然と区別されているのであるが、現世に怨みや未練がある者が往々にしてこの世に現れる。

それは姿を見せない隠であることもあれば、姿を現す鬼であることもある。

御曹子島渡『御伽草子』

多くは鬼の姿で現れるが、怨念《おんねん》の能力をもって変化《へんげ》してさまざまな姿になって人々を悩ます。これが日本の鬼の特徴である。つまり怨念凝って死後鬼となるのであるが、その例は『今昔物語』巻第十染殿后為天狗被嬈乱語第七に

文徳天皇の御后藤原明子が物の怪に取り憑かれ、色々の修験者に祓いの祈禱をしてもらったが効験なく、葛城山に住む聖人に祈ってもらったところ、全快したので、暫く染殿に逗留してもらう事になった。聖人はある時明子を垣間見て忽《たちま》ち恋慕の情にとらわれ、明子に挑みかかったので侍医の当麻の鴨継に取り押さえられ追放された。聖人は山に戻ったが恋慕の執念強く、絶食し

鬼　式亭三馬著、歌川豊国画『金銅名犬正宗名刃　復讐宿六始』（東京都立中央図書館特別文庫室蔵）

て死んで鬼となって宮中に現れて明子に付きまとった。その姿は赤い褌に漆を塗った如き真黒の裸体。髪はざんばらで目は金碗《かなまり》の如く、剣のような牙を生やして丈は約三メートル、槌を腰に挿した、まるで地獄の獄卒のような姿であった。これは明子の目には見えず、美しき男に映じたので御帳の中に呼込む程であったが、他人からは恐ろしい怪物に見えた。

と記されているのがその例で、亡魂も仏説の羅刹夜叉《らせつやしゃ》に混淆してこのような特殊の姿として認識されるようになったのである。

こうした外貌《がいぼう》の定着したのは平安時代頃かららしく、地獄の獄卒的スタイルで現れるのが一般であったから『古今著聞集』巻第十七の変化の部にも、承安《じょうあん》元（一一七一）年に伊豆《いず》国奥《おき》の島《しま》に船が一艘《そう》漂流し、それに乗っていた鬼は「そのかたち身は八九尺（約三メートル）ばかりにて髪は夜叉の如し、身の色赤黒く眼《まなこ》まろくして猿の目のごとし。みなはだかなり。」とあり、これは裸形の異国人と思えるが、こうした異国人の姿も鬼形を構成するイメージに関係があるようである。

それ以前に、鬼はさまざまな形に変じて人を驚かせ、人を襲ったことは『今昔物語』や『宇治拾遺物語』に散見する。

苧うに　鳥山石燕筆『画図百鬼夜行』(国立国会図書館ウェブサイトより)

青鬼・赤鬼・黒鬼

あおおに・あかおに・くろおに

鬼は褌《ふんどし》をつけた裸であるが、皮膚の色は黒か青か赤である。黒色の鬼は文徳《もんとく》天皇の御后《おきさき》藤原明子《ふじわらのあきらけいこ》の前に現れた。これは漆黒としてあるから黒光りした形容である。

青鬼・赤鬼は地獄思想の影響である。地獄の獄卒が青鬼・赤鬼に描かれているからである。

『源平盛衰記』巻第二十六入道得病附平家可亡夢事の条に平清盛《たいらのきよもり》が熱病にかかり苦しんでいる時に、傍《かたわ》らに侍していた女房が怪しい夢を見た。その夢には

赤鬼青鬼が炎燃え上がる中、無という文字が書かれた八葉の車をもって清盛を迎えに来た。それは閻魔《えんま》大王の御使いであるといったというのである。

これは地獄の鬼であるが、鬼は青や赤い皮膚をしているという思想が仏教によって定着したことを物語るものである。『宇治拾遺物語』にも日蔵《にちぞう》上人が怨みによって鬼

となった者に逢ったが、その姿は

たけ二メートル半、身の色は紺青で髪は火の如く赤く

とある青鬼である。色素の強い人種は裸体生活であると黒っぽい皮膚になるが、その黒さに青味を帯びる。また色素の薄い人種は裸体が日にさらされていると赤くなる。そして髪は黒髪でも蓬髪《ほうはつ》で日にさらされていると茶がかってくるから、赤い髪の形容になる。裸体生活の当時の異国人が、鬼の姿のイメージを形成するのに大いに影響を与えていることは否定できない。

『古今著聞集』に承安元（一一七一）年伊豆国奥の島に漂着した鬼は

其かたち八九尺許《ばかり》にて髪は夜叉の如し、身の色赤黒くまなこ丸《まろ》くして猿の目の如し。皆はだか也。

という形容は日本で形成された鬼のイメージそのままであるから、鬼と認めたのであるが、これは南方から漂流して来た異国人であろうか。また『源平盛衰記』には

平維茂戸隠山に於て美女姿の鬼女に遭い退治するの図　月岡芳年筆『新形三十六怪撰』（国立国会図書館ウェブサイトより）

鬼女が腕を取り返すの図　月岡芳年筆『新形三十六怪撰』(国立国会図書館ウェブサイトより)

白河院の御宇、承暦元（一〇七七）年の春、藍婆鬼《らんばき》といふ鬼、京中に充満て十歳以前の小者、十が八九は取り失はれければ上下男女家々のなげき、親のかなしみ帝聞《きこ》食《しめし》、其春は子日《ねのひ》の御会なかりけり

とあって藍色《あいいろ》の婆鬼とは、つまり青鬼である。

平安時代から鎌倉時代には鬼が随分出没したらしく鬼の話は頗る多い。鬼の阿計徒丸《あけとまる》退治、悪棲王退治、坂上田村麿《さかのうえのたむらまろ》の魏石鬼《ぎしき》退治、平維茂《たいらのこれもち》の鬼女退治、源《みなもとの》頼光《よりみつ》の大江山《おおえやま》の鬼退治、渡辺綱《わたなべのつな》の羅城門《らじょうもん》の鬼の腕斬り等の他に鬼伝説は諸国にあるが、鬼物語は次第にお伽話《とぎばなし》化していき、ついに桃太郎《ももたろう》の鬼《おに》が島《しま》退治の話となる。

鬼（物の怪）

もの　（もののけ）

鬼《もの》は物の怪《け》の「もの」で妖怪であるが、平安時代頃までの鬼（幽魂）は隠《おん》から転じた鬼《おに》であるから、姿を見せずに障りをなしたり、時には姿を現したりして、やがて仏教で説く鬼の姿に定着して行くのであった。

姿を現さぬときは怪しき存在としての「もの」として形が把握出来なかったから「物の怪」として認識された。

『大言海』にも

神の異称。人にまれ何にまれ、魂となれる限り、又は霊ある物の幽冥に属《つ》きたる限り、其物の名を指し定めて言はぬをものと云ふより、邪鬼《あしぎもの》と訓めり。又、目に見えぬより大凡に鬼、魂（真字）、伊勢物語第廿三段「魂《もの》をものと云へり」鬼魅《きみ》、邪神、妖鬼、物ノ気《け》、物狂《ものぐるい》。物の態、物の託《つ》きたるもの。

とある。つまり魂《もの》は実体の無いものであるが作用するときは怪異を生じる。鬼の本来の姿も同じであるが、日本では平安時代頃から隠《おん》の語の転じた鬼という特殊の形態の怪異能力あるものがイメージされ、それが実体として認識されるようになった為に、多くの鬼の譚が生まれた。故に古代から奈良時代にかけては実体の把握できぬ「あしきもの」に鬼の文字を用いている。『日本書紀』神代上にも

吾欲令撥平葦原中国之邪鬼

わたしは葦原中つ国の邪鬼《あしきもの》を平らげようと思う

此用桃避鬼之縁也

この桃を用いて鬼《あしきもの》との接触を避けようとした

等と、有象無象《うぞうむぞう》の邪神を言い、時にはそれを形としてとらえて見る場合もあった。『万葉集』にも盛んに鬼尾《ものお》、鬼乎《ものか》、鬼《もの》としての用語として用いられている。平安時代になるとその「もの」の現象を「もののけ」（物の気、物の怪）として死霊とか生霊の祟《たた》ることをいい、霊の気、邪気、邪祟から妖怪さらに妖鬼《ようき》として、次第に仏教上で形成された鬼の姿としてとらえる傾向を生じ、「もの」及び「もののけ」の実体は鬼の発揮する能力と見るようになった。

地獄の鬼《じごくのおに》

地獄とは梵語《ぼんご》の naraka のことで奈落《ならく》の当字を用いるが、地下の獄の意味である。六道の中の一つで南贍部洲《なんせんぶしゅう》（世界の中心にある須弥山《すみさん》の南方にあるとされる州で、人の住む世界）地下五百由旬（約二万里）のところにあって六道の最下層にあり、人は死するとここで閻魔大王によって審判され、生前の罪悪の軽重によって地獄の獄卒に刑罰を加えられる。『倶舎論《くしゃろん》』によると、八熱地獄、八寒地獄、孤地獄に分かれ、八熱地獄は等活、黒縄《こくじょう》、衆合、叫喚《きょうかん》、大叫喚、焦熱、大焦熱、阿鼻《あび》（無間《むげん》）の八種があり、これが更に十六の別所に分かれているから百二十八の地獄がある。この地獄で亡者をさいなみ苦しめる役が羅刹《らせつ》で、俗に鬼といっている。この鬼には牛頭《ごず》、馬頭《めず》といって首が牛や馬の形をしたもの、狐狼《ころう》、火象《かぞう》、巨鶏、三ツ目の鬼、婆鬼等がある。

これらの鬼は裸体で腰は褌か毛皮または腰布をまとった姿で、刀杖《とうじょう》、鉾《ほこ》、棍棒《こんぼう》を持って亡者を追いやり、責めさいなむ。それこそ情け容赦も無いので鬼の一語に尽きる。

この地獄の獄卒である鬼が、平安朝時代から現形の鬼として認識された鬼の形に重要な役割を果たしている。

この地獄の鬼は地獄の中にいるばかりでなく、悪行を働いた者を閻魔大王の命で、地獄から火焔《かえん》燃えさかる車を引いて迎えに来るというから、現世に於ても地獄の鬼は目撃することがある。この車を火車《かしゃ》といい、慈鎮《じちん》の『拾玉集《しゅうぎょくしゅう》』にも

火の車、今日は我が門遣り過ぎてあれは何地《いづち》に巡り行くらむ。

とあり江戸時代の『茅窓漫録《ぼうそうまんろく》』にも

火車　鳥山石燕筆『画図百鬼夜行』(川崎市市民ミュージアム蔵)

片輪車　鳥山石燕筆『今昔画図百鬼』（東北大学附属図書館蔵）

葬送の時、俄かに風雨起りて、棺を吹き飛ばす事あるをくわしやと云ふ。妖ありて屍を取らむとするにて、即ち地獄の火車の迎えに来りしなりとて、大いに恐れ恥づることなりと云ふ。

とあり、この火車はひとりでに走るのではなく地獄の鬼が駆け足で牽いて来るのであるが、江戸時代には火車という妖怪が葬送の折の棺《ひつぎ》から死屍《しし》を取り出し、心臓をえぐり取って食し、死骸《しがい》だけ屋根に放り出して去るという風に変わり、鳥山石燕《とりやませきえん》の『画図百鬼夜行』では鬼に似た妖怪が火の車も持たずに死人をさらって行く図に表現されている。従って地獄の獄卒とは異った妖怪となっている。

冥途の鬼　めいどのおに

冥途《めいど》は冥土とも書き、仏教では死者の行く世界をいう。日本古代からの言葉でいえば黄泉《よみ》の国（夜見国）というが、仏説では地下にあって閻魔の庁のある所というので、

冥府、冥界、幽界、地獄ともいう。『宇治拾遺物語』巻三の十二条にも

命絶えぬ。冥途に行き向ひて、閻魔の庁に召されぬ

とあり、冥途の鬼とは地獄の鬼形の獄卒のことではなく、鬼本来の意味の幽鬼のことである。つまり死後魂が冥途に行ったことを鬼という。戦前の流行語に「死して護《まも》国の鬼となる」というのがあったが、これは死んでまでも幽魂となって国を護るという意味である。それに、鬼に対する一般的イメージは怖ろしい存在に加えて勇猛の意味にも用いられているから、死後も勇猛の精神を以て国を護るという解釈の仕方である。

ところが江戸時代に入ると、冥途の鬼は地獄界に住んでいる鬼、つまり閻魔大王に属している獄卒の意にも用いられるようになった。『霖宵茗談』に

三代将軍家光の頃、御使番を務める旗本に朝比奈右近という豪傑がいた。ある時命をうけて箱根山を通ったところ、乗っていた馬が急に立ち止まって進まない。右近はこれは物の怪の仕業と思ったので、大声で「何奴の仕業じゃ。将軍家の命をうけて参るわしを妨害するとは以ての外の奴じゃ」というと、林の中から「おれは冥

途の鬼である。この道の先の方に悪業を重ねた女がいるが閻魔大王の命のよって捕らえに来たのである。貴殿がこれからその女に逢ったら、早く来るようによく伝えてくれ」といった。

とある。冥途と地獄とは違う。冥途は死後の国のことで、地獄は冥途の中の獄界である。

餓鬼《がき》

餓鬼も餓《う》えた怨霊《おんりょう》であるから一種の鬼である。仏教でいう六道の一つである餓鬼道に堕とされた者をいい、ここに堕ちるものは福徳の無い者で、ここでは常に飢えと渇きに苦しみ、たまたま食物や水を得てこれを摂ろうとすると忽《たちま》ち炎となって摂取できないので、常に空腹と渇きに苦しんでいなければならない。俗にいう施餓鬼は仏の功徳によって食事や飲物を与えられるときのみ摂取できるので、この行事をいうのである。

鎌倉時代初期の『餓鬼草子』には「正法念処経」所説の各種の餓鬼が描かれ、その姿は栄養失調で手足や頭が気味悪い程細く、腹のみ蜘蛛《くも》のようにふくれた醜怪な姿で市街や曠野《こうや》を彷徨《ほうこう》し、人の排泄物《はいせつぶつ》や汚物を僅《わず》かに摂取するという惨めな状況になっている。

この餓鬼道の思想は仏教伝来と共に認識されるようになったのであろうが、餓鬼という言葉は『万葉集』ですでに用いられている。

大神朝臣奥守《おおみわのあそみおきもり》が痩《や》せているのを池田《いけだの》朝臣が耶《や》喩《ゆ》した歌に（巻十六）

寺寺之女餓鬼申久大神乃　男餓鬼被給而其子将播

寺々の女餓鬼が言うのには、大神の奥守という男餓鬼を頂戴して夫婦となって子を産みたいものだ

などとある。

前記の『餓鬼草子』には「正法念処経」に説かれる三十六種の餓鬼のうち、十の餓鬼の種類が描かれている。淫楽《いんらく》美食遊宴にふける人々の所に忍び寄る欲色《よくじき》餓鬼。自分の嬰児《えいじ》が殺された怨みで来世に夜叉に変身して他人の子を殺そうとねらって産婦に忍び寄る伺《し》嬰児《えいじ》便《べん》餓鬼。貪欲《どんよく》で施しをせず、不浄のものを僧に与えた者が死してから人

間の糞尿《ふんにょう》しか食えない状態になる伺便《しべん》餓鬼。生前に病者に与えるべき食物を奪って食った者が堕ちる疾行《しっこう》餓鬼、これは人の死屍を漁《あさ》る。伺便餓鬼と同じ状態の食糞《じきふん》餓鬼。曠野山林で旅行者から財物を奪ったりした者が鷹《たか》や野鳥に苦しめられる曠野餓鬼。典獄として罪人を打ち縛して苦しめ飢渇させた者が堕ちて火を食さねばならぬ食火《じきか》炭《たん》餓鬼。仏前に供えた花を盗んで売り飛ばした者が堕ちる塚間住《ちょうかんじゅう》食熱灰土《じきねつかいど》餓鬼、これは熱灰や熱土を食わねばならぬ。妻子のために食を与えず、己れだけ美食したものの堕ちる食吐《じきと》餓鬼、これは地獄に於て羅刹《らせつ》に太い杖《つえ》を無理に口中に差し込まれ、折角食したものを苦しみながら吐き出す。酒を水増ししたりして人をだました者が堕ちる食水《じきすい》餓鬼は、川辺で水を飲もうとしても羅刹に追い払われ、いつも渇きに苦しまねばならない。

　こうした餓鬼は仏の功徳によらなければ永久に餓鬼道世界で苦しまねばならない。餓鬼は餓鬼道世界だけでなくこの世にまでさまよい出て夢中になってもがく。それが目立つのは欲色餓鬼。好色な餓鬼で人間の姿に変身しながら狂ったように淫《いん》を求める。

夜叉

やしゃ

仏書にいう夜叉は日本で形成された鬼に当てはめられ、鬼の異名の如くに扱われている。『倭訓栞《わくんのしおり》』に

インド語の書に夜叉神羅刹鬼というのがこれで、路史では落⿰鬼殺鬼《らくさつき》とある。この夜叉神の国は婆利の東方にある。身体が黒く猛獣のような牙を生やし、曲がった爪を有して目は青いなどとある。また野叉という文字も夜叉と同じ意味であり、国は北海の悪鬼の北にあるともいわれ、その野叉は猪の牙のようなものを生やし、頭に肉のように盛り上がった数十センチの角を生やしている。

とあって、これらの形容は鬼は夜叉と同じイメージであることがわかる。

そして夜叉も羅刹も鬼も同類に見做《みな》される。仏教でいう夜叉は yaksa の当て字であるから薬叉とも書き、訳すと捷疾鬼《しょうしつき》となる。人を害する狂暴な鬼で、仏教に帰依してからは毘沙門天《びしゃもんてん》に属して衆生を守るものとされた。

羅刹はRaksasa（羅刹婆《ば》）で、やはり悪鬼で通力を有し人を化かしたり食ったりした。この中の女をRāksasī（羅刹女《にょ》）というが、仏教に帰依してからは羅刹女となり、男は羅刹天となる。夜叉と共に出自が人を害する鬼神であるから、夜叉羅刹と併称される。従って、鬼と同じであるから、鬼類に含められたり、鬼そのものと見られた。

牛鬼《うしおに》

『吾妻鏡《あずまかがみ》』北条《ほうじょう》本第四十一、三月六日の条に

　丙戌　武蔵国浅草寺、如牛者忽然出現、奔走于寺、于時寺僧五十口計食堂之間集会也、見件之恠異、廿四人立所受病痾、起居進退不成、居風云云七人即座死云云

とある。建長三（一二五一）年は鎌倉五代将軍頼嗣《よりつぐ》、執権北条時頼《ときより》の頃である。三月六日に武蔵《むさし》国浅草寺《せんそうじ》（東京都台東《たいとう》区浅草《あさくさ》）に牛のような妖怪が不意に現れて寺内に走り込み、丁度その時に食堂に集っていた僧五十人程のうち二十四人が忽ち悪気

をうけて病となり、起居進退もままならぬ程に寝込んでしまい、七人の僧は即死したという記録である。牛の如き者が侵入して起きた怪異事件であるが、内容に少しも具体性がなく、不可解な記録であるが、幕府に関する事項で埋められているこの記録の中に全く異質の記録が混じったことは、何を意味するものであろうか。

この「牛の如き者」を何と解釈するか。侵入しただけで五十人の僧の中で二十四人が忽《たちま》ち昏倒《こんとう》するような病を受け、七人は即死しているというのは、暴れ廻《まわ》ったか、物凄《すご》い毒気を吹きかけた怪物であると見てよく、これであると諸地方に伝承される牛鬼《うしおに》と同じであるから、この時に「忽然と出現」したのは牛鬼と見てよく、従って牛鬼が正式記録に残された一番古い記録になる。

しかし用語は鎌倉時代よりは古く『枕草子』の「名おそろしきもの」の中にある窮《いき》鬼《すだま》が牛鬼に当たるとされ、仏教でいう牛頭鬼《ぎゅうとうき》であるともされている。

また仏教の地獄の牛頭馬頭の獄卒の、牛首の鬼をいうともされるが、日本各地で伝承される牛鬼は巨牛の形の怪獣であり、水淵や海に棲むとしているから特殊の怪獣である。

一番有名なのは愛媛県宇和島《うわじま》地方の牛鬼伝説で、現在でもこの地方の祭礼には牛鬼の作り物が練り物として用いられ、また魔除《まよ》けの郷土玩具《がんぐ》としても木製の牛鬼が売られている。その伝説では、この地方は方々に牛鬼が現れて人間や家畜を襲うので、喜《き》多《た》郡河辺《かわべ》村に住む山伏に退治することを依頼した。山伏は四国中を探したが中々現れず、河辺村に戻って来ると小さい丘のような牛鬼に逢った。そこで山伏は法螺貝《ほらがい》を吹き立て、調伏の真言を誦《じゅ》すと牛鬼は恐れて後退するので、腰にしていた修羅の剣を抜いて牛鬼の眉間《みけん》を刺し、斃《たお》れるとその身体を幾重にも分断した。牛鬼の血は七日七夜流れて淵《ふち》となった。それが、高知県土佐山《とさやま》の牛鬼淵《うしおにぶち》、徳島県白木山《しらきやま》の牛鬼淵、香川県根香寺《ねごろじ》の牛鬼淵だといわれている。

四国は牛鬼伝説が多く、また別の伝説では、徳島県白木山の猟師平四郎が助平という所で牛鬼をおびき寄せ、京都の吉田《よしだ》家の三社の銘を刻んだ鉄砲で斃したといわれている。

高知県土佐山の淵に牛鬼が棲んでいたのを、土地の長者高瀬太郎兵衛が淵に毒を投げ込んで退治したところ、大雷雨となり山が崩れて長者一族は押し潰《つぶ》されてしまったという。

香川県では塩田教清が牛鬼を退治し、その牛鬼の姿を写した絵が、四国八十八ヵ所巡りの八十二番根香寺の寺宝となっているという。

また島根県の温泉津《ゆのつ》地方には海に牛鬼が現れると伝えられており、夜の漁船を襲うといわれている。

日本に現れる牛鬼は、牛の姿をしていながら水中に棲んでいるところに特色がある。

従って前記の建長三年に浅草寺に現れたものも、『新編武蔵風土記稿』巻二十一葛《かっ》飾《しか》郡之二に『吾妻鏡』の記事を引用し

浅草川（隅田川）より牛鬼のごとき異形のもの飛び出し、嶼中を走せめぐり、当社に飛び入り忽然として行方を知らず。時に社壇にひとつの玉を落せり、いま社宝・牛玉これなり。

と浅草寺傍の牛御前社《うしのごぜんしゃ》の縁起について述べている。牛御前社は祭神素戔嗚尊《すさのおのみこと》で牛頭《ごず》天王《てんのう》ともいい、その荒々しい性格は牛鬼そのものである。また西村白鳥《にしむらはくちょう》の『煙霞綺《えんかき》談《だん》』巻之四に

吉田より四里北東上村といふところあり。此村の北六七町に本宮山より落るたき大飛泉《たき》あり。高さ四五丈、落る所は谷底草木繁茂し、昼も暗く凄兢《ものすごき》ところなり。飛泉の壺は水盤渦《うずまき》かへりて人寄得ず。それより二間程下へ落る。是を雌滝といふ。爰《ここ》も至りて深淵たれども、東上村六左衛門といふもの、水に馴たるゆへ、常に此雌滝の壺に潜りて魚を捕。享保中ある日此所に至り年魚《あゆ》を捕むとせしに、水大に逆浪せし故暫く見居たれば、淵の中より大なる黄牛湧出し、角を振立吽《うん》々と吼《ほえ》て、六左衛門

を目がけ来る。六左衛門剛強の者なれども手に何も持ざるゆへ、早々上の道へ上り宿へかへりぬ。時に忽発熱し譫言《うわごと》など喑《しゃべっ》て三日目に相果たり。深淵より大蛇にても出べきに、牛の出足るは奇事なり。

とあるが、『吾妻鏡』や『新編武蔵風土記稿』に記される如く、浅草川から牛が現れ害をなしたというのと同じであるから、恐らくこれも牛鬼であろう。

これ以降牛鬼の話はあまり聞かないが、江戸時代の神田《かんだ》貞宣《ていせん》の『浅草船遊の記』に

道春紀行にも此門前（浅草駒形堂）より女の牛鬼出て走りけるとも書り。尤も不審《いぶかし》くこそ侍れ。今も駒がたの茶屋を見れば出女とおぼしく顔には白粉を鹿子まだらにぬり散し眉を真黒に不二の形に眺みたり。髪は楊柳の春風を痛み、声おかしくて銚子取て諸人を汚し、金銀を貪る是女の牛鬼とや云べき。

とあり、浅草界隈《かいわい》はどうも牛鬼の出る所であるが、江戸時代の牛鬼は化粧して男を蕩《たら》し込んで金銀を貪《むさぼ》る女牛鬼のようである。

従って、右文中の女牛鬼は娼婦《しょうふ》を妖怪視して牛鬼といったもので、男を取って食う牛鬼であるから食われに行く鼻下長男性には魅力的存在である。彼女等は牛鬼でなく

とも妖怪であることには間違いない。

牛鬼の遺物としては、前記の根香寺に退治した牛鬼の角というものが所蔵されており、また福岡県浮羽《うきは》郡田主丸《たぬしまる》の観音寺《かんのんじ》には、牛鬼の手の骨というのが所蔵されている。現在手の甲部と指三本であるがもとは五本あったといわれ、この牛鬼の骨は、平安後期にこの辺一帯を荒し廻って人々を苦しめたのを観音寺の住職金光《こんこう》上人が退治した時の記念品であるといわれている。

この怪物は恐らく地獄の獄卒の牛頭《ごず》馬頭《めず》の鬼からの発想ではあるまいか。

轆轤首

ろくろくび

轆轤首《ろくろくび》とは首が長く伸びるものと、首が胴体から抜け出るのと二種あるが、大体は首が胴から抜ける話が多いので「抜け首」または飛頭蛮《ひとうばん》といっている。

日本では、昼間は普通の人間であるが、夜になって寝ると首が抜けて何処かをさまよい、暁方になって胴に戻る、という話は江戸時代に多く記録されているが、こうした話の元は中国からである。

『和漢三才図会』巻第十四の外夷人物の項に

中国の『三才図会』にいう。大闍婆国（南方、瓜哇島《ジャワ》）に首が胴から抜け出る人がいる。その人の特徴は目に瞳《ひとみ》が無く、土地の人は虫落《むしおとし》とか落民《らくみん》（首が落ちる人）などといっている。

漢の武帝の時（前一四〇～前八七）因墀国が南方に派遣された時に身体をばらばらにできる人間に逢った。それは首を南方の海に飛ばし、左の手は東海に飛ばし、右の手は西方の沢に飛ばし、夕暮れになってそれぞれが戻って来て肩に納ったという。両手は折悪しく暴風に遭ったりすると、海上を漂ったりするという。

また『南方異物志』には、ヒマラヤ山脈の南側の山間の渓流に面した所にある洞穴に、轆轤首の人間が棲んでいるが、頭に赤い筋が付いていて夜になると耳を翼として首がそこから遊離して空中を飛び廻り、虫を食べて暁方にもとの身体に戻って来るという。

『捜神記』という本には、呉の国の朱桓という将軍が使っていた婢の首は夜になるとよく抜けて空中を飛行したと書いてある。また『太平廣記』という本には、飛頭獠は善鄯之東の龍城の西南の地で広さは千里ばかりですべてが塩田であるから、夜泊る人や牛馬は絨緞《じゅうたん》を布いて寝なければならぬが、その山の南の渓河の洞窟の中に時々首が飛ぶ人間が棲んでいる（『南方異物志』に書かれている地方と同じところ）、頸筋に紅い糸筋のようなものが付いていてその人の妻や子が見ている前で夜は首が忽《たちま》ち抜けて飛び去り、岸辺の泥の中の蟹や蚯蚓《みみず》を食べ、暁方になって戻って来るというが、その間本人は夢現つで何もわからぬという。

色々考えると轆轤首にはいろいろの説があって一様ではない。ジャワ国でもすべての人が轆轤首というのではなく、中にそうした人間がいるというだけである。中国や日本に於ても稀に首が飛ぶという人間がいるが、これは一種の妖怪的異人である。

と説いていて、その実在を否定してはいないから、寺島良安《てらじまりようあん》（『和漢三才図会』の著者）は少なくとも信じていたのである。従って轆轤首の記録や伝承もある。

江戸時代末期の知識人として有名で、筆まめな大名松浦静山は、正続併せて二百巻に及ぶ記録『甲子夜話』を遺《のこ》したが、その巻八の五項にはこう記されている。

西尾七兵衛という拳法家の召し使っている女中は轆轤首だというので、能勢源蔵という侍が事実を確かめようと或夜女中の寝室を密かに窺っていたところ、その女中の胸のあたりより何か立ち昇るので凝視すると、釜から水蒸気が昇るようで次第にそれが濃くなって肩から上が見えなくなった。と見る間に首が欄間あたりに上がっていて、丁度梟首《さらしくび》のようであった。一緒に覗いていた者が驚いた気配に女中が無意識に寝返りをすると、その水蒸気のようなものは消えて、首は女中の肩に収まっていた。この女中は平常も顔色が蒼ざめていたという。七兵衛はこれを知って女中に暇《いとま》をとらせたが、去り際に「わたしは一生懸命奉公しているのに、いつも年季が来ないうちに暇を出されてしまう。何とも悲しく思います」といったが本人は自分が轆轤首であることを全く知らないようであった。

松浦静山は能勢《のせ》伊予守《いよのかみ》から聞いた話としているが

奇異のこともあるものなり。予、年頃轆轤首といふものことを訝《いぶか》しく思ひたるにこの事実を聞きぬ。

と結んでいるから事実と信じていたのである。また『怪物輿論《かいぶつよろん》』に周防《すおう》の太守《たいしゅ》大内氏に滅ぼされた筑紫の菊池家の遺臣磯貝平太左衛門武連は、仏門に入って回龍と称して諸国を遍歴したが、甲斐国の山中で日が暮れた。止むを得ず野宿しようと思って木の下陰に臥せっていたところ、運よく木樵《きこり》が通りかかり、そん

轆轤首　月岡芳年筆『新形三十六怪撰』（国立国会図書館ウェブサイトより）

な所に寝ているると狼に襲われるから我家に泊まりなさいと誘われて山奥の一軒家に案内された。そこには四五人の男女がいたが、木樵はこの家の主人らしかった。回龍はもてなされて一部屋を与えられて床についたが、夜中に喉が渇いたので炉端に出て湯を呑もうとすると、其処に寝ている人々の首が一つも無い。内心驚いたが中国では「飛頭蛮」という病気があって眠っている時は首が胴から抜けて遊行するという話を思い出した。首が抜けた身体を別の所に移しておくと、戻って来た首は自分の納まる身体が無いので、三度地上を転がって死んでしまうという話に気が付き、これらの胴のうち木樵の胴だけ外に放り出して、そっと窓から外を覗くと、垣根の外で五ツの首が舞い上がって、宙に飛んでいる虫を追いかけて食べていた。その中の木樵の首が言うのには「今宵泊めてやった旅僧は肥えていて美味《うま》そうだから皆で料理して食べてやろう。僧が寝入ったかどうか見て来い」といっており、一つの首が家の中に飛び込んでぐるぐる廻っていたが、慌てて飛び出し「あの坊主の姿が見えないし、あなたの胴もない」と報告したので五ツの首は急いで室内に飛び込んだ。潜んでいた回龍が棒をもって現れると四方から首が襲いかかって来る。それを払いよけると首は敵《かな》わないと悟って胴に納まり、家の外に逃げ出したが、木樵の首だけは胴が見当たらないので向かって来て回龍の衣に食い付いた。その首はいくら離そうとしても決してとれなかったので、回龍はその生首をつけたまま諸国を経廻った。

この物語は小泉八雲《こいずみやくも》の『怪談』にも載っているが、回国中に逢った盗賊が、衣に食い付いた生首は人を嚇《おど》すのによいと思って無理に五両の金を与えて譲り受けた。しかしその生首の因縁を思い出して次第に恐ろしくなり、盗賊は甲斐《かい》の山中の木樵の家を尋ねて行って胴体に戻してやろうとしたが、そのころには木樵の胴体は既になくなっており、致し方なくその山家の裏に首が嚙《かじ》り付いたままの衣を埋めて首塚として供養したという。また『甲子夜話続編』巻二十二の十二項に

常陸国戸根川続きの谷田辺村というのがあり、そこの百姓作兵衛の妻喜久が病名不明の病気となり次第に痩せていったので、医者に見せたり加持祈禱したりしたが、一向に快方に向かわなかった。

そこに行商人が来て、この病気には白犬の胆を取って飲ませれば癒えるといった。作兵衛の飼っていた白犬がこれを聞いてその行商人を睨んだので、行商人は恐れて立ち去る際に、白犬よりは雉の胆のほうがよいといった。白犬は姿をかくして五、六日たった頃雉を喰わえて帰って来た。作兵衛はそれでも白犬の胆のほうがよいと思ったものだから、白犬の忠義振りを無視して白犬を打ち殺してその胆を飲ませた。するとと妻喜久は次第に身体回復し、三年後には女児を出産した。美しい子であった

ので大切に育てたが、年頃になって村の誰いうこともなく、作兵衛の娘は轆轤首だという評判になった。それは事実だったらしく、或年の十月の夜、娘の首は抜け出て井戸のあたりを舞い廻るところを何処からともなく白い犬が現れてその首に嚙み付いたために寝ていた娘は死んでしまった。

ということを取るに足らぬ妄譚《もうたん》としながら書き留めている。

藤沢衛彦《ふじさわもりひこ》の『妖怪画談全集』日本編上に

若狭国の百々《どど》茂右衛門という侍が、夜更けに士町《さむらいまち》の水谷作之丞という人の高塀の外を通ると、塀の上に女の首があってそれがあちこち移動している。茂右衛門は不審に思って月影に透かして見ると、それは作之丞の侍女で、その首は茂右衛門を見覚えているのでこちらを見てにっこり笑う。茂右衛門は無礼な奴と思ったので持っていた杖で首の頭をそっと突くと、首は邸内に落ちた気配がした。

丁度その頃作之丞の侍女は熟睡していたが、急に叫んで目をさましたので、傍に寝ていた下女が「どうなさいました」と聞いた。すると侍女は「今怖ろしい夢を見た。旦那様と話をしていると門前を通られた百々茂右衛門殿が、わたしを見てお持ちになっている杖でいきなり頭を叩かれた。あまりの痛さに逃げ出したところで目がさめた」という。翌日侍女は作之丞にこの話をしたが、「たあいのない夢だから気にするな」といわれた。その後茂右衛門も塀の上で見た侍女の首の話をした。作之丞は暫く考えていたが、これは侍女が轆轤首に違いないと知り、侍女を密かに呼んでその事をいうと、侍女は恥じて直ちに暇をとって寺に入り、一生を尼として過ごしたという。

轆轤首はこのように胴から離れて飛行するというのが多いが、江戸時代の話には、首は抜けず、するすると長く伸びていくというのも多い。

首が伸びるというのは、酷使されて腺病質《せんびょうしつ》になり枯渇憔悴《しょうすい》した遊女などが夜に灯油を嘗《な》める影などから首が長く見え、それが轆轤首の噂話の元となったらしいが、こうした身体の衰弱した女性には言い伝え程ではないが、首が長く伸びて人を驚かす例が実際にあったらしい。江戸時代末期の風流人で博学者である伴蒿蹊《ばんこうけい》の『閑田耕筆《かんでんこうひつ》』巻之二に

俳諧師の遊蕩一音という男が新吉原で美貌の遊女と馴染んだが、仲間があの女は轆轤首だというので、居続けをして様子を窺うと、夜中にその遊女の首が枕から三十センチも伸びた。一音が驚いて大声を出したので不寝番の妓夫太郎《ぎゆうたろう》や楼主たちが飛

んできて一音をなだめて酒肴でもてなし、これが評判になると店に疵《きず》が付くからどうか内緒にしてくれと平身低頭した。蒿蹊が考えるに、飛頭蛮のように首が数メートルも伸びたり飛んだりするのは嘘であるが、異質のものは気がゆるむと首の皮が伸びてこうしたこともあるものである。

と記している。伝承の轆轤首程ではなくとも首が三十センチも伸びたら確かに異常である。明治時代の『夜窓鬼談《やそうきだん》』にも金持ちの男が美人の娘の家に入婿し、初夜の寝床で女の首が轆轤首になったので驚いて逃げ出した話があり、その図を小林永濯《こばやしえいたく》が描いているが、その女の首を三メートル近く伸びているように表現しているのは、江戸時代の鳥山石燕描く『画図百鬼夜行』の影響であろう。『諸方見聞録』に、文化七（一八一〇）年に江戸上野《うえの》の見世物小屋に本当に首の長い男がいて轆轤首として評判であったことが記されている。この男は大和《やまと》国生まれの五十余歳であった。

寝ている間に首が抜けて飛行したり、首が鴨居を越す程に伸びたりするというのは幻覚や誇張であるかもしれぬが、常人より長い首の人間は稀にあるらしく、キリンが突然首長病になって現在のキリンの首の状態で生存している如く、あるDNAがウイルスによって異形のものを生じさせることは現代医学でも説明できるから、首長人間

轆轤首　鳥山石燕筆『画図百鬼夜行』(川崎市市民ミュージアム蔵)

が稀に発生（病気）することも有り得る。伴蒿蹊が首長遊女を「病気にあらじ」といっているが、眠っている間だけ首が伸びるのは嘘であっても、平常から首長の者は病的症状としてあっても、おかしくはないのである。しかし人間の首が抜け出て飛行したり、伸びて空間をふらふらすることは怪奇にして興味あることであったと見えて、江戸時代末期以降、大正時代（一九一二〜一九二六）頃まで寺社の祭礼や縁日などの折、境内での見世物小屋の興行の中に、香具師《やし》によって轆轤首の見世物がよく行われた。黒い幕を背景に裏から若い女が幕の合わせ目から顔を出し、竹ひごの長い筒状のものを提灯《ちょうちん》のように作って皮膚色の布を貼り、その筒の下端は背景の黒幕の前に坐《すわ》っている女の襟元に差し込まれている。この女の顔は仰向いて黒幕の裏に出している。これが下座の三味線や太鼓の囃子《はやし》に合わせて表に出た首が上下左右にふらふらと移動すると、薄暗い小屋内では本当に轆轤首が宙に浮いて動き、首は蛇がうねるように見え、怪奇的気分をそそられるので、人気があった。

現代ではこの種の見世物は全くなく、祭礼や土地の行事で人の集まる時の戯れの見世物として、「お化屋敷」の見世物興行が行われたときに稀に轆轤首があるが、これは人形の首に長い頸状のものを作りつけ、繰り紐《ひも》によって空中をふらふら遊行させるもので、現代の子女は作り物と知りながら、興行小屋内の雰囲気でキャアキャアいって騒ぐが、一歩外に出ると、その実在性を決して信じていない。興行小屋の機関《カラクリ》自体に興味を持って見に行くだけである。従って首が天井に届く程伸びたり、空中を飛行するという過去の伝承は初めから黙殺して、不意に奇怪なものに出逢《であ》う驚きとスリルを味わうために見に行くのであるから、轆轤首の恐怖という尊厳性は全く無い。非科学的存在に対する興味としてとらえられるようになったから、本当の轆轤首も出る幕でないと見える。

山姥《やまうば》

人の中々立ち入らない山中に、一人または子供と住んでいるという妖怪視された女性で、醜い老女であったり、若い美しい女性であったりする。どうやって生活しているか一向不明の上に、鳥獣と共存しているから妖怪的存在視され、山女《やまおんな》という地方もある。

山姥《やまうば》の代表的型《タイプ》は背が高く髪が長い。老婆の場合は白髪であるが、若い女の場合は黒髪である。皮膚は透き通るほど白く、襤褸《ぼろ》をまとうか木の葉を綴《つづ》って身につけるか、あるいは全裸であったりする。目付きは鋭く口は般若《はんにゃ》の面のように大きく裂けているともいう。

従って鬼女とも混同され、山中で山姥に遭うと災厄をうけるとか、子供をさらって食べるとの伝承を生じたり、逆に山姥に逢って幸せを得たという話もあって、正体は一向不明である。これはかつて古代王権に遂《お》われたか、良民になるのを嫌って山中深く逃竄《とうざん》したかの人々の子孫か、山窩《さんか》または山の神

山姥　鳥山石燕筆『画図百鬼夜行』＊

に仕える巫女《みこ》や、諸国を渡って歩く巫女等の瀬降りの姿を幻想して形成された存在であろう。『前太平記』によると

天延四（九七六、七月改元して貞元元年、円融天皇の代）年源頼光が上総の国司として任満ちて上洛の途中、箱根の足柄山中に赤色の雲気が立ち昇るのを見て、不審に思い家来に探らせると、山姥が幼児と生活しているとの事であった。頼光は興味を以て訪ねて行くと、巌石峨々とした所に山姥と逞ましい幼児が住んでいるので色々尋ねると「これわが子なり。しかも父なし。一日この巓《いただき》に出て寝たりしに、夢中に赤

山姥と舞をまう金太郎　喜多川歌麿筆（神奈川県立歴史博物館蔵）

龍来りて妾《わらわ》に通ず。その時、雷鳴夥しくて驚きさめぬ。果してこの子を孕めり」と答えたが、あまりに見事な怪童なので頼光はその子をもらい受けて都に連れて帰り、その子は成長して坂田金時と名乗るようになり、頼光の四天王の一人として活躍した。

という、足柄山《あしがらやま》の金太郎の話である。山姥が夫が無いにもかかわらず、夢で赤龍(赤龍は太陽の象徴であり、龍は雷である)と交わって子を産むという話は加茂健角身《かもたけつのみの》命《みこと》の子玉依姫《たまよりひめ》の所に雷神である加茂別雷神《かもわけいかずちのかみ》が丹塗《にぬり》矢に化して通じ、別雷神を産んだ話のモチーフに共通する。つまり金時《きんとき》も雷神の子ということになり、また源頼光と主従の関係になることは、頼光を音読みすれば雷公になることとかかわる。また、金時の「鉞《まさかり》かついだ金太郎」と童謡にうたわれる鉞も、インド神話のインドラ神、スカンジナビア神話の雷神トールの持つ槌《つち》あるいは鉞、中国の雷神の持つ槌や、鉞、武甕槌《たけみかづち》神《のかみ》の持つ槌等に現れる通り、雷と槌や鉞は因縁がある。

これらの所以《ゆえん》を以て構成されたのが足柄山の金太郎(金時)譚で、これを産んだのが山姥である。

この山姥は人に危害を加えず出産能力がある若い女であったと見えて、江戸時代の歌麿《うたまろ》はしばしば美人の山姥に表現しているが、室町時代にはものすごい野性の老婆に

表現されている。御伽草子《おとぎぞうし》の『花世《はなよ》の姫』では

顔は折《お》敷《しき》（四角い盆のようなもの）の如く、目は凹《くぼ》く、玉は抜け出でて、口は広く、牙は鼻の傍まで生い交《か》ひ、鼻は鳥の嘴《くちばし》の様にて、先ばかり、額《ひたい》に皺を畳み上げ、頭は鉢を戴きたるが如し。（中略）頭の毛は赤き赤熊の如くにて、その間に角の如くなる瘤ども十四五程あり。

という妖怪が女鬼そのものの容貌《ようぼう》で、まるで長澤蘆雪《ながさわろせつ》描く山姥そっくりである。人里離れて山岳の奥に棲んだらかかる形容の山姥にもなろうと想像されるが、『臥《が》雲日件録《うんにっけんろく》』の寛正元（一四六〇）年六月の項には

此《レ》皆因㆓淫雨㆒之訛言也。又聞、山姥生㆓四子㆒、一曰㆓春好㆒二曰㆓夏雨㆒、三曰㆓秋好㆒、四曰㆓冬雨㆒此依㆓今夏多雨㆒也。

とあり、山姥は気象上の存在と見る者もあったが、世阿弥《ぜあみ》伝書の『申楽談義《さるがくだんぎ》』には

妄執の雲の塵積って山姥

山姥　長澤蘆雪筆『山姥図』(嚴島神社所蔵の絵馬)

となった故に輪廻《りんね》の苦界《くがい》に沈んだことの救いを願いながら山姥の山めぐりを見せて、陰ながら人を助ける業をなして邪正一如の仏説を説くという筋の『山姥』が描かれ、これが江戸時代の近松門左衛門《ちかまつもんざえもん》の『嫗山姥《こもちやまうば》』のもとになる。

また『当代記』には慶長十四（一六〇九）年に京都で山姥の見世物があり、それによると

　山うば也とて、東山東福寺辺にて鼠戸を結び人にみせける。縦は頭之毛白く、眼之廻赤し。何物を食すれども一口に喰、貴賤見レ之、能々聞、しろ子の物狂也。

とあって「しろ子の物狂」を山姥として見世物に出したが、これは山姥の存在を一般人が信じていたからこそ見世物として評判だったのである。

また『尾張名所図会』は、『山姑物語』『異本山姑物語』『山姑絵巻』等に出てくる尾張《おわり》国（愛知県）本宮山《ほんぐうさん》に棲む山姥が、折々麓《ふもと》の鞍が淵に現れて通行の人をたぶらかしていたが、文明十六（一四八四）年に福富新蔵国平に退治されたという事が記されている。

新蔵が月の明るい夜に犬を連れて羽黒川を溯って狩に出かけたが、どうした事かその夜は獣一匹も狩ることができなかった。そして本堂に近付くに従って犬がおびえ出すので、ふと拝殿の方を見ると、高さ三メートル程の女が髪を梳《くしけず》っているので「これこそ噂にきく山姥という妖怪ならん」と弓に矢を番《つが》えて射放つと、俄かに物凄い山鳴りと共に黒雲渦巻いて女の姿は消えた。方角もわからなくなったので止むなく樹陰で夜を明かすことにした。明け方になってから拝殿を確かめてみると血が滴って麓の鞍が淵に続いているのでたどって行くと、そこらの草は薙ぎ倒され、岩も傾いて散乱している。更に血の痕をつけて行くと余野里の小池与八郎の門内に続いているので、与八郎に逢った。新蔵は山姥を射たことを伏せて色々と世間話をしながら気配を窺ったが、別に怪しいこともないのでそのまま戻った。

小池与八郎は新蔵の世間話の中に何か引っかかる事があるので、妻の閨《ねや》に入って見ると夥しく血が褥《しとね》に流れていて妻の姿は無く、障子に血で書いたと思われる歌があった。

あぢきなき契りの末のあらはれて
　つひにはかえるふるさとの空
年月をなれこし里の宿かれて
　小池の水のすますなりにき

新蔵が本宮の拝殿にいる山姥を射たのは実は与一郎の妻であったのであろうが、本当は山姥であったのが一般の女の姿に化けて与一郎の妻となり、二人の間に子までもうけたが、新蔵に射られて去って行ったのである。

金太郎の話の如く山姥の産んだ子は英傑になるようで、ここでも、山姥の産んで残して行った子は、成人してから才智武勇兼備の豪傑となり、丹羽《にわ》郡小口《おぐち》の城主織田遠江守《とうみのかみ》の重臣に出世したという。

江戸時代に於ても山姥の記録があり、橘南谿《たちばななんけい》の『西遊記』巻之三に

日向国（宮崎県）伊東家五万石飫肥《おび》領の山中に、猟師が兎道弓《うじゆみ》（矢を番《つが》えて弦を引き絞ったのに綱をつけ、獣がそこを通って綱に触れると矢が発射されて獣に命中する仕掛けのもの）を仕掛けておいたところ、怪しい女が射られていた。その女は素ッ裸で皮膚は雪のように白く、長い髪は黒くて艶々していたがすでに息は絶えていた。妖しいことなので人々に聞いたところ、それは山の神であろう、山の神を殺したら大変なことになるというので、猟師は其処に近付かなくなったのでその山女の死骸は腐ってしまった。深山には時々こうした女がいるという。

この話は『野扇物語』巻二にも載っているが「人に似て人に非ず。これは山の神ともいひ又は山女ともいふ」と記し『今斉諧《きんせいかい》』巻四には、薩摩《さつま》国の深山中にも山女がいて、髪を振り乱して泣きながら山林中を走って行くのを見た者があるという。

また『南路志《なんろし》』続篇稿草巻二十三怪談抄《のしよう》には

宝暦五（一七五五）年の秋のことであるが、土佐国（高知県）高岡郡影野村の道筋から二十メートル程も山に入った所にある松の樹の枝のところに、髪の長さ六メートル程もある女性が腰掛けていた。不思議に思った村の人々が集まってその方を見上げていると、それに気付いた女性はそこから下に跳びおりて消えてしまった。下は茅が生い茂っている所で、村人が其処へ行って見ると茅を掻き分けて去った痕跡もなく、誠に不思議であった。

この事は翌年正月に田中勢左衛門からの手紙に書いてあった事であるが、この影野村という所は相間氏の領地で、相間家の家来和田彦左衛門に尋ねたところ、この土地には昔からこの不思議な女がいて村人も時々目撃するそうであると。この女性が茅原を歩いて行く後ろ姿や横を見ると茅原から上二メートル程もあるというから三メートル以上の大女である。

また『扶桑《ふそう》怪談実記』巻二には

大和国に稼ぎにいった播磨国の者が上市より五里（二十キロメートル）程川上に入った所の小屋で十人程で寝泊りしたが、夜の午前二時頃に何か急に寒気がしたので入口を何気なく見ると、扉代わりの筵《むしろ》をまくって入って来る者があるので、炉辺の消え残った明かりで見ると、長い髪を乱した女で目付きが鋭いので皆怖れてしまった。別に害なく去ったようであるが、目撃した者は五、六日病気になった。この山女の子であろうか、三、四歳くらいで木の葉を衣としている木の子といわれるものもおり、これは木樵がよく弁当を取られるので、これを見付けると棒で追い払ったりする。

これらの山姥は、山女という地方もあるけれど、山姫《やまひめ》とも呼ばれるのは、その年齢を推量して呼ばれた名である。山姥の伝承は多くは髪の毛が長く乱れていて肌白の裸体であるというところに妖しい好奇心が湧くのであるが、大抵は三メートルを超す大女であるから、やはり妖怪または山の精に結び付けられる。

その上『秉穂録』にある如く

熊野の山中に長《たけ》八尺ばかりなる女の屍あり。髪は長くして足に至る。口は耳のあたり迄裂け、目も普通よりは大なりしとぞ。

という形容に至っては般若の面を思わす凄《すご》さで、獣をも食って生活しているのか『同書』に

又白き姿の女の猪の群れを追掛けて来ることありといふ。

とあり、弓矢、棒を持たないでも獣を捕えるのであろう。その住居は『越後野志』巻十八に

信州虫倉山に山女住すると云ふ洞《ほら》三あり。其中に新洞なるあり。古洞は谷を隔てて古木繁茂せる中に在りて、山燕の巣甚だ多し。新洞と名づくるは絶壁の中間に存るを仰ぎ見るに数十丈あり。山女は見ることなけれど、洞口草苔生ぜずして出入する者あるが如し。雪中に大人《おおひと》の足跡ありと云ふ。

というから、上野《こうずけ》国利根《とね》郡古馬牧《こめまき》村三峯山に伝承されている八束脛《やつかはぎ》という巨人伝説

にある住居とおなじである。

人に姿を見られるのを非常に嫌い、警戒するので中々実体がつかめず、目撃した時の錯覚が幻覚的に誇大されたり、各地の伝承の潜入観念と結びつけられ、実像と全く異なった印象としてとらえられたりしたこともあろう。

四国に棲む山姥は『阿波伝説物語』にも載っていて、近代までしばしば目撃者がおり、麻植《おえ》の木屋平《こやだいら》村の大字三木小字柏原に明神の崖《たき》のてとう松あたりには山姥が出没するといわれ、その山姥は背が高い裸体で皮膚は土気色をして灰色の長い髪をしていたというから、一般的な山姥の、黒髪長く肌は色白という形容とは異なっていて、これはかなりの老齢の者であるといえよう。

四国の山姥はこうした姥の名に相応《ふさわ》しいように老齢であるから、出逢った時には走って逃げれば追い付けないといわれている。また人に逢うと背負ってくれと頼むが、うっかり背負うと物凄《ものすご》く重くなり、歩かないうちに山姥は、髪の毛でその人の咽喉《のど》を絞め殺すといわれている。阿波《あわ》には山姥の伝説が多く、現在でも山姥がいるといわれている。『粟《あわ》の落穂』に

　南方の奥山に、往年山女といふ者を見る事折々有り。山姥の若きにや、杣人山小屋にて、夜分茶を焚き居たる処へ来《きた》りたるを見れば、惣身女の形にして、色白く黒髪

長く赤裸にて美しく女に似たり。化して来るにや笑顔を作り火の側へ居寄り、茶を点じて進じ候はんやといふに、其形艶なる処もあれば、大胆なる杣人は別して恐れず、茶を点じさせ呑みて自若として話などして黎明《しののめ》にも及べば、名残惜しげに又近き内に茶を点じに参るべしとて、何やら情けを含みたる艶《なまめか》しき態にて帰りし事有りと也。

と妖艶《ようえん》で人を怖れぬ山姥もおり、更に

北方山分にて、中古の事にや、猟人或時野猪の沼田待《ぬたまち》に深山へ入り、深更の頃榾木《ほだ》枯枝等を集め、火を焚き居けるに山女とも云ふべき者、火の側へ来りていふは、火を貸し給へ、鉄漿《おはぐろ》を付けたし、勝手につけよと云ふに黒く長き髪を被《かぶ》り、色白く美しく、見るに暫しの間に鉄漿を黒く付け、扨又《さて》いふは、鹿を追ひ廻し来りなば打殺し給はらむやと。安き事なりと答へれば則ち鹿を追い来るを打ちて殺せば、山女は鹿を引裂き肉所を喰ふを見可怪《あやしむべき》ものなり。若しや我に取掛らむもしれずと思ひ、彼が鹿を食する間に、兼て用意の鉄丸を鉄砲に込め、強薬に火縄を挟み居たるに、山女は鹿の肉をあらかた喰ひ仕廻ひて、此上、又御無心有りと近寄るところを、彼の鉄砲にて打ちしに、かき消すやうに逃げ失せければ、猟人も空恐ろしくなり、帰りしとなり。山女にもかく恐ろしきもの有るにや。

とあって、鉄漿つける山姥もいたのである。色白美人の黒髪長く、鉄漿つけた山姥では異様な妖艶さで、何か狐が化けたようであるが四国には狐がいないと伝承されているから、山姥には違いなかろうが、人に狐媚《こび》的に近付いて来るところに却って恐ろしさがあるのであろう。しかし一方では、山姥の魅力に誘惑される話もあって『黒甜《こくてん》瑣語《さご》』第三編巻四には

ほほ笑みて杣人に馴れ媚ぶ有様に、杣人も無聊の折からとて之を犯したりといへり。

ということもあるかと思うと、山の神として神秘的に見られることもある。松浦静山の『甲子夜話』巻之十二の四項には

古代に「八女《やめ》の国」といった所は柳川藩主立花家の領土であるが、そこの家臣が暁方近くに其処の山に分け入って狩をしようと茅原を登って行くと、上の方から茅の叢が自然に二つに分かれて誰か降りて来る様子。そこで家臣は叢にひそんで見ていると絵にあるような美しい天女の姿をした女性が袖をひらひらさせて現れたので、

あまりの神々しさに思わず平伏してしまった。やり過ごしてから山中を歩いたが、どうした事か獲物一疋もとれない。あきらめて戻ろうとすると、今度は麓の方から茅原が二つに分かれて来るので再び叢にひそんで見ていると、先刻の天女が浮遊する様に登って来る。山女や山姥にしてはあまりにも神々しいから、これは『日本書紀』などに記されている筑紫の後国《みちのしりのくに》の八女県《やめのあがた》の山中にいる八女津媛《やめつひめ》という神女であろうという。

また大館逸平という武士が八、九十年前のこと、八月十五日の明月に夜の狩をしようと神崎という所の山に入ったところ、遠くで歌声がするので妖怪であろうと待ち構えていると、月光の夜空を天女のような姿をした美しい女性が「吹けや松風おろせや簾《すだれ》」と美しい声で歌って通り過ぎたので、思わず畏れて見送ってしまったという話もあるから、八女津媛は肥前平戸の山にまで遊行されたのであろうか。また逸平の知り合いの猟師も、平戸島志自岐神社に夜更に行ったときに美しい女性が遊行しているのを見たが、何とも神々しく怖ろしく思えて、それ以後は夜に山に入るのを止めにしたという。これらは大昔の八女県の八女津媛の神霊であろう。

と推測しているが、これらは又聞きの話であり、昔八女県という所に八女津媛という首長がいたという先入観と、かかる山中に普通の女性がいる筈《はず》が無いという固定観念とで神秘化した幻覚が生まれたと考えられ、それは恐らく若い山姥であったのであろう。八女は野女でもある。山姥のわけのわからぬ歌声も人語に聞こえたものと思われる。

『和漢三才図会』巻第四十寓類《ぐうるい》佐類《かいるい》には、野女と書いて「やまうば」とし「伝に云山媼乎、蓋し猩猩の類」としている。

『本草綱目』には日南国にいる。その貌は皮膚が白く、衣類をつけず裸であり、髪は黄色で裸足で丁度老女のようで、皆女ばかりで男はいない。山や谷を行くこと飛ぶように速く、腰から下には膝まで毛皮をつけ、群をなしていて夫となるべき男を探している。故に男に逢うとさらって行って交わりを要求するが、かつて強い男の為に殺されて死んだものがあり、それは手で股間を覆っていた。それで解剖して見たら輝く蒼い玉のようなものがあったという。

と不思議な事が記されている。外国の例であるが、日本の山姥は裸形であるが髪は黒くて長い。これは風土的特徴であろうか。

山人・山男

やまびと・やまおとこ

『和漢三才図会』巻第四十寓類恠類の項に

『本草綱目』に『載海録』の襍事を引いて雲南省の南の山中に足が一本で指が三つの生物がいて雄を山男といって、女を山姥という。よく人家に近づいて人から物をもらったりする。

と書いている。その前項には、「山精　かたあしの山おに」として

『永嘉記』には、山鬼は人の形しているが一本足で高さは約三十センチ。よく木樵の塩を盗んで山蟹を捕えてこれを火に炙《あぶ》って食うという。人がこの山精を犯さないのは仇をされるのを恐れるからである。

『玄中記』では、山精は人のようであるが高さ一メートル前後で山蟹をよく食う。昼は隠れていて夜出て蟾蜍《ひきがえる》を食うともいう。

『抱木子』には山精は小児位の大きさで一本足でしかも足の甲が後向きになっている。昼は隠れていて、夜出て蟾蜍を食す。

また『抱木子』には、山精は子供のように小さく、一本足は後向きで夜に出没して人に害を与える。人が魃《はつ》と呼ぶと人を害することができない。

等と記されているが、結局、山の精気が凝って生じた妖怪であるから魍魎《もうりょう》と同じであるが、その形貌《けいぼう》は後ろ向きの足の甲を持った一本足で山丈《やまおとこ》と同じである。足の甲が前の方に向いているか、後ろの方に向いているかで、山丈（山男）・山精《さんせい》と呼び名が異なってくる。

山精　寺島良安著『和漢三才図会』（国立国会図書館ウェブサイトより）

日本に於《お》ける山男はこうした姿でなく、普通の人間並の姿であるが、大男が多い。

『前太平記』に書かれた足柄山の金太郎は、源頼光に見出《みいだ》されなければ山男として育ったのであろうが、怪力振りを発揮したように山男は敏捷《びんしょう》怪力であるという伝承が多い。『黒甜瑣語』第

三編巻四には

秋田の早口沢と言ふは二七里の沢間也。去る丁巳（寛政九年、一七九七）の七月初、此沢六里程奥に長さ二里余の堤を一夜の中《うち》に造り出す。両方より山崩れ渓流を塞ぎ留めしを見れば四丈五丈の余る大石にて築き成せり。如何なる者の仕業にや。此山口にはニシコリと云木あれば山猱鬼童のすだくとも云ふ。此山中に折として童の鬼の如くなるを見ることあり。先《さき》つ年或人の見る一人の大童は十人しても抱へ難き大石を背負ひ、うつ伏して澗水《たにみづ》を飲み居たり。之を鬼童と云ふ。又或る人の云へるは、杣人山中無聊のときは必ず彼のニシコリを焼《たき》て、色々の怪物を集めみることあり。

とあり、日本の山男はざんばら髪故に童《わろ》と呼ばれ鬼童とも呼ばれ、大岩を軽々持ち上げる程の怪力であった。猫にマタタビの如く、山男・山精・魍魎の類はこのニシコリを焼くと現れてくるというが、ニシコリがどういう木なのか不明である。錦木《にしきぎ》のことであろうか。『譚海《たんかい》』巻十一には

相州箱根の山男は裸体にして木葉樹皮を衣とす。深山に在て魚を捕るを業とし、市の立つ日を知つてこれを里に持来りて米と交易す。人馴れて怪むこと無し、売買の

外多言せず、用事終れば去る。その跡を追ひて行く方を知らむとせし人ありけれども、絶壁の道も無き処を鳥の飛ぶが如く去る故、終に住所を知ること能はずといふ。小田原の領主よりも、人に害を為《な》す者に非ざれば必ず鉄砲などにて打つことなかれと制せらるる故に敢へて驚かすこと無しといふ。

とあり、相模《さがみ》国箱根《はこね》山《やま》に棲む山男は仙人的性格で人里に降りて捕った魚と米を交換するというから、原始的生活の人間で山童《やまわらわ》、魍魎《もうりょう》の類ではない。桃花園三千丸著、竹原春泉斎《たけはらしゅんせんさい》画の『桃山人夜話《とうさんじんやわ》』には腰だけまとった裸体の大男に描かれ、木樵が山男に逢ったら下手に逃げると害を与えるが、食物を分かち与える約束をして重い荷を負わせると麓まで運んでくれるとしている。

玃《やまこ》

山人とよく間違われるのに玃《やまこ》がいる。これは日本にも中国にもいる人か獣か見分けにくい生物で、『本草綱目』では玃父《かくふ》、猳《か》玃、きやくといって老猴ともしている。猴《さる》

玃(やまこ)　寺島良安著『和漢三才図会』
(国立国会図書館ウェブサイトより)

に似て大きく色は蒼黒《そうこく》で、山中を行く人の持ち物をさらったりする。雌は無くて雄だけであるから、よく人間の女をさらって子を生ませる。

また玃の類に𤠣という獣があることが『神異経《しんいきょう》』に書かれているが、𤠣は玃と反対で雌ばかりで雄がいない。そこで群居していて人間の男が通るところを襲って捕えて交わり妊娠するというから、人間の異性ばかり狙うというところに妖しさがある。

それならば玃と𤠣が交わればよいのであるが、

これは中国の話であるが、日本にも玃に該当する獣類がいる。『和漢三才図会』巻第四十寓類恠類の項によると

推考するに日本の飛驒・美濃(岐阜県)の奥深い山中に棲んでいる動物がいるが、猿のようで、大きく、黒の長毛に覆われていて、立って歩く。よく人の言葉を話し、人間の心を読むという賢さである。人に危害を加えない。……これこそ『本草綱

目』や『神異経』に書いてある玃《きゃ》の仲間であろうか。これについては右の書にある如く牡だけなのか牝だけなのかはわかっていない。

としている。日本の山中には猿に似た大型で立って歩くという動物がいたのである。チンパンジーを思わせるが、日本には未だかつて野生のチンパンジーが棲息《せいそく》したことはない。狒狒《ひひ》が婦女を要求する人身御供《ひとみごくう》伝説もあるから、日本の狒狒というのはこの玃属の猿猴《えんこう》類かもしれない。

これを鳥山石燕は『今昔画図続百鬼』の中で「覚《さとり》」と称して、髪の毛の長い大猿のように描いている。「覚」とは、「予察㆓人意㆒」（よくあらかじめ人の心を察知する）という「さとる」ことから「さとり」という名が付けられたのであるが、警戒心の強い動物である。

魃　ひでりがみ

旱母《かんぼ》ともいい、比《ひ》天《で》利《り》乃《の》加《か》美《み》といわれ旱魃《ひでり》の神であるから、この神が現れると雨が

魃　寺島良安著『和漢三才図会』(国立国会図書館ウェブサイトより)

降らなくなる。山に棲んでいるといわれ『和漢三才図会』巻第四十では寓類恠類に含められているから怪獣である。中国の魑魅魍魎《ちみもうりょう》の思想から生まれた山《やま》獠《わろ》や山精《さんせい》と同類であるが、その特徴とするところは、この怪物が現れるとカンカン照りの旱魃が続いて人々を苦しめる。『三才図会』では

剛山ニ多二神魃一亦魑魅之類　其状人面獣身手一ツ足一ツ所レ居處無レ雨

といっている。剛山《ごうざん》には魃神《ひでりがみ》が多いが、これは魑魅の種類である。その状《かたち》は、顔は人間に似て身体は獣のように毛で覆われ、手足各一本ずつであり、住む所には決して雨が降らない。従ってこれを旱天《かんてん》の神としている。山精は一足であるが手は二本、魃は手足共に各一本、従って跳んで歩くので、この形は後世日本に於ける唐傘一ツ目小僧の一本足の怪物に繋《つな》がって行く。

『本草綱目』には『神異記』を引用して「南方に魃がいるが一名を旱母といい、大き

さは約六十センチから一メートル位。裸形で目は頭のてっぺんにあって走ること風の如く速く、これが姿を現すと旱魃になる」とある。

また『文字指帰』には、「旱魃は山に棲む鬼で、その居る所は雨が降らない。男女の魃がいて女魃は人家に忍び入って能く食物などを盗み、男魃も人家に入って盗む」としている。『時珍《じちん》』には、「推定するに山獠《やまわろ》以下同類と思われるものでも少しずつ違いはある。山獠は一本足であるが（『和漢三才図会』では二本足になっている）、これらは鬼類である。近頃は方々に現れるが、巧みに姿を隠し人家に入って人を惑わせ、人にわざわいを為し、家に火を付け物を盗み、法術を以てしても薬を以てしても駆逐することと不可能である。故に五通七即の諸神である」とされている（五通とは、「岩石樹木叢の妖怪をいう」と『江南木客伝』『東京賦』『北夢瑣言《ほくぼうさげん》』等の文を挙げて、喜多村信節《きたむらのぶよ》は『嬉遊笑覧《きゆうしょうらん》』巻八方術の項に述べている）。

巨人・大入道

きょじん・おおにゅうどう

天地が創造された頃の神話は、大体巨大な人間的姿をした神か、極小の人間が登場する。これは世界的に見られるが『日本書紀』や『古事記』にもその例は見られる。伊弉諾《いざなぎ》・伊弉冉《いざなみ》両尊が国生みをした後に句句廼馳《くくのち》を産んだが、これは樹木の祖神であるが、この頃は天空が未だ低く垂れ籠《こ》めていたので、句句廼馳が立ち上がって両手で天空を支えて高くしたといわれているから、想像を絶する大巨人で、これに似た話は外国にも多い。この型は沖縄では天《あま》ン柱《ちゅう》で、これは「あまんじゃく」となり天《あま》邪鬼《のじゃく》であるという説と「あまのじゃく」は出自が別であるとの説もある。

いずれにしても句句廼馳は、樹木がすくすくと天を指して伸びることから連想された神で、樹霊にも擬され神話の世界の中の巨人である。

奈良時代の『常陸風土記』には

> 西津の駅家より西に約五キロ程行った所に大櫛という所があるが、其処に大昔巨人が住んでいて、其処から海辺に手を伸ばして海中の大蛤をとって食べていたが、その貝殻が積もってできたのが大櫛の岡である。巨人の足跡は長さが三百六十メートル余、広さが四十平方メートル、小便をした時にできたあなが四十平方メートル余である。

と記している。また江戸時代の高田《たかだ》与清《ともきよ》の『松屋筆記《まつのやひつき》』にはだいだらぼっちという巨人がいて、富士山を背負おうとして踏ん張った時に凹んだ足痕が相模国の大沼になったとされるが、だいだらぼっち（大太法師）の足跡といわれるのは関東だけでも三十余ヵ所もある。

と記しているし、十方庵《じっぽうあん》の『遊歴雑記《ゆうれきざっき》』には

武蔵国豊島郡沼田村に渡ろうとする豊島の渡しの手前の西側に塚があるが、これは大太法師の草鞋《わらじ》についていた土がこぼれてできたものである。

と記され、また大太法師《だいだぼうし》が畚《もっこ》（編んだものに物を乗せこれを天秤棒《てんびんぼう》に通してかついで運ぶ道具）で土を運ぶ時に天秤棒が折れて、畚の土が二つに分かれて落ちて双児山ができたという話など、だいだらぼっち伝説が中部から東北にかけて多いのは、『常陸風土記』の巨人伝説の影響であろう。

だいだらぼっちは一般的名称であるが、常陸椎塚《しいづか》あたりでは「だいたいぼう」、下野宇都宮《うつのみや》あたりでは「だいたらほうし」、武蔵・下総《しもうさ》あたりでは「だいたぼっち」、会津《あいづ》辺では「だいてんぼう」、甲斐では「れいらぼっち」、信濃《しなの》では「でいらぼっち」、

遠江では「だいだらほうし」、越中《えっちゅう》では「だんたんほうし」、三河《みかわ》では「だいたぼう」、伊賀《いが》では「だたんぼう」、讃岐《さぬき》では「だいだらぼう」等と地方的訛《なま》りがあるが、根元は大太法師である。何故大太法師と名付けるかについては、江戸時代の山崎美成の『大太坊蹤《あしあと》』や明和舟江の『大太法師弁』などで当時の思想で論じており、『怪談几《き》弁《べん》』では結局「愚量の及ぶところにあらず」と匙《さじ》を投げている。

現代の推定説では、アイヌ語の「ダイ」(小山)、「タラ」(背負う)、つまり小山を背負う意から生じた巨人名、また往古の台湾にいた生蕃《せいばん》の伝説にあるタグラウ、ギリシャ神話に出て来るチタン族という巨人たちの英語訓《よ》みのタイタンス伝説の流入ともみられる。

このほか『日本霊異記』や『扶桑略記』、『今昔物語』『水鏡』等に記されている道《どう》場法師《じょうほうし》という怪力の巨人話や、『桃山人夜話』に記される讃岐の手洗鬼《てあらいおに》等は超巨人である。

手洗鬼は大太郎坊《だいだらぼう》(だいだらぼっち)という大魔人の子分で、四国の海で三つの山を跨《また》いで手を洗ったとし、大太郎坊は長さ五、六里位の島を片手に持って富士山《ふじさん》に寄り掛かりながら海水を呑むと伝えられている。

これらの伝説は荒唐な伝承として吾人は比譬的には解釈しても実在を信じないが、奇型的巨人の存在は疑いにくい。

下野国の伝承では大昔、利根郡古馬牧村の三峯の崖《がけ》の中程の洞窟《どうくつ》に八束脛《やつかはぎ》という巨人が棲んでいて、藤蔓《ふじづる》を編んで登り降りをしていたが、村人がそれを切り取ってしまった為に洞窟から出られずに餓死した。村人はその祟りを恐れて、これを神に祀《まつ》り八束脛の神、また、長髄《ながすね》明神と称したという。

八束脛とは髄の長さが八摑《つか》みもする程の長さということで、古代の尺度を測るのは一摑みが基準で、一摑みの長さは人によって異なるが、大略十センチであるから八摑みは八十センチである。これで身長を推定すると約四メートル程になるから、一般人の約二倍半位である。八束脛の掌《てのひら》の大きさは米が約一升（約一・二リットル）入る程であったというから野球のグローヴより大きい。

八束脛とは巨人に対する渾名《あだな》で、『紀』『記』には神武《じんむ》天皇の東征に反抗して滅ぼされた先住民族の長に、長髄彦《ながすねひこ》という八束脛がいる。

しかしこの長髄彦は津軽《つがる》地方の伝承や異説日本史である『東日流外三郡誌《つがるそとさんぐんし》』では殺されておらず、東北に逃がれ、荒吐《あらはばき》族の王国を創り、その後この土地で没したので、津軽東海の田沢《たざわ》に葬ったが、天文の頃に発掘され改葬されたという。その時の記録の写しが『東日流外三郡誌』に記されているが、長髄彦の骸骨《がいこつ》は長さ七尺九寸（約二・八メートル）、共葬の安日彦《あびひこ》（長髄彦の兄、安日長髄彦といい、東北の安倍《あべ》氏の祖ともいう）の骨は長さ七尺七寸（約二・六メートル強）あったとしているから、骨の測定法によって異なるが大体三メートル近い巨人であったわけである。このくらいの大きさであると、異常発達した者も稀に見られるから皆無とはいえない。

また『日本書紀』巻十一仁徳《にんとく》天皇六十五（三七七）年に飛驒《ひだ》国に両面《りょうめん》の宿儺《すくな》という怪人がいて、その地方を掠奪して人民を苦しめたので、和珥臣《わにのおみ》の祖である難波根子《なにわのねこ》の武振熊《たけふりくま》を派遣して退治した記事があり、飛驒国にもこの伝承があるが、両面の宿儺というのは首に顔が前後に二つあり、手が四本、足が四本の蜘蛛のような怪人で、身の丈八尺（約三メートル弱）あったという。

また古代ギリシャの巨人神話のユリセスの日本化といわれる百合若大臣《ゆりわかだいじん》は巨人大力で弓の名人であるが、伝承では何十貫という大岩を礫《つぶて》に投げるといわれ、大太ぼっちとも称され、日本各地にその伝承を残し、出自は身分賤《いや》しい者、または四条《しじょう》左大臣藤《ふじ》原公光《わらのきんみつ》の子ともされ、さまざまな武勇譚とロマンスを伝えている。また、碓氷峠《うすいとうげ》の麓には百合若大人（大臣）が妙義山《みょうぎざん》を鉄弓で射抜くときに踏ん張った力籠りの足跡というのがあり、その射た所は小山沢の射抜山の抜穴として残っている。

この百合若も嵯峨《さが》天皇の頃（八一〇〜八二三）の人というからこれに擬された人物もいたとも思われる。『塩尻』には

世に云ふ百合若豊後国船居に伝へて故事あり。百合若塚は船居の菖蒲山万寿興聖禅

寺にあり。二十餘年前、楊州和尚の時にその塚を発《あば》き し所、石棺の内に立て白骨一具あり。古刀一柄朽残りしを領主もみられしが、命じて元の如く埋みて祀られしとなむ。

と記している。百合若については

されど古事実録に所見なきにや

と実在を疑っているが、ユリセウスの日本化伝説であるから大太法師と同じである。しかし巨人の伝承は甚だ多く、平安朝頃から妖怪もしばしば大入道となって出現している。『古今著聞集』巻十七変化第二十七に

主殿頭《とのものかみ》（宮中を管理する役所の長官）の光任朝臣は法住寺を建造する時に、その息子近江守仲兼を奉行とし、仲兼は毎日監督のため建設現場に牛車《ぎっしゃ》で出勤していた。或る日その帰り途に東寺の辺で日が暮れた。帰りを急ぐ為に供の者たちは皆牛車の先の方ばかりを歩いて後の方には一人もいなかった。仲兼が車の後の簾《みす》越しに外を見ると、星明りの暗い中に白の直垂《ひたたれ》を着た法師がついて来るので、怪しいと思って廉

を上げてよく見ると、父光任が召し使っていた中間の次郎である。次郎は不届の事があったので追放されたのであるから、我等に仕返しをしようとつけて来たと悟り、供の者を呼ぼうかと思ったが、牛飼の童より先の方に供の者が歩いているので大声を上げるのも大人気ないと思い、車の中に置いてあった太刀を握ると、車の後部から飛び下りた（普通牛車は後部から乗り、前部から降りるしきたりである）。そして追って来る者に向かい「貴様は次郎坊主であろう。何のために後をつけて来るのだ。怪しい奴だ」と走り寄ると、その者はみるみる大入道の姿に変じ、上の方から仲兼の烏帽子を払い落として髻《もとどり》を掴んで空中に引き上げたので、仲兼は太刀を抜きざまに上の方に突き上げた。手応えあって仲兼は地上に投げ出されたが、白襖の狩衣は返り血で赤く染まった。

供の者は後方でこうした事が起きた事を知らないで帰邸して見て、牛車の中に主人がいないので驚いて大勢で戻り路を探していくと、東寺の南の田の中に仲兼が倒れて死んだ如くであった。そこで急いで担いで帰り、手当をし、悪魔退散の祈禱をしたりしたので仲兼は蘇生した。この妖怪は何であったかはわからないが、妖怪を突き殺したことは本当で、この話を聞いた後白河法皇（一一五九〜一一九二）がその時の太刀を御覧になりたいというので叡覧に供したが、後に蓮華王院（三十三間堂）の宝庫に納められたという。

これは妖怪が大入道になった話で、後世は狐や狸がよく大入道に化けて人を嚇かした。

この大入道は巨人伝説の一分野で、『怪談百鬼図会《ずえ》』には山を抱えんばかりの黒坊主姿で描かれているが、夕焼空を背景とした積乱雲かもしれぬ。

しかし、山童《やまわらわ》と同じような山男もしばしば裸の巨人と思われるようで、竹原春泉斎の『桃山人夜話』には木樵《きこり》などが時折深山の中で遭遇するが、驚いて逃げると却って危害を加えられるが、食物を与えて柴《しば》などの荷を負わせると、これを軽々と担いで麓まで運んでくれるという。

大入道　『列国怪談聞書帖』

被征服民族が王化を嫌って山に入り原始的生活をし、獣と共に逞《たくま》しく生きているうちに巨人化したものであり、江戸時代の記録に散見し、現代でもいるという話もある。

小人《こびと》

日本で小さい神として現れるのは『古事記』上巻に登場する少彦名命《すくなびこなのみこと》で『日本書紀』『風土記』『万葉集』にも記されている。

大国主命《おおくにぬしのみこと》が出雲《いずも》国を経営しようと御大之御前《みほのみさき》にいた時に、海の彼方《かなた》から天之羅摩船《あめのかがみのふね》に乗って蛾の皮を衣とした、頗る小さい神が漂着した。そこで「汝《なんじ》は誰だ」と問うたが答えない。すると蟾蜍《ひきがえる》と久延毘古《くえひこ》（山田の中の一本足の案山子《かかし》）が「あの御子《みこ》は神産《かみむ》巣日神《すびのかみ》（神皇産霊尊《のみこと》）の子で少彦名命であるといった。

中々の悪戯っ子で、ある時神産巣日神の掌でたわむれていたが、指の股《また》から滑り落ちて下界に来たもので、大国主命と協力して葦原中国《あしはらなかつくに》を経営した。しかし後に常夜《とこよ》の国に行ってしまう。『日本書紀』によると大巳貴命《おおなむちのみこと》（大国主命）が少彦名命を掌中でもてあそんだところ、飛び上がってその頬を嚙《か》んだとも、また粟の茎によじ登ったところ、反動ではじかれて常夜の国に飛んで行ったともいわれ、西欧の神話に出て来る妖精（フェアリー）的神である。

掌で遊ぶ程小さいが異常な能力を持つ人物として、後のかぐや姫、一寸法師《いっすんぼうし》、瓜子《うりこ》姫、桃太郎等の説話を生むもとになっている。

かぐや姫は天上界の者であったが、故あって下界に行かせられた。そして竹藪《たけやぶ》の中の竹の節に十センチ程の姿になって輝いているのを、竹取《たけとり》の翁《おきな》がつれて帰り大事に育てたところ、年と共に成長して立派な少女となった。その美貌《びぼう》を慕って五人の貴公子が言い寄るのを色々の条件をつけてしりぞけ、やがて満月の夜に天上界からの迎えの駕籠《かご》に乗って昇天していくという筋で、貴種流離譚と羽衣伝説や天人女房などの民間伝承と根元が一つであるが、生まれる時（この場合発見された時）は僅か十センチの大きさであるところに、後世のお伽話に多くの共通点を与えている。頗る小さくても状況によって大きく成人するのであるから、少彦名命とは少し異なる。

後世の諺《ことわざ》にある如く、「小さく生んで大きく育てる」という理想型がさまざまのお伽話として展開するのであって、江戸時代（明和頃）の鈴木《すずき》春信《はるのぶ》筆の中判錦絵《にしきえ》物に登場する豆助《まめすけ》とは異なる。豆助は好色の小人で三十センチにも足らぬが、いっぱしの大人で、方々の閨房《けいぼう》をのぞいて歩く悪戯者である。

従ってお伽話に登場する小人は、初めは頗る小さく、瓜や桃の実から生まれる程であるが、将来は人並以上に美しくなったり立派になったりする。

一寸法師も、子に恵まれない夫婦が神仏に祈って得た子で、豆粒のように小さくて、それ以上に成長しないが、知恵を働かせて貴族の姫君と暮らすようになる。そして姫君が鬼に襲われた時に一寸法師が意外な方法で鬼を撃退させ、鬼の落としていった打ち出の木槌《こづち》で、一人前の大きさの立派な男性となり、姫君と結婚して目出度《めでた》しとなる。

瓜子姫も、瓜から生まれた子であるから頗る小さいが、立派に成長して美しい女性となる。天邪鬼《あまのじやく》にだまされて殺されそうになったのをうまく助かって殿様と結婚するという筋である。この、瓜から生まれるという異常誕生は桃太郎に通じる。桃太郎の桃は、女性の腰部や腿《もも》を連想させるから女性から生まれたことの意味であり、瓜から生まれるという瓜も、子宮を意味しているのであろう。また、桃も瓜も古くから霊の依代《よりしろ》とされているから、神性を持つものが生まれるのである。桃から生まれるということも異常に小さい子の誕生であるが、成長するに従って逞しい若者となって、鬼（この世の悪）を退治する譚となる。

以上の小人は譚としての小人であるから、できるだけ小さくて可愛く作られるが、実際に異常に小さい児が生まれ、生育が遅い例もある。『日本書紀』天智《てんじ》天皇十年に

常陸国貢二年十六之子一長一尺六寸

とある。茨城県より献上した子は十六歳で背が五十センチであった。また延宝年中（一六七三〜一六八〇）に甫春という三十歳の男は、顔が大きいが手足は短小で、丈は三、四歳の小児のようであったが八卦卜占《ぼくせん》に長じていた。

と『和漢三才図会』に記されている。こうした例は幼児の折にビタミンDの欠乏、カルシウムの欠乏や慢性下痢・慢性腎炎《じんえん》等によって骨軟化症を起こすといわれるもので、先天性のものではない。

小人話の根源には、妊娠して三月あまりで流産して死亡した胎児に対する悲しみと、はかない慰めの希望から生じた空想と願いを込めた鎮魂の気持ちのあらわれも見られる。この世に生存することを許されなかった吾《わ》が子に対する母親としての思いが、もしあの世にも人の世と同じものがあるなら、十分に活躍して生きぬいて欲しい、という切ない気持ちとなり、そこから生じたのが小人譚であろう。生きていてくれれば大事に育てる、というはかない思いがこもって生じた話である。

雪女《ゆきおんな》

雪の夜に出る妖怪で、雪の精・雪女・雪女郎《ゆきじょろう》・雪女御《にょご》等、土地と時代によって呼び名が異なる。こうした妖怪が語られるようになったのは室町時代頃からで、夜行遊女《やぎょうゆうじょ》(産女《うぶめ》・姑獲鳥《うぶめ》)等が母胎となって雨の夜が雪の夜の背景に置き換えられ、更に雪の精として純白の美女に発展し、江戸時代にはさまざまの物語が創られてくる。これには雪に覆われた立木や竹が妄覚となって形態が構成されている。

謡曲に「雪鬼《ゆきおに》」というのがあり、在原業平《ありわらのなりひら》が片野《かたの》の狩の宿で契りを結んだ女性が春の陽射しに消えて行くという筋に

　名はいにしへに業平の、片野の雪女あだにそ思ひ給ひそ

と、雪女の語が見え、室町時代の俳諧《はいかい》の『続五元《ごげん》集』にも

　ありと云へど見ぬは雪女

『続山井《ぞくやまのい》』の

見られぬや山の奥さま雪女

『俳諧懐子』の

先ふるは雪女もや北の方

などうたわれており、『天地《てんち》或問珍《わくもんちん》』にも

雪女というものは世俗には話としてあるが、これを正史に記したものはない。それでこれは無稽の伝説だけかというと、一概にそう言い切るということもできない。林に鳥を生じ、山に獣を生じ、腐敗した魚に蛆《うじ》を生ずるように、天地自然の気が凝って物が生じることを考えれば雪から雪女が生じることも考えられる。易《えき》でいう天地烟湿して模糊《もこ》と気が生じれば、万物はそれに醇醸されて物を生ずるという理屈からいえば、水に魚が生じるごとく雪から妖しい雪女が生じてもおかしくはない。陰から雪を生じる原理からすれば同じ陰である女が生じるのは当然のことである。またこの雪女が深山幽谷に多く出るが故に妖怪めいた存在と見られるのも当然であるが、雪女というのは雪から化したのであるから、本来心身は存在しないのである。

と領定している。『宗祇諸国物語《そうぎしょこく》』には

ある暁方小用のために起きて枕元に近い戸を押しあけて何気なく東の方を見ると、三メートル程先の竹藪の端に妖しい女が一人立っていた。背の高さは三メートル程もあったろうか。顔から全体が透きとおるように白く、衣物は輝く程でその美しさは西王母《せいおうぼ》が桃花のもとに立ち、かぐや姫が竹林にいるようで、二十歳位に見えた。不審に思って凝視すると姿が消えて、そのいた辺りが少しの間ぼーっと明るかったが、やがて暗くなった。夜が明けてからこの事を人に話すと、それは雪の精霊で雪女というものであろう。こうした大雪の時には稀に出現するといわれているが、最近目撃した人もいない。不思議なものを見ましたねといわれて、私も誠に不審に思った。雪の精であれば、寒い盛りの大雪の頃に出る筈であるのに、雪もあまり降らなくなって残雪の春に出たのであるから雪女でもあるまいというと、その人は、それはその通りであるが、花は散る間際が最も美しく咲き、紅葉は散る直前が美しく、灯火は消えかかる時に逆に明るくなるようなもので、雪女も大雪の時に限らず、春になろうとするときにも現れるのであろうと言うので、成程と思った。

とある。『北越雪譜《ほくえつせつぷ》』には

菱山で雪頽《なだれ》が起こるときに白髪白衣の雪の神が白い御幣を持って現れ、雪頽で埋まっているものを払ってくれるので、そこは雪が凹んでいる。

と記されているが、越後《えちご》あたりでは中々寝ない子供を嚇かすのに、いつまでも起きていると雪女がさらいに来るぞといったりしていた。

大雪の夜に現れる雪女は一本足であるとも信じられているのは、樹木に降り積もった雪の誤認からの連想であろうが、雪女が雪の降る夜だけでなく、家に入り、人と交わる話にまで発展していく。寛文五（一六六五）年版の浮世草子『ゆき女物語』を小泉八雲が『怪談』の中に「雪女」として採り上げているが、それは

茂作《もさく》という老人と箕吉《みのきち》という若い二人の樵人《きこり》が山から戻る途中、激しい雪に遭って渡船場の小屋に避難したところ、雪女が現れ、茂作にかぶさったので茂作は死んだ。

箕吉は美男子で若かったので、雪女はこのことを他言しなければ助けてあげると約束させたので助かった。翌年の冬の夜に道で美しいお雪という娘に逢った箕吉は忽《たちま》ち心を奪われ、お雪を家に連れて帰り夫婦になった。お雪は年毎に子を産み十人の子持ちになった。しかしお雪は十年以上経っても逢った時と少しも変わらぬ美貌で、それはかつて渡船小屋で見た雪女の容貌に似ているので、うっかりその当時の事を喋った。するとお雪は顔を厳しくして、「あの時の雪女は私です。あの時に若し他言したら殺すといったでしょう。それを貴方は喋ってしまった。貴方を殺さねばならない。しかし貴方は十人の子を養育する義務があるから殺しません。ただし今後子供たちが貴方に不足をいうようなことがあったら、私は貴方を生かしてはおきません」といって雪が溶けるごとくに消えて行った。

約束違反や本態を知られたらこれ以上共に暮らして行けぬというパターンの交婚伝説の一つであるが、雪女は雪の精であるが、人交わりもすると考えられていたのである。これは狐や蛇との交婚の如く実在の生物ではないが、山精や魍魎《もうりょう》の如く、精も凝れば生物の形として存在するという思想から、美しくも恐ろしい威力を持つ雪にも精があり、これが凝り成って雪女を生じるという考えがある。

従って雪女だけでなく、雪童子《ゆきどうじ》・白粉婆《おしろいばば》（雪婆《ゆきんば》）・雪坊《ゆきんぼう》等、人間と同じ姿で表現されてくるが、決まっていることはすべて白一色の姿であることとである。

こうした雪の精としての擬人化は全国的なものであるが、純白の雪の美しさから、大体は透きとおるように白い若い女性として現れることが多い。透きとおる白さは氷や垂氷《つらら》、白い衣装は雪を表し、それ故に美貌であっても冷たい感覚であるために、恐ろしい存在として表現される。

秋田地方の雪女は顔がつるんとして目鼻立ちも明瞭《めいりよう》でないのが普通であるが、若くて美貌の雪女もいてこれに逢うと命を奪われる。

会津地方では姑獲鳥《うぶめどり》（産女《うぶめ》）伝説と同じで、雪女の頼みをきくと雪の中に埋もれていく話になっている。これは雪の山路で谷に落ちて雪に覆われて死んだ霊が雪女になるもので、時には妊娠した女、または生まれたばかりの子を抱いて現れ、通りがかった男に子を抱いてくれと頼む。男がうっかり抱くと子は次第に重くなり、雪に埋もれて凍死してしまう。

『今昔物語』の産女の説話が流入しているパターンとなっていて、この伝説は比較的広く分布している。

磐城《いわき》地方の雪女（雪女郎という）は、旅人に逢って話しかけても旅人が返事をせずに後姿を見せると、谷底に突き落とし、雪に埋めてしまう。

越後地方の雪女は猛吹雪の中に現れ、人を雪に埋め凍死させたり、子供を連れて行ってしまったりする。連れ去られた子は生胆《いきぎも》を取られるともいう。降雪が風によって渦巻いてさまようのが雪女郎に見えたり、夜遅くまで炉端にいて中々寝ない子の嚇しのために作られた要素も強い。

茨城地方でも、子供をだまして誘い出してさらって行くのが雪女とされている。

飛驒地方は一本足の雪入道《ゆきにゅうどう》とされ、雪の暁方に現れて一本足で飛んで歩くという。雪の夜に雪の上を踏みしめて歩く音がサック・ボトンと音がするのが二本足の音と違うので、一本足と思われるのであるが、他地方の雪女も一本足と思われているところもある。但し雪女は長く衣装を引きずったり下半身が朧《おぼ》ろになっているので明瞭でない。

美濃《みの》地方では雪の童子《わらし》となって現れ、子供を誘い出してさらって行くといわれる。

越前《えちぜん》地方は磐城地方の雪女郎と同じであるが、名は越娘《こしむすめ》と呼んでいる。

能登《のと》地方では老婆の姿で、膝《ひざ》が曲がって杖をつき大きい笠《かさ》をかぶって吹雪の中を酒屋に酒を買いに行くという。雪の老婆であるから総体真白であるために、白粉婆と呼ばれている。産女が嬰児《えいじ》のために飴《あめ》や饅頭《まんじゅう》を買いに行く話や、狸が人に化けて酒を買いに行く話が流入しているが、老婆姿であるだけに不気味である。

紀伊《きい》地方では雪の夜に一本足で飛び歩く怪物として表現され、雪ン坊《ゆきぼ》と呼ばれる。雪の上に点々と凹みができることから一本足と考えられ、山精の一本足や百化け物語の唐傘の一ッ目一本足の化物が加味されている。

四国の伊予地方では、雪の夜に幼児をさらって行く老姥と思われて雪婆と呼んでいる。

このように、地方によって雪女の表現は少しずつ異なるが、雪の精の擬人化は樹木竹叢《ちくそう》に降り積もる雪に対しての錯覚や、吹雪の渦巻のさまよう有様、雪頽《なだれ》による恐怖などから生じた伝説で、雪国や雪深い地方に発生している。

秋田地方の雪女は「大森彦七《おおもりひこしち》おんぶしよう、大森彦七おんぶしよう」と悲しくも凄い声で雪の中をさまようというが、それは、『太平記』に出てくる大森彦七が、楠木《くすのき》正成《まさしげ》の娘千早姫《ちはやひめ》を背負って川を渡ると鬼女の姿に変わったという説話が伝わって、雪の子をおぶわせる話に変わったものであろう。

また二十歳前の美女姿で現れるのは、雪の純白さから清浄無垢《むく》の処女という観念が生まれ、処女が性に目ざめ、異性を求めるために現れるとも考えられていた。甲斐地方の古い伝承では、雪女が山婆の垂乳《たれちち》と経血を笑ったので山の神の怒りにふれて、紅《あか》い雪が降るまで処女でいなければならぬことになり、紅い雪が降ると男と通じて子を生み、やがて垂乳となって溶けて消えていくと伝えられる。

また旅先で逢って、子を抱いてくれと頼むのも産女（姑獲鳥）が上半身裸、下半身腰衣《こしぎぬ》を血で染めながら生まれたての子を抱いてくれと頼むのと同じで、紅い雪と関係がある。

紅い雪が降るというのは滅多になく、記録上では『倭年代記』によると十回位であり、現在では細菌の作用によって紅い雪となるといわれているが、江戸時代には西川《にしかわ》如見《じょけん》の『怪異《かいい》弁断《べんだん》』に記される如く、土の気が上昇するときに丹土《につち》が一緒に舞い上がり、それが雪雲に溶けこんで紅雪として降って来ると信じられていた。この紅い雪から姑獲鳥（産女）と結びついたのが、雪女が通行の者に子を抱かせるという話としてまとまったものである。

雪女と人間の交婚伝説は西欧にもある。

雪入道は、背の高い樹木や竹が、雪の重味に撓《たわ》んだものを入道と見たもので、山都《みこしにゅうどう》（見越入道）と同じである。見越入道は『和漢三才図会』巻第四十寓類恠類の項に

さんとう（山都）見越入道　背が高くて無髪であるので一般では見越入道といっている。後ろから覆うようにして人を見おろすから、大体これも、さんとうの類であろう。さんとうは中国の述異記には南康にいる神で、丈は六メートル以上もあって、

雪女　而慍斎著『古今百物語評判』

見越入道　鳥山石燕筆『画図百鬼夜行』＊

色黒く、目が赤く、髪は黄色で、深山の樹に棲んでいて、形は鳥の卵のようである。高さは一メートル程でその体は軽く、上は雄鳥の羽毛、下は雌鳥の羽毛を褥《しとね》とし、姿をよく隠すので見た者は甚だ少ない。

とある。中国の山都は日本の妖怪見越入道に似ており、見越入道が覆いかぶさるようにして見上げる人を見下して驚かすことは、喬木《きょうぼく》の枝葉が垂れることの誤認であろうが、雪女が高さ六メートル程もあるというのも雪でたわんだ樹の誤認であろう。鳥山石燕の『画図百鬼夜行』の雪女は明らかにそれを思わせる図である。また而《じ》慍斎《うんさい》の『古今百物語評判』に描かれた雪女も見越入道的である。

また『怪物絵本』には

白粉婆《おしろいばば》　紅《べに》おしろいの神を脂粉仙娘《しふんせんじょう》と云　おしろいばばハ此神の侍女なるべし　おそろしきもの　しはすの月夜女のけはひとむかしよりいへり

とある。雪女の中で一番気持ちの悪い妖怪である。
しかし男を誘う雪女は東北から越後にかけては頗る美しい女性として現れるので、大田南畝《おおたなんぽ》は『四方《よも》のあか』の中で

雪の白きを白しとするは、脛の白きを白しとするが如きか。脛の白きを白しとするは、肌の白きを白しとするが如きか。雪は女の肌にして女は雪の肌になり。怪しきを見て怪しまざれば、怪しみおのづからきゆるとなむ。名にしおふ師走女の化粧より、空おそろしき雪のしらばけ。

と雪女の讃《さん》を述べているが、雪女を美人に表現することは当時の好みであったらしく、喜多川《きたがわ》歌麿の『百物語』大首絵の雪女は白無垢《しろむく》の盛装姿の花魁《おいらん》に表現した。

雪女　鳥山石燕筆『画図百鬼夜行』（国立国会図書館ウェブサイトより）

　こうした美人に言い寄られれば大抵の男は言うことを聞いてしまうから、

雪女に花魁を見たてたのであろう。だまされるとは知らず花魁に打ち込んで身を滅ぼすのも、雪女の頼みで子を抱いて負担が重くなり死んでしまうのも同じである。

河童《かっぱ》

中国には水虎《すいこ》・水唐《すいとう》・水蘆《すいろ》などと名付ける水中の妖怪がいるが、これが日本の河童《かっぱ》に該当するようである。但し全くの同物ではなく多少の違いもあるから、同類と見るべきで、厳密にいうと形態外貌は異なっている。

河童の同類に含められるものは古くからあるが、日本的イメージで統一されている河童は殆《ほとん》ど近世からで、近世に於ける河童譚が全体的に広範囲に分布したのは、河童という名称と形態が一定する以前に、全国的に或《あ》る種の水生の妖怪視された幻獣がいたことを示すものである。こうした幻獣に中国の水虎等のイメージが加わり、亀類・獺《かわうそ》などの誤認による幻覚がサブリミナルに一定の形態の完成に及んだものと思われる。それは現代にまで及び、河童はその実在性が信じられ、またその痕跡《こんせき》が実見されている未確認生物である。

河童　『善悪児手柏』＊

河童　根岸鎮衛著『耳袋』＊

日本全土に分布する河童の形態はほぼ江戸時代に完成されたといってよいが、名称が地域によって多少異なるのは、河童の本質を何処に置くかによって名付け方も異なってくるからである。

一般的に用いられる「かっぱ」は、川の童《わっぱ》の意であろうから、武蔵・仙《せん》台《だい》・信濃・駿河《するが》・近江《おうみ》等で呼称し、また全国的に通用する語である。出羽《でわ》久保田《くぼた》地方の「かっぱあ」、近畿《きんき》・越後・佐渡《さど》・甲斐・九州の「かわっぱ」、肥前《ひぜん》・肥後《ひご》・日向《ひゅうが》の「がわっぱ」、薩摩の「かわっぱ」「がらっぱ」は訛《なま》りである。

また川の男の子の意味で、川太郎《かわたろう》という所もあり、『和漢三才図会』では川太郎の項目で説いているから、これも全国的に用いられた語である。九州・安芸《あき》・近江では川太郎といい、出羽庄内《しょうない》の「がわだろう」、近畿・九州の「がわたろう」「がわたろ」、土佐《とさ》の「ぐわたらう」「がたろう」「かたろ」、彦根《ひこね》地方の「がわた」、越後柴田《しばた》地方の「かわた」、姫路《ひめじ》地方の「があたろう」は訛りである。

また河童は小児形とみて、川小僧《かわこぞう》、川童子《かわどうじ》、川原小僧《かわらこぞう》、川小坊主《かわこぼうず》、川僧《かわぞう》と呼ぶ地方もあり、童を「わら」「わろ」（山童と書いてやまわろというに同じ）と訓むことにより、

河童　生生端馬著『古今奇談　一閑人』（国立国会図書館蔵）

越中の「がわら」、薩摩の「がわろ」、越前・近江・播磨《はりま》・讃岐の「かわら」、越中の「てがわら」、筑前《ちくぜん》の「かうらわらわ」などがあり、川郎《かわろう》という所もある。

猿に似たと受けとめた地方としては周防《すおう》・石見《いわみ》・伊予・土佐で「えんこう（猿猴）」、伊予では「えんこ」とも呼ぶ。

また亀からの連想では越中の「がめ」、水の神的見方をした場合には出雲の「川子大明神」、備前《びぜん》の「かうこ」、筑後《ちくご》の「水天宮《すいてんぐう》」、豊前《ぶぜん》の「かわのとの」、南九州の「水神《ひょすぼう》」、能登の「みづし」、尾張《おわり》の「ぬし」等と呼ぶ。

また河童が馬を水に曳《ひ》き入れるとの話から、松前《まつまえ》では「こまひき」などという。

この河童の文字の童は「わら」「わろ」「わっぱ」と訓む文字で、漢音では

河童　『北斎漫画』（国立国会図書館ウェブサイトより）

「どう」であるが、子供という意味ではなく卑しんだ意味である。つまり川、水辺に棲む卑しい奴の意であるから、人間に害を与える嫌われた存在である。

往古、童の文字で呼ばれたものに碌《ろく》なものはない。鬼として恐れられた酒呑童子《しゅてんどうじ》、悪虐の極みを尽くした茨城童子《いばらきどうじ》、牛飼の童《わらわ》等である。

川童子と呼ばれるのもその例であり、馬鹿にした呼称の川小坊主、川小僧も同じである。

こうした魍魎的妖怪の形態が日本に於ては一定のイメージをもってその形態が定まったのは、類似の動物からの錯覚と、伝統的サブリミナルによるものであるが、河童としての特徴は

一、大抵の場合小児位の大きさである。
二、背中に甲羅がある。総身に毛がはえているともいう。
三、身体は青黄色で、粘液につつまれている。
四、頭にはいわゆる「お河童頭」という形に毛があり、頂上に凹みがあって水をた

たえている。水が溜っていれば強力であるが水が干《ひ》上《あが》ると力が弱くなる。
六、手足には蹼《みずかき》がある。
七、鼻は突き出していて狗《いぬ》に似ている。また猿に似ているとも、嘴《くちばし》のような形の口であるともいう。
八、尻《しり》の孔《あな》は三つあり、短い尾を持っている。
九、鳴声は赤子のようである。

河童の群に囲まれた長田某『倭文麻環』（国立国会図書館ウェブサイトより）

十、水中で魚を取って食い、胡瓜《きゅうり》・西条柿を好むが、鉄気《かなけ》のあるものは嫌う。
十一、人や馬を水中に曳き入れて殺して尻子玉《しりこだま》（胆《きも》）を抜いて食ったりするが、悪戯者で人に相撲の勝負を挑んだりする。
十二、人の心を読むのが上手といわれるが、間の抜けたところがあって屢々《しばしば》捕えられたりする。

等が日本河童のアウトラインであるが、地方によっては多少の違いがある。江戸時代に最も人との接触が多く、河童の話は真偽取り混ぜれば部厚い本が一冊できる程である。

ねねこ

ねねこ

利根川《とねがわ》にはねねこという河童がいることが、赤松宗旦《あかまつそうたん》の『利根川図志』巻一に記されている。

かっぱは『本草綱目』渓鬼虫に記されている水虎に当たるとしているが、厳密にいうと正確ではない。『逸周書王会解』に「穢人は前児 良夷《やまわろ》は在子」と記した所の注に「在子はスッポンに似た体で、頭は人の体、その腹に脂を塗って豆の葉であぶるとすぐに在子と鳴く」と書いてあるのがそれであろう。また『望海毎談』には、「利根川にはねねこと名付けられたかっぱがいる。かっぱは毎年その居場所を変え

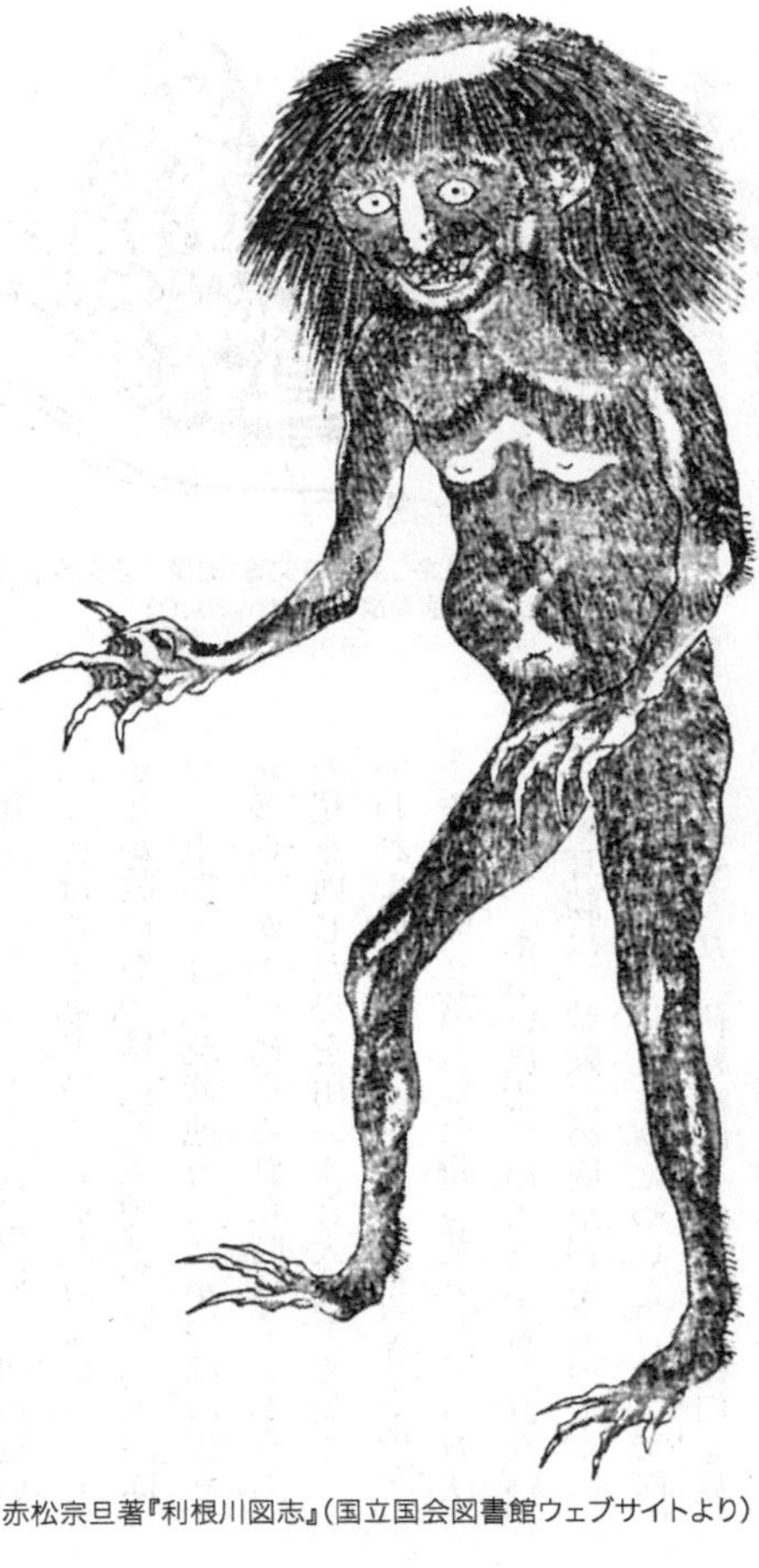

河童　赤松宗旦著『利根川図志』（国立国会図書館ウェブサイトより）

水虎　寺島良安著『和漢三才図会』(国立国会図書館ウェブサイトより)

て棲むが、土地の人達は場所を変えてもすぐ知ってしまう。かっぱのいる所に近い人々にはその禍が及ぶといわれている」しかるが故にかっぱの被害話は多い。『牛山活套』中巻には「筑紫地方ではかっぱの祟りが多い。かっぱにやられた時はすいかずらの花を煎じた湯を用いると大変よく効くといわれているから、やってみるべきである」。手や指を切り落とした時の薬としての方法をかっぱから伝授されたという話は疑わしいが、あるいは本当のことかもしれない。

似たような話が中国の『堅瓠《けんこ》廣集』の巻六の耳談に「黄陂江の尉が銀をもって京に行く途中に、盗賊に襲われて指を二本切りとられ、五日後に京についた。そこで医者の所に行き傷の痛みを治してもらうように頼んだ。仇総戒門下の医者は傷口を見て、この傷なら指をつなぐ事も出来るといった。幸い尉の斬り落とされた指は従者が拾って持っていたのでそれを差し出すと、医者はこの指を合わせて何回か薬を塗り薄板で副《そ》え木をして布で巻き、二十一日間は水に触れてはいけないといった。その通りにしていると斬れた指はもとのように癒着し、合わせ目に赤い線が残るのみであったので尉は大変喜んで、三十金を謝礼として差し出した」という。こうした斬疵《きりきず》の薬としては片脳・象牙・降香《ごうしんこう》などいろいろの薬を調合した薬が以前からあるという。

従って、かっぱから傷薬を伝授されたという話も全面的に否定できない。と宗旦は医者らしき発言をしている。

川赤子　かわあかご

川の岸辺の葦《あし》の茂みなどに棲んでいて、三、四歳位の子供の裸姿である。人間のように可愛い顔はしていないが、害をなすこともない。赤児のような鳴声を出し、人が赤児が捨てられているのかと思って行くと隠れる。古くはこれに該当する妖怪は無い。鳥山石燕は『今昔画図続百鬼』にこれを描き

山川のもくずのうちに赤子のかたちしたるものあり。これを川赤子といふなるよし。

川太郎川童の類ならむか。

といい、『善庵《ぜんあん》随筆』では

水経注ニ曰、沔水ハ逕二黎邱ノ故城ヲ一又南興二疎水一合、疎水ハ出二中盧県ノ西南ニ一東流至二即県北界ニ一、東入二沔水一、謂二疎口一、水中ニ有レ物、如二三四歳ノ小児ノ一、鱗甲如二鯪魚ノ一、射レ之ヲ不レ可カラ入、七八月中、好在二磧中ニ一、自ヲ曝二膝頭ヲ一似二虎掌瓜ニ一常ニ没二水中ニ一出二膝頭ヲ一小児不レ知、欲二取弄戯一便殺レ之ヲ。

と中国の『水経《すいけい》』の註を引用して説いている。川童によく似ているが、三、四歳位の子供の大きさであることは日本の川赤子《かわあかご》とよく共通する。

川男《かわおとこ》

『倭訓栞』に

高山の流れの大川に居るもの長《たけ》甚だ高く色甚だ黒し。美濃などにて夜網に往きて逢ひたるもの多し。二人ずつ並びて物語などなすと言へり。よに人の背の長きを川男見るが如しといへり。

とある。この説明の内容は一般的河童と少し異なるし、真黒で背が高いという。夜のことであるから色が黒く見えたのであろうが、高山から流れる川にいるというから、渓川の水精、つまり魍魎《もうりょう》の類いであろうか。

河童伝説で丈《たけ》が甚だ高いという例は無いから、山男に対する、川辺に棲む男として川男《かわおとこ》と名付けられたのであろう。とすれば河童とは別の未確認動物である。

海童《かっぱ》

川や淡水に棲むから河童といわれるのであるが、河童は海にもいるらしく、海で捕らえられた記録もある。『善庵随筆』に水戸浦で捕らえられた河童についての書上が載っている。

当六月朔日　水戸浦より上り候河童丈三尺五寸余、重十二貫目有レ之候。殊に外形より重く御座候。海中に而《て》赤子之鳴声　夥敷《おびただしく》いたし候間、獵子共船にて乗廻り候得《へ》者《ば》、海の底にて御座候故、網を下し申候処、色々之声仕候。夫よりさしあみを引廻し候へば、鰯網之内へ、十四五疋入候而おどり出し逃申候。船頭共棒かひなとにて打候へども、ねばり付一向にきき不レ申候。其内壱疋船之内へ飛込候故とまなど押かけ、その上よりたたき打殺申候。其節迄やはり赤子の鳴声同様に御座候。打殺候節屁をこき申候。誠に難レ堪にほひにて、船頭など後にはずら（わ）ひ申候。打候棒かひなど、青くさきにほひ、未去り不レ申候。尻の穴三つ有之候。総体骨なき様に相見え申候。屁の音はスッスッと計し申し候。打候へば、首は胴の内へ八分程入申候。胸肩張出背むしの如くに御座候。死候ては首引込不レ申候。当地にては度々捕候得共、此度上り候程大きなる重さは、只今迄見不レ申候、珍敷候間申進候

巳上

六月五日　　東浜　権平治

浦山金平様

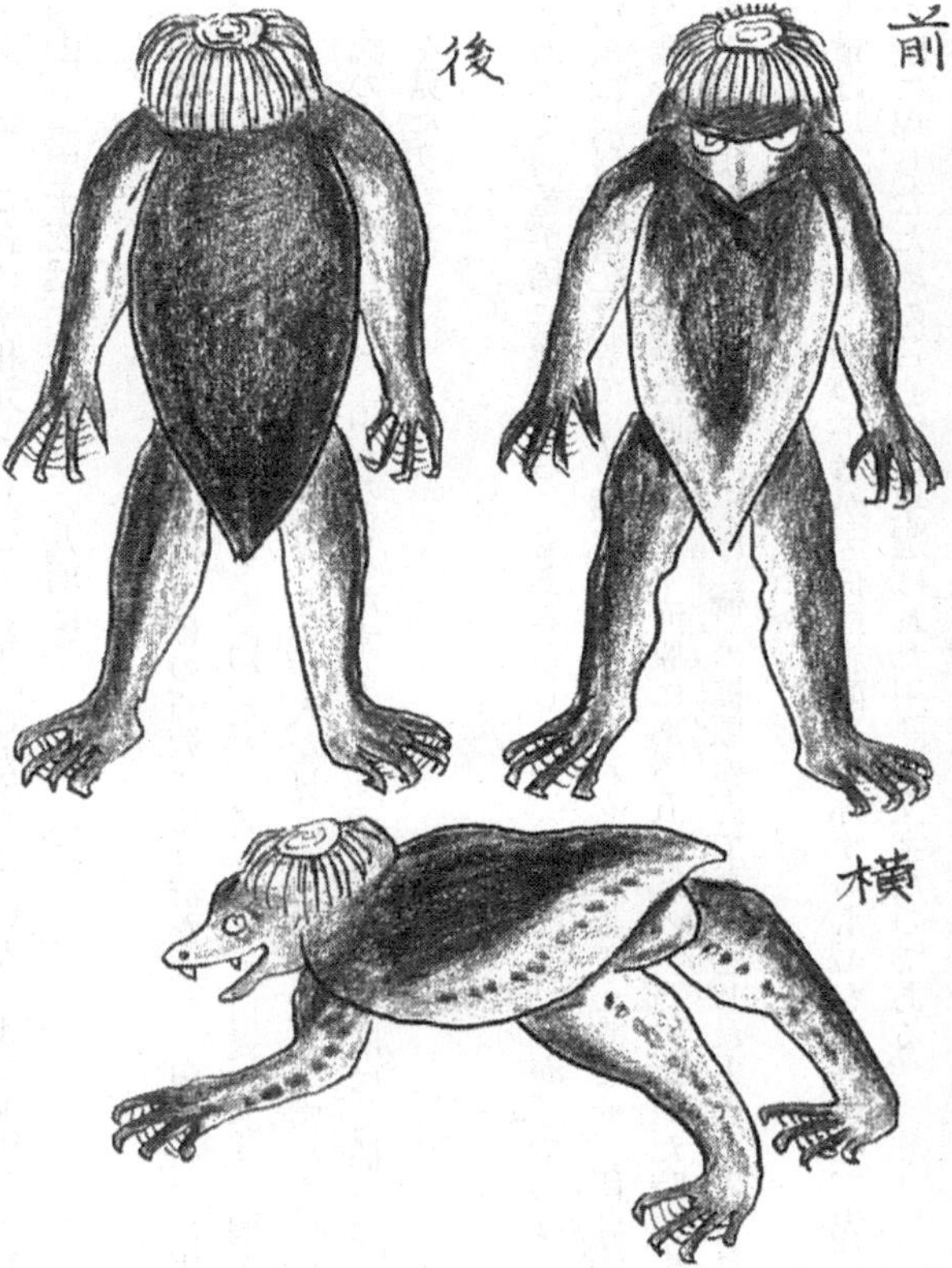

河童　朝川鼎著『善庵随筆』*

とあって、これは享和元（一八〇一）年のこととしている。また朝川鼎《あさかわかなえ》と親しい松浦静山も『甲子夜話』巻三十二の九項に

對州（対馬）には河太郎あり。浪よけの石塘に集り群をなす。亀の石上に出て甲を曝《さら》すが如し。その長《たけ》二尺余にして人に似たり。老少ありて白髪もあり。髪を被《かぶ》りたるも、又逆に天を衝《つ》くも種々ありとぞ。人を見れば皆海に没す。常に人につくこと狐の人につくと同じ、国人の患をなすと云。又予若年の頃東部にて捕へたると云図を見たり云云。

とあって河童が稀に海にいることもあるらしいが、それであれば海童《かっぱ》である。海童は『日本書紀』等では少童と書かれ、これを和多都美《わたつみ》と訓ませ、伊弉諾尊《いざなぎのみこと》が軻《か》遇《ぐ》突《つ》智《ち》を斬った時に散った血が天八十河原《あめのやそのかわら》にある五百個の磐石に付いた時に生まれた海神とし、また伊弉諾尊が日向小戸橘《おどのたちばな》の檍原《あわきがはら》の海で祓《はら》いをしたときに生まれた海神ともしているが、何故少童と書かれたか。

少童は、王権サイド側の学者が天孫民族直系と称するものを至高とし、先住民族の神を暗に卑しむための苦心の結果選ばれた用語と文字なのである。

少童の文字は一見あどけない印象を与える。少は少年少女の年齢の少ない若い意と

取れ、童は児童の童でわらべとして可憐《かれん》のニュアンスとして受けとめている。

しかし『日本書紀』の編纂《へんさん》者はそんなメルヘン的イメージで文字を選ぶような浅学の者たちではない。国是ともいうべき国史編纂事業であり皇室中心主義の地盤固めの歴史書を作るのであるから、多くの隠された意図が含まれている。天孫民族の神を天《あま》津神《つかみ》とし、先住民族の神を国津神《くにつかみ》として天地の差をつけている。もちろん、天津神の中から国津神なるものも生まれ出たように作られてはいるが、それらは卑しい出自として組成されている。それはともかくとして、和多都美に何故少童の文字を当てたか。

先《ま》ず少の字であるが、古字は[illegible]（契文）で篆文《てんぶん》では[illegible]で、小は[illegible]で同字であり、微細、稚《ちい》さい意である。後世少を「すくない」の意に用いるようになっているが、本来は共に「ちいさい」意である。

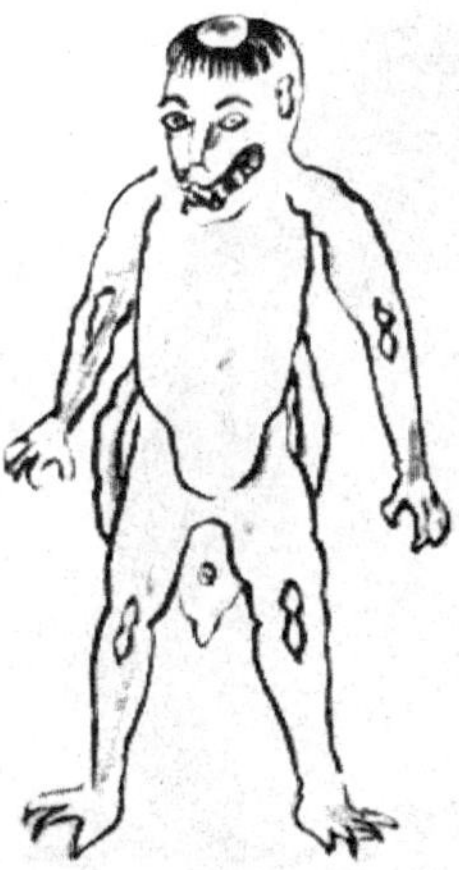
河童　松浦静山著『甲子夜話』＊

また童の文字は童謡・児童・童話・童画・童心などと、幼い、あどけない、純心性のあるニュアンスを以て理解されているが、現代はそれでよいとして、古代は果たしてそうした感覚で受け止めていたかどうか甚だ疑問である。

海童　歌川豊国筆『於杉於玉二身の仇討』

童の文字の本来の古字は金文でと書き、篆文でと書く、立は辛で、辛は針でその下に目があり、その下の重の文字はトゥの音で奴であり、奴は『説文《せつもん》』の通り「奴婢はみな古の辠人《ざいにん》なり」とあるように奴隷のことである。

目の上に針とは額に針で入れ墨されたことで、入れ墨された奴隷の意で童がある。

『記』『紀』に記される「わだつみ」は海人族で『魏志倭人《ぎしわじん》伝《でん》』に記される倭の国の人々は「黥面文身」としてあり顔に入墨をしている。これは日本の海人族に限らず、東シナ海、南シ

一ツ目の妖怪として現れた海童を退治する小平太　『武太夫物語絵巻』（国立歴史民俗博物館蔵）

ナ海沿岸の人々も同様で大魚や蛟龍《こうりゅう》（龍の未成のもの）の害を避けるために行ったとしているが、中国の文明社会から見ると卑しい風俗であり、罪人に科した罰としての入墨であるのと同じに見ている。

日本の場合でも安曇《あづみ》族の信奉する海神は、こうした卑しめられた少童（小さい額に入墨された奴隷）の意をもって当てはめられた文字である。

従って児童の意で用いるときの「どう」「わらべ」は僮と書いて人として認められるのであり、童では人並み扱いされない蔑視《べっし》された海神・海童・少童なのである。

故に河童《かっぱ》も同様で、海の河童が海童である。河童は未だに未確認の動物であるが、河童こそ蔑視されても止むを得ない存在であり、海にいる河童は海童の文字を当てても差支えあるまい。

また海や川湖沼つまり水に棲むので河童の文字を当てるのであろうが、これは山に棲む山童（山猍・也未和呂・やまわろ）に対して作られた語であろう。

水神《ひょうすべ》

筑前から南九州にかけて言う河童の異名で「ひょうすぼう」ともいう。「ぼう」は坊で、小僧・童と同じ意から唱えるのであろうが、これが訛って「べ」という。

水神と書いて「ひょうすべ」と訓ませているのは、水中の妖怪とした上で神格化したからである。『画図百鬼夜行』では、昼は川の中に隠れ夜になると現れて人に悪戯をする。奇声を発して笑い、これを聞いた人が、つられて笑い顔をすると死ぬようになるといわれているから、案外恐ろしい妖怪で、並の河童と異なるから河童と同列には見られない。故に鳥山石燕も一般的河童とは異なるように描き分けている。口の大きい皺《しわ》だらけの顔に大きい坊主頭、全身は毛に覆われていて手足の指の間には蹼《みずかき》が無い。これも河童の種類であろう。

山童

やまわろ（やまわらわ）

半人半獣の動物といわれ、一に狒狒《ひひ》の類ともいう。裸で直立して歩くという。『和漢三才図会』巻第四十寓類恠類では山𤢖と書いて俗に言う也末和呂《やまわろ》、中国音サンツァウというから、中国の深山にも棲んでいるようである。

神異記に據ると西の方の深山に棲んでいて高さは約三メートル、いつも裸姿で沢の蝦蟹《えびかに》を捕って人が焚火しているとそれを持って来て焼いて食う。人がこの山𤢖《やまわろ》に危害を加えると、その仕返しに寒気を催させたり発熱させたりして苦しめる。つまり山水の精の妖怪であるが、爆竹や火のはじける音を大変嫌がる。

また

よく考えると九州の深い山にも山童がいる。形は十歳程の童子形で全身に細かい毛が生え、柿褐色の長髪が顔を覆う程生えている。胴は短く脚が長くて立って歩き人語を話す。木《き》樵《こり》はこれを怖れず山童も馴れているので食物を分けてやると喜んで食う。木を斫《き》り出して運ぶ時に手伝ってくれるが中々力があってよく働く。もしこれを敵とすると大変な災いをうける。いわゆる中国でいう山獠の小さい種類である。川太郎を河童というが、これは山の童であるから「やまわろ」というのであって同類であるが、水に棲むものと山に棲むものとの違いがある。

と記してある。江戸時代にはその存在が認識されていて喜多村信節の『嬉遊笑覧』巻の三化物絵《ばけものえ》の項にも「花山院のあそばしたるためかかうは伝はらず、光重が百鬼夜行を祖として元信などが書たるものあり。扨《さて》その奇怪の物に名のあるは浄土絵双六など其始にや」として色々の妖怪の名を挙げた中に「山わらは」も記されている。つまり妖怪に思われていたのであるが、実在のものとして橘南谿の『西遊記』巻の三に記されている。

山童　鳥山石燕筆『画図百鬼夜行』（川崎市市民ミュージアム蔵）

山操　寺島良安著『和漢三才図会』（国立国会図書館ウェブサイトより）

九州の西南の山には山わろという怪物が棲んでいる。その姿は猿に似ているが人間のように立って歩き、肌には黒い毛が密生していて、山寺などに忍び込んで食物を盗んだりするが、塩気のあるものは嫌う。木樵《きこり》が深山に入って木を伐り出すときに峯や谷を越して運ぶのが困難であるときには、この山わろに握り飯を与えれば、どんな大木でも軽々と運んでくれる。しかし運ぶ前に与えると食い逃げしてしまう。運ぶ時に人の前に立って行くことを怖れ、必ず後について来る。山わろは人に害をなす事はないが、人間が山わろに害意を持つと不思議にそれを察知して祟りをなすから、そういう人は大抵発狂するか大病になったり、時にはその人の家が火の気がないのに突然燃えてしまったりするから危害を加えるどころか逆に恐れて慎重に接している。この生物は一説によると冬は山に棲むので山わろといい、夏は川に棲むので川太郎（河童）と呼ばれるともいう。九州の西南の辺境にのみ棲んで他所ではあまりこの話をきかない。

と記している。橘南谿が直接見たわけではなく土地の人から聞いた話であろうが、中国の山𤢖は三メートル程、日本の山童は一メートル程で随分差があるが同類であろう。

柳田国男《やなぎたくにお》氏は『妖怪談義』川童の渡りの項で「川童が冬は山に入って山童となるということを、今でも盛んに説くのは九州であるが」と記し、更に「冬は山奥へ入ってカシャンボというものになるという。青い衣を着た可愛らしい姿に見えるが、これが中々の悪戯で、人をからかって仕方が無い。カシャグというのも方言でくすぐることを意味するのだという人がある」とあり、川童と山童と同一と見る地方もあった。肥《ひ》後《ご》国人吉《ひとよし》付近で山童を山《やま》ン太郎《たろう》という山の神であるともいうのも、川童を川太郎というのに対した言葉であろう。

魍魎《もうりょう》

一般的に水の神、または山や川の精ともされ、木精《こだま》から河童、さらに火車《かしゃ》の意であ

ろうとして擬せられる範囲が頗る広い妖怪である。『左伝』に

宣公三年　民入㆓川澤山林㆒不㆑逢㆓不若㆒、魑魅罔両、莫㆓能逢㆑之

とあり山林沼沢河水の精が形をなしたもので、『杜注《とちゅう》』にも「罔両、水神」とある。一般に自然物から発生した妖怪を魑魅《ちみ》魍魎と続けていうが、魑は山の神、魅は沢の神であるから魍魎とは同じ意味の重複語である。

魍の本字は罔で网《あみ》（網の原字）に音を表す亡の字を加えたもので、山や川の怪神を意味する。両は魎の略字で山水木石の精霊である。中国では古くより、三歳位の小児の形で身体は赤黒く、耳が長くてよく人真似したり人をまどわせる妖怪とされているから、西欧の妖精《フェアリー》に似ているが、東洋の魍魎は時には死者の胆を食ったりするというから、仏教のダーキニー（荼吉尼天《だきにてん》）や、マハー・カーラ（大黒天）にも性格が似ている。

悠久の時間的空間を経て水や木の精が凝り固まって妖しい神となり、人に接触し害を与えたり益したりする。

水の霊神となった場合には、日本古代に於ては罔象《みずは》という神になる。

『日本書紀』巻第一神代上に伊弉諾尊《いざなぎのみこと》と伊弉冊尊《いざなみのみこと》が国生みした後に伊弉冊尊は軻遇突《かぐつ》

智《ち》（火神）を産んで陰部《ほと》を焼かれて神去（死亡）りましたが、その臨終《いまわ》の際に産んだのが罔象女《みずはのめ》（美都波女）で、これが魍魎誕生の日本で一番古い記録である。

この魍魎がどんな形態であったかは具体的記述が無いが、中国の時珍が『述異記《じゅついき》』の中では、秦《しん》時代に陳倉《ちんそう》の人が狩猟して魍魎を捕らえたが、その形は彘《ちょ》（猪の形声で現代にいう豚）のようでもあり、羊のようでもある怪獣であったとしており、『淮南《えなん》子《じ》』では河童に似た動物であるとしているので『大和本草《やまとほんぞう》』ではこの説をとっており、『本草綱目』の渓鬼蟲附録に記されている水虎がこれに当たるとしている。これであると日本妖怪伝説の王座を占める河童に該当する。

従ってその姿は鼻長く嘴《くちばし》状で頭に赤毛を生やし、項《うなじ》（本当は頭の天辺《てっぺん》の意）に皿があると想像されたり、亀の種類に考えられたり、また人を取り食う怪獣に見られたりする。

また『茅窓漫録』には人の死骸をさらって行く火車《かしゃ》は魍魎の仕業であるとして『酉《ゆう》陽雑俎《ようざっそ》』を引用して

此獣（茅原定は魍魎を獣と見ている）葬送の時、間々出て災《わざわい》をなす。故に漢土にては聖人の時より、方相氏といふ者ありて熊の皮をかぶり、目四ッある形に作り、大喪の時は柩《ひつぎ》に先立て墓所に至り、壙《あな》に入て戈《か》を以て四隅を打ち此獣を殴ることあり。

是を陰道神といふ。事物紀原に見えたり云云。

と説いており、これは道教の思想より出た陰鬼的妖怪で、『和漢三才図会』巻第四十寓類恠類の魍魎の項もこれら中国説を載せているが、結論として日本の魍魎は

魍魎　寺島良安著『和漢三才図会』（国立国会図書館ウェブサイトより）

川沢の神として伝わっているから『日本書紀』に記される罔象女も水神で、魑魅魍魎といった場合には魑魅は山の神、魍魎は水の神に当たる。

としている。罔両の出現の話は『今昔物語』巻第十七本朝付霊鬼冷泉院水精成人形被捕語第五に

昔、陽成院（八七七～八八三）の御代に二条よりは北、西の洞院よりは西、大炊《おおい》の御門よりは南、油小路よりは東二町あたりに池のある街のところに或る邸があって西

の対の釣殿にある人が夜寝ていた。すると一メートル程の老人が現れてその人の顔をすーっと撫ぜた。何とも気味悪く怖ろしいので虚睡《そらね》した振りをしてじっとしているると立ち去る気配なので、星明りに透かして見ていると、池の汀《みぎわ》で消えた。これを人に話したので評判になってしまい、ある剛気の男が確かめてやるといって、その釣殿に寝た。夜中になると何者かが冷たい手でその男の顔を撫でるので、男はその手を摑んで飛び起きて捕らえ、用意の縄で縛ってしまった。それから人を呼んで火明りで見ると浅葱《あさぎ》色に染めた着物を来た小さい老人が目をしょぼしょぼさせて悄然としていた。そこで男は「貴様は一体何奴だ」と訊いたが、それには答えずただ「盥《たらい》に水を入れたものを与えて下さい」というのみであった。そこで何のためにこんな事をいうのかと思ったが、聞き届けてやる事とし、盥に水を入れて持って来させると、老翁は盥の水に自分の姿を映していたが、やがて「われは水の精である」といっていきなり盥の中に入ったかと思うと忽ち姿は消えて縄だけが水に浮かんでいた。そこで男は盥の水を池に捨てたが、それ以後その老人は再び姿を現すこともなく怪しい事も起こらなかった。

という。江戸時代の鳥山石燕の描いた『今昔画図続百鬼』の中の魍魎は耳の長い妖怪で墓塚から死人を掘り出して、その頭を嚙《かじ》っている図が描かれており、

『倭文麻環《しずのおだまき》』では河童に似た姿に描かれている。

老人姿で現れたのは年劫経た魍魎で、人を食い殺す程の力が無くなったのであろう。また罔象《みずは》は男性であろうが、伊弉冊尊が臨終《いまわ》の際に産んだのは罔象女であるから女性の魍魎もいたのであるが、中世迄《まで》の魍魎は水神として祀られていたから魍魎として害ある伝承は少ない。

魑魅《ちみ》

魑魅の魑は獣形の山の神で、鬼篇が付くので妖怪である。

魅は「人をひきつける」「ばかす」の意があるから魅力・魅了等にも用いられるが、魑魅と二文字でいった場合には山の神として妖怪となる。人面獣身、四足で走り廻《まわ》り、人をよくだますという。「すだま」と日本ではいっている。『玉篇《ぎょくへん》』では

老精物也

とし、『史記』五帝紀には

乃流二四凶族一遷二于四裔一、以御二魑魅一

張衡《ちょうこう》の西京賦《せいけいふ》に

禁二禦不若一以知二神姦一、魑魅魍魎

とあり、一般に魑魅と続けていっている。

魍魎はその項参照。つまり魑魅も魍魎も同じような山川の精より生じた怪物である。

河伯　かはく

河伯《かはく》を河童とする説があるが、中国には河伯はいるが河童と名付けるものはいない。
河伯とは河の神のことである。『荘子』の秋水篇《しゅうすい》にも

河伯欣然自喜

河の神がうれしげに喜ぶ

また『漢書』玉尊伝にも

沈㆓白馬㆒、祀㆓水神河伯㆒

白い馬を河に沈めて水神河神をまつる

などとあり、河の神が河伯である。故に『倭名抄《わみょうしょう》』巻一神霊類でも

『兼名苑』にいう。河伯は別名水伯、河の神である。日本ではかわのかみという。

と記しているから、後世いう河童と同一視してよいかは疑問である。
水神とすれば『日本書紀』巻第一神代巻に出てくる罔象《みずは》と同じで魍魎にも当たるが、同物でなく同類と見るべきであろう。また少童《わだつみ》も水神であるが、これも海の神で別の神である。

『日本書紀』巻之十一仁徳天皇十一（三二三）年冬十月に
茨田《まむた》の堤を築かせたとき二カ所が壊れて塞ぎ難かった。時に天皇の夢に神が現れて武蔵の人強頸《こわくび》と河内の人茨田連《まむたのむらじ》衫子《ころもこ》の二人をして河伯《かわのかみ》を祀《まつ》れば築堤はうまくいくと神託あったので、二人を召して河神を祀らせた。強頸は人柱となって投身したので其処はうまく築堤できた。衫子は二つの瓢簞を水に投じて、おれは水に入って犠牲になるが、その前に河神としての威力あるならこの瓢《ひさご》を沈めてみろといった。すると河水逆巻き瓢を沈めようとしたが遂に沈まず瓢は流れていった。そこで衫子は水に入らず人夫を督励して築堤を成功させたという。

中国でも河神に犠牲を捧《ささ》げて祀るが、日本古代でも行われたのである。その名残りが架橋の折の人柱である。

これと同じ話が六十七（三七九）年冬十月に吉備《きび》国川嶋河《かわしまがわ》の項にある。

この川には大蚪《おおみづち》がいて通る人を殺してその被害が大きかったので笠臣の祖県守《あがたもり》が大蚪のいる淵に立って三つの瓢を投じ、「汝は多くの人を殺したり苦しめたりするがそれ程の力があるなら、この瓢を沈めてみろ。もし沈めることができないのなら汝を斬る」と言った。虬は鹿の姿に変じて一生懸命瓢を沈めようとしたが、沈められなかった。そこで縣守は水中に飛び込んで大虬を斬り、その眷属の蛇共もことごとく退治した。

河伯（縣守笠臣の図）『前賢故実』（国立公文書館蔵）

とある。瓢を沈め得なかった悪神は一は河伯（神）、一は大虬であるということは河伯は虬《みづち》（水蛇）であるということになるから、これは河童ではなく、河童の異名でもない。

河伯が河童と誤解されるようになったのは、両方とも人を水中に引き入れるという点と、河童《かっぱ》と河伯《かはく》の紛らわしい語からである。

河伯は平安朝時代にも記されている。『今昔物語』巻第十七従東国上人値鬼語第十四に

昔東国から京都に行く人が、琵琶湖の瀬多の橋を渡ったら日暮になったので何処か

宿をとろうと思ったが、泊めてくれそうな家もなく、ただ一軒人も住まぬ荒れはてた家があるのみであった。そこでここに泊ることにしたが、夜更けになってそこに置かれてあった鞍櫃《くらひつ》のような箱の蓋がことことと開いたので、これは鬼であろう、まごまごしていると食われてしまうと思って、相手にさとられぬように「馬の様子がおかしいから一寸見て来よう」と一人ごとのように言って立ち出で、馬に鞍をつけ、一鞭くれて逃げ出した。すると鞍櫃の蓋がガタンと開いて何か怖ろしいものが現れ「おのれ何処に行くのか」と追い掛けて来た。男は瀬多の橋にかかると急ぎ馬より飛び降りて橋桁の下の柱の蔭に隠れた。すると追って来た怪物は男の姿が見えぬので水面に向かって「何侍（一書に河伯）何侍」と呼ぶと、「おうここに居る」といって出て来たものがある。

この物語は惜しくもここで中断しているが、怪物の声に応じて現れたのが河伯であることがわかる。後文があれば河伯がどんな姿をしていたかが窺われるのであるが、水の妖怪であることは間違いない。

朝川鼎は『善庵随筆』の中で川童について詳細に考証しており、河童の異名を列挙しているが河伯の語はない。

人魚《にんぎょ》

半人半魚の妖魚《ようぎょ》で、これは世界的に伝説があるが、日本に於ては中国の伝承がサブリミナルに植えつけられ、しばしば目撃されて多くの話が伝えられている。

従って東洋の人魚《にんぎょ》の発祥である中国の人魚思想を探っていくことにしよう。

中国で人魚の語を用いている妖魚もしくは妖人《ようじん》は、山間部の渓流に棲むものと東南海に棲むものとの二系統に分かれているが、山間部のものと海洋部のものとは本質も外形も異なっている。

中国の古典『山海経《せんがいきょう》』には人魚の事が多く記されている。

龍候の山には樹木や草は生えていないが鉱物や宝石が沢山採れる。決決の川の流れは東に向かって流れて大きい川に注ぐが、そこには人魚が沢山棲んでいる。形は鯰《なまず》に似て四足あってその首は嬰児《あかんぼ》の頭のようである。

としている。人間の赤ン坊の頭のようであるところから人魚と称したのであるが、四足あるとなると一般的イメージの人魚と異なる。

また註に

中山経にいう䱱は鯢《げい》（さんしょううお）であるという。なまずに似て四足あって鳴く声は小児のようである。今またなまずを呼んで䱱ともいっている。これを食するとぼけ病にならない。

ともあり、結局、人魚は鯢であるということになり、鯢は『和漢三才図会』を見ても山椒魚《さんしょううお》のことになる。

人魚　寺島良安著『和漢三才図会』（国立国会図書館ウェブサイトより）

つまり人魚と呼ばれるなまずの頭は山椒魚の頭に似ており、共に嬰児の頭に似ているから山椒魚は人魚というのである、というのである。従って、この人魚は一般的にイメージされる人魚とは全く別で、むしろ人に似ていても甚だグロテスクな存在であり、メルヘン的イメージは一切ない。

山間の渓流などに棲み、人目にふれることが少ないので珍しい魚とされ、その肉は滋養あるものとされ、

鯢　寺島良安著『和漢三才図会』（国立国会図書館ウェブサイトより）

それからとった膏は蠟燭《ろうそく》に用いると永久に消えないとされた。『陶弘景別録《とうこうけいべつろく》』に

　人魚は荆州臨沮青渓に沢山棲息している。なまずに似ていて四つ足があり鳴き声は小児のようである。それから採る膏は中々消耗しない。故に秦の始皇帝を葬った驪《り》山《さん》陵の中に用いた燭は、人魚の膏を用いたので消えないのである。

と記され、中国でも山椒魚は珍品であった。故に街に住む人は山椒魚を知らないものが多かったので『夷《い》堅《けん》志《し》』にも

　乾道六（一一七〇、南宋の孝宗の時代。日本の後白河法皇、高倉天皇の嘉応二年の頃）年に、湖州の市中で蛇を扱う者が焼物の盆の中に一匹の珍しい魚を飼っていたが、それはなまずに似ていて、黒く腹から四足が出ていて、指はそれぞれ五本ずつあった。つまりこれが人魚というものである。

と記され、見馴《みな》れない魚として珍しがられていたのである。

これが中国でいう人魚なのである。

また東海・南海にいるという人魚は、等身大で上半身人で下半身魚という氐人《ていじん》と同じ形であるが、中国の記録では女の人魚の話が多い。『洽聞記《こうぶんき》』に

海の人魚は中国の東の海中に棲んでいる。大きいのは二メートル近いのもあってまるで人のようである。眉・目・鼻・口・頭・手にいたるまで美しい女性のようであって、人体として備わっていない部分はない。皮膚は肉付きよく、白くてまるで玉を磨いたようであり、下半身は魚体で鱗が生えているが、それに五色の長さ五、六センチ程の毛が生えている。髪の毛はまるで馬の尾のように直やかで二メートル近く、そして人間の成人した女子と全く同じような陰所をもっている。故に海辺の漁人はこの人魚を捕えると池や沼に入れて飼っていて人間の女性代わりに用いて欲望を満たしているが、その感じは人間の女性と全く変わることがなく、また、人間に危害を与えることもないという。

とある。これと同様の記事が『徂異記《そいき》』にあるがこれには更に

人魚　『竜宮羶鉢木』

査道が勅命を奉じて高麗国（韓国）に使者となって船で行った時に、夜に一山という所に停泊したことがあった。そして何気なく海辺を見た時に、干上った砂洲の所に一人の裸体の婦人が寝ていた。それは赤い長い髪の毛を衣裳のようにまとい、肘に紅い長い毛が付いていたので、これは噂にきく人魚であるから、船人に悪戯させては可哀相であるから、水中に張り廻らした魚を捕る梁《やな》に入って人魚を姦さないように命じて見ていた。すると潮が満ちて来て、人魚も浮かべるようになると、こちらを見て査道に対して感謝のつもりか両手を合わせて、身をひるがえして海の中に消えて行った。船人がこれを見て、自分たちは永らく船を扱って暮らしてきたが、ああしたものを見たこともない。一体あれは何物ですかと聞くので、査道はあれこそ人魚というもので、沿海の人はあれを捕えると人間と同じだからと姦淫してしまう。だから可哀相に思って汝たちに近付かれないように命じておいたのであるといった。

とある。また『洽聞記』には

陳晦伯の『天中記』五十六に書いてあるのに、陳安に住む丹徒の民の陳性が、ある時、海の入江に魚をとる柵を作っておいた。潮が引いたらその柵の中に二メートル程の裸体の女がかかっていたが、頗る美人であった。しかし潮が引いているために泳いで去ることができず、沙洲に臥したままで動けなかった。言葉をかけても通じなかったがあまりの艶めかしい姿態に、漁夫の一人がとうとう犯してしまった。陳性がその夜睡っていると、その人魚が夢枕にあらわれて、わたしは江の主であるが、昨日は不覚にもあなたの柵にかかってしまい動けないでいるところを或る人がわたしを犯してしまいました。口惜しくて堪りませんから復讐として犯した人を殺そうと思います、といって消えた。陳性は気になるので潮が満ちて来るのを待って見ていると、人魚は海水に乗って泳いで去って行った。そこで犯した者の家を訪ねると、その者は昨夜急にわけのわからぬ病気になって死亡したという。

とある。人魚はか弱い女性であるから理不尽に一方的に犯したりすると、特殊の霊

人魚　江戸時代の瓦版（早稲田大学坪内博士記念演劇博物館蔵）

能力をもって復讐《ふくしゅう》することがあるのである。

中国の人魚の伝承は古い時代からあるが、人魚を婦人として扱う話が生まれるのは、西欧の人魚伝説の影響が多分にあるようである。

また『広東新語《カントンしんご》』に

> 大風が吹いて海が大荒れの時に海の怪物が現れることがある。髪をなびかせ赤い顔をして魚に乗って来るが、乗っている者も魚形である。これを人魚という。人魚の雄を海和尚といい、雌を海女という。よく船に災いをなすという。船の親分の有祝がいうのには、おれの母は海女に逢

人魚　大槻玄沢著『六物新志』(国立公文書館蔵)

ったり人魚を見たといっている。人魚の種族に、蘆亭《ろてい》というのがある。南亭竹没《なんていちくぼつ》考万山《こうまんざん》等いろいろある。その大きさは人ぐらいで牡牝の区別があって髪の毛は焦黄色で、眼のひとみも黄色である。顔は黒で短い尾がある。人に見られるのを怖れ、人に逢うと水中に姿を隠してしまう。よく波に漂って颯爽と現れるが、人がこれを見るとよくないことが起きるといって追い払ってしまう。

とある。この人魚は一般的イメージの人魚と少し異なる。雄を海和尚《うみおしょう》というとあるところは日本の海坊主《うみぼうず》のようである。日本の海坊主は『天地或問診』に、海が荒れている時に出るといい、また真黒であるなどといい、船人はこれに逢うと不吉とするなど、人魚とは区別しているから、この『広東新語』の人魚は海坊主と混同されているようである。雌を海女としているのが人魚に当たるであろう。

この海和尚の例と、山間部に棲む人魚とを別にして、中国の東海及び南東海にいる女性形として現れる人魚は、西欧の伝説の影響が多分にあると思われる。

小アジア及びヨーロッパには、古代から半人半魚の神や半人半魚の妖魅《ようみ》の話が伝わっている。

たとえばカルデアの神オアネス（Oannes）またはダゴン（Dagon）は半人半魚の神で、ベスアオンという殿堂に住み、半日は陸上、半日は海の中に暮らすと伝えられており、アッシリア民族の信仰したエアも、ギリシャの海神トリトンも半人半魚の神である。このトリトンは人身魚尾であるが別に馬の前足も持っていて、よく法螺貝を吹くといわれている。これらは男の半人半魚である。

女性の人魚形として有名なのはサイレン（Sirens）で、この女神は初めは翼を持って空を翔《と》んでいたが、ミューズと戦って海に落ちてから人魚の姿に変わったといわれる。

また人魚は水の精であるとの思想からウンディーネ伝説やメルジナ伝説があるが、これらは美しい女性で表現されているが、こうした伝説が何等かの形で中国に伝わり、海中には美しい人魚が棲むと考えられるようになり、人と交われる存在となっていっ

人魚　『街談文々集要』(国立公文書館蔵)

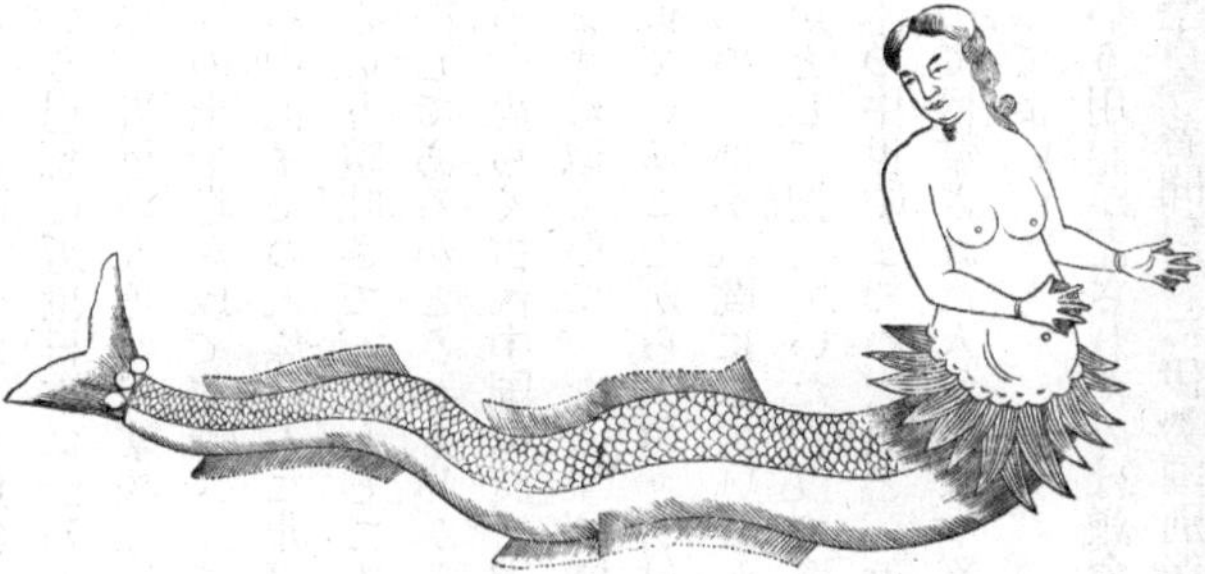

人魚　大槻玄沢著『六物新志』(国立公文書館蔵)

人魚　『三橋家日記』（弘前市立弘前図書館蔵、写真提供 青森県立郷土館）

たのであろう。このように、人魚は美女形であるという思想は近世日本に伝わった故であろうか、近世の人魚の目撃談は殆ど、美しい女性の上半身を以て認識されている。それ以前の中世までの人魚は人に非ず、魚に非ず、という曖昧《あいまい》さで、果たして本当に人の形と同じであるかどうかもわからない表現である。恐らく古代中国に於て山椒魚の頭がなまずに似ていて、なまずの頭が小児の頭に似ていることから人魚と名付けた如く、ほんの一部が人間に似ていたから人に似た怪魚として把《と》らえていた程度であろうから、日本の中世頃までの人魚と、近世に誤認を含めて目撃された人魚とは本質的に異なるとみてよい。

人魚という用語が記されたのは鎌倉時代からで、『古今著聞集』に伊勢国別保の浦で獲《と》れた魚を「人魚というなるはこれていの物なるにや」とあるから、あるいはそれより少し前から人魚という言葉が用いられていたかもしれないが、古くは人魚といわなかったようである。

氐人《ていじん》

上半身が人で下半身は魚であるからこれも人魚に含めるべきであろうが、これを中国では氐人といい、氐人国というのがある。『山海経』に

氐人国在二建木之西一、其状、人面魚身、無レ足、胸已上似レ人　已下似レ魚也。

とあるのを『和漢三才図会』はそのまま記してあるが、『山海経』附図には

人面魚身無足在建木西

氐人　『山海経』(国立公文書館蔵)

と記して上半身全くの人身、下半身鯉のような形に描いている。

氐とは、氐が堆で地の積もった所の意で高い所、それに一の文字を加えるが一は地平線というごとく地の低いところ、つまり根底の意になるから、地より低い所に住むから氐人で、水中に住んでいる故に称したものであろう。

海女房《うみにょうぼう》

人魚の異名。『大和本草』に

海夫人、和名海女房、俗にこれを人魚という。

とあり、『長崎見聞録』にも

海女は人魚である。半身以上は女性そっくりで、半身以下は魚である。この骨は止血剤に用いるとよく効く。ヨーロッパの言葉でベイシムトルトという。西欧人が持って来たことがある。

と記している。中国の『太平広記《たいへいこうき》』では海中婦人と呼んでいる。

海中婦人は艶媚で情愛が深いものである。髪を手入れもしない不精者で猫背の醜い男の妻となったが、男を熱愛したので男は死んでしまった。そこで海に帰ったが、悲しくて海中を漂うことができず再び地上に戻ってきたという。

とあるから、人魚の情愛はかなり強いものがあった。このように成人の女性のように人と交われるから、中国では人魚としばしば肉体関係を持ったりしたので、海女房《うみにようぼう》または海中婦人、海夫人《うみふじん》、などと呼んだので、日本でも同様に呼ぶことがある。

海人《かいじん》

人魚の異名かと思われる。『万物夜話』では「南海の海人は僧形である」としているが、その現れ方は海坊主に似ている。『大和本草』には

海に棲む。それは全く人と変わらない。頭髪、鬚、眉まであるが、ただ手足の指は水鳥のように蹼《みずかき》があって言葉は喋《しゃべ》れず、食物、飲物を与えても食べない。腰のところにひらひらした肉皮があって袴を垂れたようなところが人と一寸異なっているだけで、あとはすべて人と同じである。

また『長崎見聞録』にも

海人、全身に肉皮ありて、下に垂ること袴を着たるに似たり。其余は人体に異ならず。手足に水かきあり、陸地にのぼり、数日置くも死せざるものなりとぞ。

と記され、蓬髪で全身に襤褸《ぼろ》をさげたような姿の図が描かれているが、これは手と足があって蹼《みずかき》が付いているから、一般的イメージの人魚とは異なる。しかし、人の形で海棲《かいせい》動物であれば、人魚というより海人《かいじん》と呼んだほうが正しいようである。『記』『紀』に出てくるわだつみの国の人は海人であろう。

海人　『長崎見聞録』（国立国会図書館ウェブサイトより）

海坊主《うみぼうず》

海坊主は船入道《ふなにゅうどう》・海和尚・海小僧《うみこぞう》・海法師《うみほうし》・船幽霊《ふなゆうれい》ともいわれ、水人・鮫人《こうじん》・鮫客《こうきゃく》・淵客《えんきゃく》などともいう。

川や山には現れず海に現れて船をくつがえしたり、人をさらったりする海の怪物で、この怪物譚は世界的に見られる。蜃気楼《しんきろう》・積乱雲・海上の旋風・鮫《さめ》・鱉等の誤認や幻覚といわれるが、実際に海坊主の被害に遭った話はいっぱいある。船幽霊といった場合には、謡曲『船弁慶《ふなべんけい》』の如く冤魂《えんこん》や水死人の霊魂とみられている。

海坊主は土地の伝承、目撃した人の話によって色々異なった姿や大きさの違いがある。

『本朝語園《ほんちょうごえん》』には

船入道といふ者あり。長さ六七尺ばかりありて色黒く、目鼻手足もなくて海の上にあらはる。箇様の者出来《いでき》たらば物言ふべからず。又その形貌を見るべからず。若しあれは如何なるなどと言へばその詞の終らざるに船破るといへり。

とあり、『万物夜話』にも

南海に海人あり。形僧の如くにして海中より出て舟に登り少頃《しょうけい》(一休み)して海に入る。此物あらはるる時舟中の人言語を戒め、寂然として不レ動、否《しから》さる時は大風おこりて舟をくつがへすといへり。

とあって海坊主が現れたら言葉を発してはいけない。言葉を発すると舟をひっくり返して人々を溺《おぼ》れさせるというが、船の中に乗り込んで来るのもある。そうかといっておびえても船をくつがえすから、平然として、海坊主の問いに答えれば消えてしまう、という説もある。『雨《う》窓閑話《そうかんわ》』に

海坊主　『奇異雑談集』(『江戸怪談集〈上〉』
(高田衛編・岩波文庫) より)

或者の物語に桑名の徳蔵といふ者名ある船乗の名人にて、

所々の灘海共に乗りし事あり。この徳蔵申しけるは月の晦に出船する事必らず斟酌《しんしゃく》（遠慮・避ける）すべしと云へり。或時徳蔵いず方にてかありけむ。只一人海上を乗り行きしに怱《には》かに風かはり逆浪たつて黒雲覆ひ懸り船を中有に巻上ぐるやうにて、肝魂も消入るべきを徳蔵もさすがにしたたか者なれば、ちつとも動ぜずして蹲踞《うずくま》りける。向へ背の高さ一丈許り（約三メートル）の大入道、両眼は鏡へ朱をさしたるが如き妖物《ばけもの》出で徳蔵に向かつて、我が姿は恐ろしきやといひければ、世を渡るの外におそろしき事はなしと答へれば、彼の大入道怱《たちま》ちに消え失せて波風も静まりければ、徳蔵はからき命を助かりけるとぞ。徳蔵後にこの事をはなしければ人皆奇異の思をなせり。

とあって、この海坊主は背の高さ三メートル余りで目は鏡に朱をそそいだ様な恐ろしい形相であるばかりか問いかけて来て、少しも怖くないと答えるとおとなしく消えてしまう。

また『本朝俗諺志《ほんちょうぞくげんし》』では海上波静かの時に現れるというのに反して、これは黒雲起こり波が逆立って現れるとしている。

『海島逸志』にも

海和尚（海坊主）は大海にいつもいるわけではない。現れると颶風《つむじかぜ》が起きて必ず災害をもたらす。形は人間に似ているが口が大きく耳元まで裂けていて、人を見て呵々と笑う不気味さで、頭が丸坊主であるから海和尚という。これを見る者は海和尚が不吉であることを知っていて現れると必ず暴風になることを恐れている。大浪のために舟が転覆するおそろしさがある。

として、これは口が耳元まで裂けている恐ろしい形相であることをいっている。このように目撃談や対応の仕方、海の状況にいろいろの違いがあるが、『天地或問珍』では背の高さ六尺ばかり（約二メートル）とし、『燕石雑志《えんせきざつし》』では高さ十丈（約三十メートル強）とし、『奇異雑談集《きいぞうだんしゅう》』では頭は人間の頭の五、六倍で裂けた口は二尺（約六十センチ）等といろいろある。

山崎美成の『世事百談《せじひやくだん》』巻之三には舟幽霊の事として

海上にて覆溺《ふくでき》の人の冤魂夜のまぎれに行かう舟を沈めんとあらわれいづるよしいうことなり。唐土の鬼哭灘《きこくだん》という所は怪《けい》異いと多く、舟の行きかかれば、没頭隻手独足短禿《とく》（坊主頭で両手あって足一本）の鬼形とて、首のなき片手片足のせいひくき幽霊、百人あまり群がりあらそい出来《いでき》たりて舟を覆《くつがえ》さんとす。舟人の食物を投あたうれば、消失せるといえり。わが邦の海上にもままあるなり。一握ばかりの綿などの風に飛び来るごとく、波にうかみ漂いつつ、やがてその白きもの、やや大きくなるにしたがい、面《かお》かたちいでき、目鼻そなわり、かすかに声ありて、友を呼ぶに似たり。忽《たちま》ち数十の鬼あらわれ、遠近に出没す。已《すで》に船にのぼらんとするの勢ありて、舷《ふなばた》に手をかけて、舟のはしをとどむ。舟人ども漕行のがるることあたわず。鬼声をあげて、いなだかせという。そのものをいう語音分明なり。こは舟人の俗語に大柄杓《おおひしやく》をいなだと名ずくる故なり。さて事に馴れたる者、柄杓の当《そこ》をくり抜き去て、海上に投あたうれば、鬼取りて力をきわめて水を汲みいれてその舟を沈めんとするのおもむきあり。もし当《そこ》あるものをあたうれば、波をくみて舟を沈むといえり。また風雨のよるは海上の舟道の目あてに、陸《くが》にて高き岸に登り、篝火《かがりび》を焚くことあり。鬼もまた洋中《おきなか》に火をあげて、舟人の目をまよわす。それによりて人みな疑いをおこし、南なるが人の焚《たく》にや、北にあがるが鬼火かと舟道を失い、かれこれと波に漂ふひまに終に鬼のために誘われて溺死し、彼と同じく鬼となることもあり。ある舟人の物語りに人火は所を定めて動かず。鬼火は所を定めず右にあがり、左にかくれ、鬼猶且遠く数十の偽帆をあげて走るがごとくす。人もしこれに随て行くときは、彼がために洋中に引《ひか》るるなり。これも人帆は風にしたがいて走り、鬼帆は風にさからいて行くといえり。されどもこの場にのぞみては事になれし老舟士といえ

船幽霊　月岡芳年筆　「摂州大物浦平家怨霊顕る図」部分、尼崎市立地域研究史料館「Web版図説尼崎の歴史」より

　ども、あわてふためき、活地に出ることかたきものとぞ。

とあり、海坊主すなわち舟幽霊は世界的に見られる怪現象もしくは妖怪で中国にも多くの話があるが、日本でも江戸時代までは船乗りはしばしば遭遇している。海坊主といわれるものは真黒な妖怪が海上にぬっと姿を現すのであるが、同じものが現れても柄杓を借せといって沢山現れるのは一般に舟幽霊といっている。これは海で死んだ者の怨霊《おんりょう》が同じ死の世界に船人をさそい込むので、船を沈めるのが目的であって、中国の船幽霊のように食物を乞《こ》うのではない。柄杓で海水を船に打ちかけて船を沈めて仲間としようとするのであるから、気の利いた船人は海水を汲《く》めぬように柄杓の底を抜いておく。するといくら汲もうと思っても海水を打ちかけることができないし、船を沈めることができないからあきらめて消えてしまう。

　底の抜けた柄杓でなく数珠を押し操んで祈って威嚇して船幽霊を退散させるのは謡曲の『船弁慶』で、平知盛《とももり》を始めとして海の藻屑《もくず》と消えた平家一門の怨霊は、義経《よしつね》一行が阿波《あわ》に逃れようとして船出して大物浦《だいもつのうら》まで来た時に姿を現した。

　義経をも海に沈めんと、夕波に浮べる長刀取りなおし、巴浪の紋あたりをはらい潮を蹴立て、悪風を吹きかけ、眼もくらみ、心も乱れて前後を忘ずるばかりなり。

という生前の姿そのままであるのは、明らかに怨霊の船幽霊で、海坊主とは少し趣きが異なる。

海坊主と称した場合には『本朝食鑑』では大章魚《おおだこ》が化したものという。『長崎怪異書』では鯔《ぼら》が鯔《とど》に変わり（幼魚はオボコまたはスバシリといい、成長するに従って、イナ・ボラ・トドとなる。トドのつまりはこの魚の名から出たもので出世魚といわれる）、更に海坊主に変化するとも記しているから、これから見ると海坊主は純然たる魚類ということになり、また、鮫や海豚《いるか》の誤認説もあるが、『和漢三才図会』巻第四十六介甲部では

『三才図会』にいう。東洋の大海の中に和尚魚というのがいる。その形は亀（鼈）のようで身体は赤い色で、海流に漂ってくる。

△よく考えるに日本の西方の大海中に海坊主というものがある。これも亀の形で首は人の顔で但し頭に毛がない。故に海坊主というのであるが、大きさは大体二メートル前後である。漁人はこれに逢うとよくないとしている。それは魚をとる網を仕掛けても魚が獲れないからである。たまたまこの海坊主が網にかかったりすると漁人は不吉として殺そうとする。すると海坊主は手を合わせて涙を流して助けてくれと頼むような仕草をする。そこで漁人も憐れに思って「それでは許してやるから、

以後決して吾々に仇をなしたり不漁にすることをしてはいけないぞ」といって放すと必ず西の方を向く。これは「承知致しました」という表明であるので漁人は海坊主を海に放してやるという。

和尚魚　寺島良安著『和漢三才図会』(国立国会図書館ウェブサイトより)

としている。

鱉とは鼈《すっぽん》のことであるが、海には鼈はいない。従って亀類の意で、海の亀の代表的なものは赤海亀・青海亀のことで『三才図会』で紅赤色と誇張して表現されているから、赤海亀であろう。『和漢三才図会』に描かれた人面坊主頭ではないが、見様によっては人面に似ており、当然頭に毛が無いから坊主頭とこじつけることもできるから、和尚の渾名もよいであろうが、海中を遊泳して生活するから魚の概念をもって和尚魚《おしょううお》と呼んだのであろう。

こうした概念から、日本でも赤海亀を海坊主と呼んだのである。

海坊主が漁場に現れると折角集まっている魚の群れが散ってしまうので不吉とし、また坊主と死の関係から、板子一枚下は地獄という漁夫の不安心理を掻《か》き立てるので坊主頭にも見える海亀の出現は忌まれたのである。

こうしたサブリミナルが幻覚を拡大して、海の妖怪海坊主の怪談を生むもとになったのであろう。

今日では鋼鉄製で舷側《げんそく》の高い大型船や、小さくても機関によってスピードある船が海上を横行するので、昔の怪物海坊主も敵《かな》わないと見てか出没しなくなり、海坊主に遭遇した話は聞かなくなった。

魚と亀の変化《へんげ》

鳳𩇯魚《ほうそうぎょ》

『諸方見聞図会』に

天保九（一八三八）年六月に相模国浦賀の「なんごの浜」で鳳𩇯魚という奇魚が獲れた。その形は頭が猩々《しょうじょう》のようで、顔は馬に似ており、また猫にも似ている。目は鏡のように光り、鰭は手足のようで、腹は金色に輝き形は海老に似ている。

とある。何故鳳𩇯魚《ほうそうぎょ》と書くか、『和漢三才図会』にも記載されていない魚である。『諸方見聞図会』以外の記録にない。

この記録からは正確な形態が窺《うかが》えないから、どういう魚類であるか不明である。その形容が甚だ曖昧《あいまい》で顔は馬のようであり猫

猩猩　寺島良安著『和漢三才図会』（国立国会図書館ウェブサイトより）

にも似ているというが、猫と馬の近似性はなく、また頭は猩々のようであるというのも具体性がない表現で、腹は金色に輝き形は海老《えび》に似ているというのも、把握しにくい形容である。

霊亀《れいき》

亀も日本古代から登場する生物である。

『日本書紀』神代下の一書に彦火火出見尊《ひこほほでみのみこと》によって豊玉姫《とよたまひめ》が身籠《みごも》り、陸で子を産むために海宮《わだつみのみや》から来るときに

豊玉姫は産み月になったので、妹の玉依姫《たまよりひめ》を連れて、大亀に乗って海を輝かして陸に来た。

とある。本文及び他の一書には豊玉姫は鰐《わに》に乗ってやって来たとあるのが大方であるが、一カ所でも大亀に乗って来たとあるのは、亀が海の交通に用いられていた伝承

及び亀に神話に登場する存在価値があったのである。亀は水中を遊泳するが、水上を漂《ただよ》いまた陸上も行くことのできる爬虫類《はちゅうるい》・カメ目の生物であるが、海の場合海亀は特に大型で、海の乗物・海の案内者と考えられていたことは浦島太郎《うらしまたろう》の御伽話《おとぎばなし》によっても明らかである。

古代は亀は水の精霊とも考えられ、人間に幸いをもたらすものとしたから、諺《ことわざ》に「亀は万年・鶴は千年」と長寿の存在とし、亀祭りという水神祭があるし、亀甲《きっこう》を以《もっ》て占う風習もあるくらいであった。

『日本書紀』巻十四　雄略《ゆうりゃく》天皇二十二（四七八）年秋七月の条に

丹波国の餘社《よさ》の郡《こおり》の筒川の人で水の江の浦島子という者が、ある日船に乗って海で釣りをした。すると大亀が釣れたのでこれを船の中に入れると、亀は忽ち美しい娘の姿に変わった。そこで二人は夫婦となり、その美女に案内されて海の中の蓬萊山《とこよのくに》に連れて行かれ、海宮を隅々まで見物して二人は楽しく暮らした。

と記されているが、亀も人に接する時は美しい女性に変化できると信ぜられていたからこそ、こうした説話も生まれたのである。

この詳細な伝説は『釈日本紀《しゃくにほんぎ》』や『丹後国風土記』『続日本後紀《しょくにほんこうき》』に記され、これらをもとにして作られた『浦島子伝《うらしまこのでん》』が古代伝説として最も古様である。

雄略天皇二十二年に、丹後国水江浦の嶋子がある時一人で船に乗って釣りをしていた時に、魚がかからず霊亀を釣ってしまった。その後も魚が釣れないので、退屈のあまり浪に揺《ゆ》られながら眠ってしまった。その間に釣り上げた霊力ある亀は神仙の女性と化した。その有様は髪飾りの宝玉が海面に照りはえ、花の貌《かんばせ》は船中に輝き、ひらひらと風にそよぐ袖は純白で、鬢《びん》（耳のわきの髪）は雲のように淡く美しく、その美麗さは呆然とするばかり。美しい顔はえもいわれぬ香り馥郁《ふくいく》とし、それは中国随一といわれる唐の楊貴妃《ようきひ》か、越の西施《せいし》と同じようであり、眉は峨眉山《がびさん》の端から新月がさしのぞいた如く、笑凹《えくぼ》は大空に星が流れる如く美しい。びっくりして嶋子はその神仙の女性とも思えるものに問いかけた。どうしたわけであなたはこの船の中に来たのですか。またあなたはいったい何処の国の人ですか。その神女は静かに微笑みながら答えた。

わたくしは蓬萊山《とこよのくに》の女で、宮殿に住んでいます。そこは不老不死の所で父や母、兄や弟がいてそれぞれの宮殿に住んでおります。わたくしも年頃になりましたので夫を定めようと思い、そして天から与えられた定めに従って天仙となり、蓬萊国の楽しみを極め、地仙となる子をもうけようと浪間に遊泳していましたところ、貴方の網にかかってこうして逢えることになりました。これも天の定めた宿縁と思いますので、人間社会の風習通りに貴方を夫として結ばれる儀をとり、蓬萊宮におつれして貴方に蓬萊の国の最上位の方になってもらいたいのですが、如何でしょうかと言った。嶋子は喜んでこれに応じた。そしてこの仙女の導くままに蓬萊山の宮殿につき、嶋子を門外に置いて仙女はこの事を両親に告げに行き、やがて戻って来て招じ入れた。その蓬萊宮の美しいこと、また宮殿内に住む人たちの華麗なること秋の澄んだ空に星がきらめくが如く、衣装からは何ともいえぬ良い香りが漂《ただよ》い、そよ風は松風を微かに鳴らす如くただその雰囲気にうっとりとするばかりであった。大体嶋子は一介の漁人であるが、年来の夢に思った栄華に達し、一寸どぎまぎしたが仙境にとけ込むことができた。その宮殿の垣内は金の精や立派な玉を敷きつめ、珊瑚《さんご》が樹木のように並んで輝きとても現世では見られぬ宝の庭である。見るもまぶしい美しい仙女は芙蓉の花がさきかけたような可愛い唇をひらき、香りの高い蘭か菊が咲く如く笑みを浮かべて誘いかけて来るので、嶋子も喜び連れて交わりを結ぶべく、玉の如く美しい閨《ねや》に入った。快い香のするそよ風は仙女の衣をひるがえし、寝室にめぐらした薄絹の帳《とばり》すらも匂やかで、駘蕩《たいとう》とした色めきは翡翠《ひすい》のようで、寝台につけられた玉は快く微音を立てる。黄金で作られた窓からは簾《みす》越しに、静かな月光がさし込み、庭の松風はまるで琴をかなでるごとく、嶋子はただただ酔いしれた如くであった。朝になると黄金や丹《たん》（本当は水銀で毒であるが仙薬とされる）や石の髄からとった仙薬を飲み、夕べには玉から作った酒を飲み、霊芝や最高の蘭から採った莖を食し、老いることを停め、百節から採った菖蒲の液を飲んだので幾千年も生きる力を与えられた。こうして毎日楽しく仙女と過ごしたのにやがて嶋子は何か力なく、痩せて来た。それは次第に望郷の念が起きてきたからであろうと仙女は推察した。嶋子もこうした仙境に住んで、いろいろの霊薬や霊液を飲み、此世では味わえない楽しみを尽くしたが、結局人間にはそれが適応しているものではなかったと思うと、仙女と枕を同じうしても故郷を想い出しては悲しむばかりであった。そこで嶋子は一度故郷に戻って様子を見、親戚などにも別れを告げてからまたここに戻って来たいといったので、仙女もそれならば行っていらっしゃい。この玉手箱をお渡しするから、決して開けて見ないで戻ってらっしゃいといった。嶋子は船に乗って急に眠気がさしてトロトロとしたと思い、ハッと目を醒ますと、そこはもう故郷の澄江の浦だった。やれ懐かしやと人々を探したが、皆見知らぬ者ばかりで、色々事情をきくと嶋子が住んでいた頃から七代もたっていたから、心覚えの松も大木になっていた。しかし嶋子は亀を網で捕った時の年の二十八歳のままの若さである。これは一体どうした事か、まるで知らぬ土地に置き去りにされたようで心細くも悲しくなり、仙女からもらった玉手箱を、決して開けるなといわれたことも忘れて、仙女を想い出すために開けてしまうと、紫の煙が立ち昇り、嶋子はあっという間に髪の毛が真白になってみるみる老いさらばえた老爺になってしまった。

というのである。これは奈良時代すでに流布していた伝説であって『万葉集』九十八にも水江《みずのえの》浦島子を詠める歌として長歌があり、『丹後国風土記』にも同様の物語があり、これには嶋子が仙女を偲《しの》ぶ歌を詠み、これに応じて仙女が飛来して歌を詠むということで結びになっている。

この伝説は近世では、浦島太郎と乙姫《おとひめ》という名が付けられ、太郎が漁に行って亀を捕ったのではなく、渚《なぎさ》で子供達にいじめられていた亀を助けて海に放したところ、後に大亀が現れて龍宮《りゅうぐう》に案内し、龍王《りゅうおう》の娘の乙姫と結ばれ暫く過ごすが、望郷の念おこって故郷に戻ったところ数百年経っていた、となるが、玉手箱をあけて老人の姿になるところは同じである。

つまり亀は浦島太郎を乗せる船代わりである。この海の彼方《かなた》の理想郷は『記』『紀』の彦火火出見尊《ひこほほでみのみこと》神話が一番古いが、もちろん中国の蓬萊《ほうらい》思想や、仏教の龍王の住む仙境の思想によるところであるが、海の彼方との繫《つな》がりに亀が介在することと、海亀はその背に人が乗れる程の大きさのものがあること、果てしない大海に棲《す》みながら陸に上がっても棲めるということの不思議さから、古来霊性あるものと見られていたのである。

そして陸上（もちろん池沼河川のほとりに住む）の亀は年数経ても小亀であるが、海に棲む亀は大亀である。従って大亀になるのには頗《すこぶ》る永い年月、つまり長寿であると考え、不老長寿の表徴として見られ、そこに霊性あると見たのである。古人は年劫《ねんごう》経たものは変化する能力を持つと見るから大亀も当然その能力を持つと見、遥《はる》か彼方の大海には蓬萊国があってそこの主は亀であると考えたのは極く自然の帰着である。

鼈《すつぽん》の妖怪《ようかい》説はあるが、亀の妖怪説は無い。

龍蛇類の変化《へんげ》

龍 りょう

日本に於《お》ける龍《りよう》伝説、龍の目撃談は頗《すこぶ》る多いし、現在でも龍の存在は信じられており、また絵画・彫刻・デザインにも龍は広く用いられているが、大略的には龍は聖獣・瑞獣《ずいじゆう》の部に含められているから幻の霊物と見る向きも多い。龍伝説とその信仰は世界的に分布しているが、その形態に至っては、その民族・民俗によって多少表現が異なる（龍については拙著『龍―神秘と伝説の全容』刀剣春秋社刊を参照されたい）。吾々《われわれ》が一番馴染《なじ》み深いのは日本の龍と西欧のドラゴンである。

日本の龍思想は中国の道教の龍思想とインドのナーガ思想が根幹になっており、それが古代日本の蛇神思想と結び付き、仏教の伝来と共に日本に流入した龍の形態が現在吾々のイメージの中に生きている龍である。従って道教と仏教の要素によって、性格も形態も東洋的普遍的龍になっていったが、それでも尚《なお》、内容的には日本独特の特徴を持っている。

その龍の表現は中国の龍形態の三停九似の思想によって形成される。

三停というのは人相学上の表現で、上停とは頭の髪の生え際から両眉《まゆ》の高さまで、中停はその下から鼻端の高さまで、下停は人中より顎《あご》までをいう。上停は貴賤《きせん》を相する所で天才といい、中停は寿夭を相する所で人才という。下停は貧富を相する所で地才といい、この三つの停の上品が備わっているのが龍の相である。

九似というのは頭が駱駝《らくだ》に似て、角は鹿に似る。眼は鬼に似て、頂は蛇、腹は蜃《みずち》、鱗《うろこ》は魚、その爪は鷹《たか》の如く、掌《てのひら》は虎の如く、耳は牛に似ていることをいう。つまり動物の中の雄《ゆう》たるものの特長をすべて備えている、いわゆるあらゆる動物の長であることを表しているのが龍であるということになる。

そして顎の下に逆鱗《げきりん》があって咽喉《のど》の下に明珠《めいしゅ》（光る玉）を持っているのを特色とし、これは中国・日本以外の龍には備わっていないものである。

螭龍《あまりよう》　寺島良安著『和漢三才図会』（国立国会図書館ウェブサイトより）

その声は、竹筒《ふえ》を吹くが如く、唸《うな》るときは金鉢《こがねのはち》を戞《たた》くようであり、雲を生じ、山海・宇宙に逍遥《しょうよう》し、春には天に昇り、秋には地に降りる、と中国の書が記すのを日本の龍はそのまま受け継いでいる。

但し龍の表現は時代によって少しずつ異なる。中国古代から隋唐《ずいとう》の龍の形態は日本の奈良時代に共通した形として表され、平安時代の龍は以上の龍が日本的になり、鎌倉時代の龍は宋《そう》・元《げん》的表現で、南北朝時代は日本的感覚が強くなる。室町時代は更に日本的感覚を以《もっ》て表現されるから、奈良・平安時代の龍とは一見して異なる点がわかる。

桃山、江戸時代の龍は庶民的感覚が強く馴染み深い龍となるが、それだけ神秘尊厳性が稀薄《きはく》となる。今日吾々が龍としてイメージするのは殆《ほと》んど桃山時代以降の龍の表現のもので、神韻縹渺《ひょうびょう》としたおもむきは少ない。

龍の記録は正史、伝承を含めて頗る多く、優に数冊の本になるくらいである。

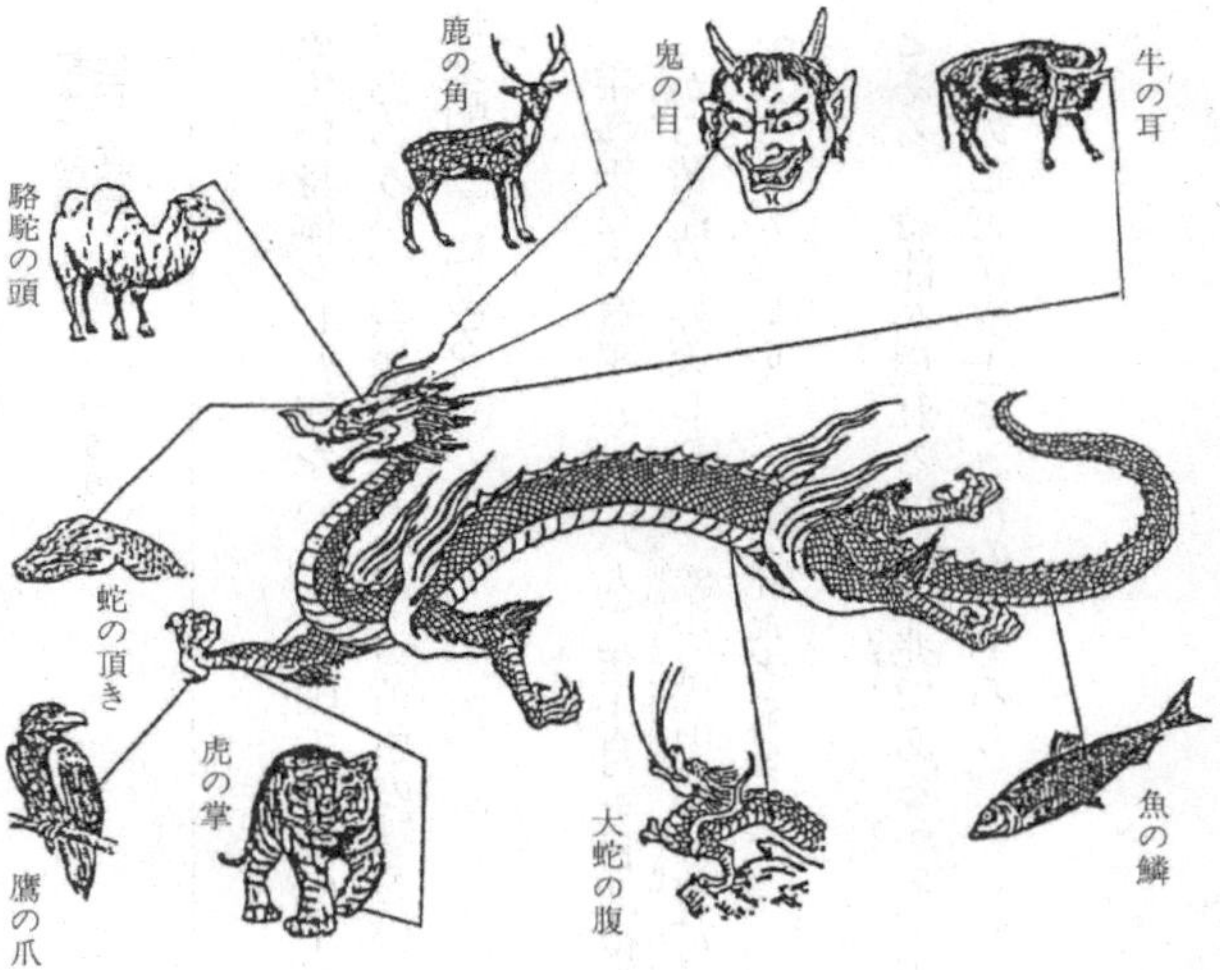

九似の図＊

古来龍は三停九似の相を備えていると信じられている。三停とは、髪の生え際から眉までの間を上停といい、両眼から鼻の先端までが中停、人中より顎までが下停といい、貴賤の相がこの三ツにあらわれる。龍は三停共に貴相、九似は体中が九種の動物の特徴を具えたという意味で頭が駱駝・蛇の頂き、鹿の角、鬼の目、牛の耳、虎の掌、鷹の爪、大蛇の腹、魚の鱗に似ているという。

龍も古くは上唇が下顎より長く上に反っているさまが象鼻に似ているのは、インドの象が尊い獣と見られていた影響であろう。神仙の髪のようにたてがみを必ずはやしているが、近世ではたてがみの無い龍も描かれている。指は五本が正しく、これは中国では皇帝の龍のデザインのしるしであったために、王侯貴族の龍の指は四本である。

鬼などの妖怪が三本指のため、妖怪視された近世の龍は三本の指であり、これが一般的となった。鱗は魚鱗のように描くが、近世では大蛇を往々松の大木に見誤ったことにより、龍の鱗も松の樹皮のように荒々しく表現されるようになり、角も二本となった。古くは首をもたげて鎌首に表現するが、近世は襲いかかるように首を前に伸ばして表現する。

龍の表現が時代によって異なるのは、それぞれの時代の風潮によってで、要するに想像上の霊獣だからである。

黄龍《おうりょう》

黄色い身体をした龍をいい、中国では龍の中では尊貴のものとみている。金龍《きんりょう》と同じであろうが、金龍は光っている黄色の鱗をいうのであろう。黄龍《おうりょう》が出現した記録が『扶桑略記』にある。

宇多天皇の寛平元（八八九）年十月一日即位の儀式の行われた頃に、北西の山の方から黄龍が昇天した。太宰少弐清原《だざいのしょうにきよはら》、従五《じゅご》位下橘有棟《いのげたちばなありむね》・丹波《たんば》有冬《ありふゆ》の三人は慥《たし》かにこれを見たといい、これを見た者も多い。

とある。黄龍が現れるのは瑞兆《ずいちょう》であるから、天皇即位に現れたというのは寿《ことほ》ぐ意味で、このことが奏上されたのであろう。

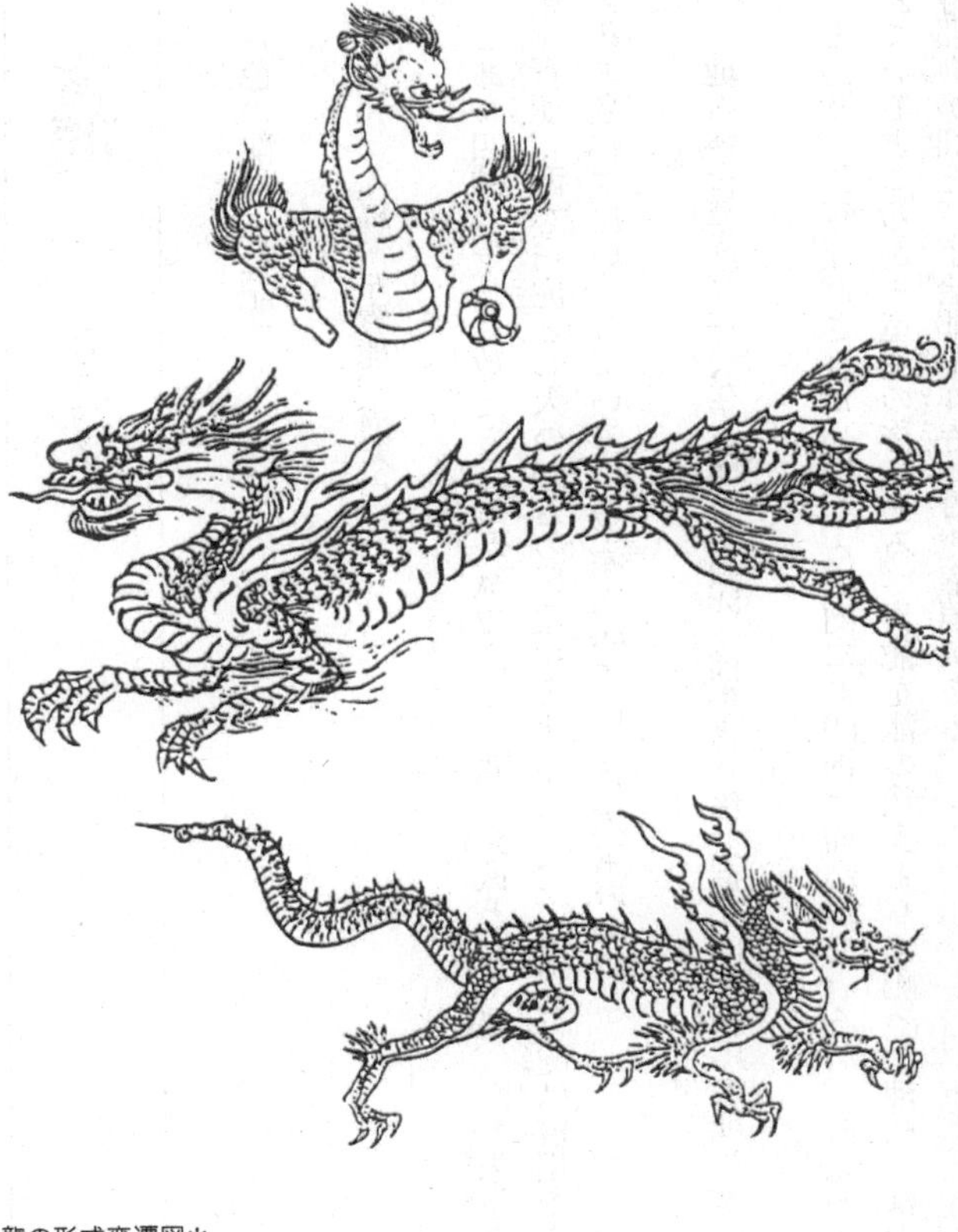

龍の形式変遷図＊
（鎌倉時代の龍の表現）
たてがみは乱れ、角は二本、牙は下向き、口のまわりのひげは棘状となり胴体は太く、前肢の附根から翼状が火焔となり、指は四本から三本、肘の毛は棘となり、鼻の両脇から触角状の二条のひげが生える。

青龍　せいりょう

青色の龍で『礼記』に

曲礼、上篇、左青龍、而右白虎

とあり四神の一つに数えられる聖獣である。北を玄武《げんぶ》として亀、南を朱雀《すざく》という鳥、東を青龍《せいりゆう》、西を白虎《びやつこ》とし天の四方の星象を表す、としている。青龍《せいりよう》は吉相であるから方角の名称に用いられている。『平家物語』にも都遷事の条に

地の体を見候うに　左青龍　右白虎　前朱雀　後玄武　四神相応の地なり

とあり、先年発掘された高松塚《たかまつづか》古墳内にも四神は描かれているが、白虎と並び称されているところから竜虎の称もある。青龍を龍の代表として祀《まつ》った神社には大和国葛《かど》野《の》郡梅《うめ》が畑《はた》と、宇治《うじ》郡安祥寺《あんしょうじ》に青龍権現がある。

龍　井原西鶴著『西鶴諸国ばなし』

白龍 はくりょう

龍の中で身体が白いのを白龍《はくりよう》といい、天帝の使者としている。潘岳《はんがく》の「西征賦《せいせいのふ》」に

彼白龍之魚服　桂予且之密網

とあり、『説苑《ぜいえん》』にも

夫白龍　天帝之貴畜也

また『日本紀略』前篇十四に

弘仁十年七月丙申　京中白龍見　有暴風雨損民屋

とあり、台風をも白龍としたが、白龍現れるを吉祥とみることもあった。『甲子夜

話』巻三十四の十六項には白龍を見たという話が「観白龍記」として載っている。

わたくしは肥後国の武雄の宿に泊って温泉に入り気分くつろいだので宿の西の山道を散歩したが、険阻で風景絶佳、断崖下に水の淀んだ所があり、清冽であったので手で掬《すく》って飲んで味わっていたが、水の中に何か物があるので熟視するとそれは白龍であった。二本の角が頭に生えていて首のまわりに鬣《たてがみ》があり、口先に髭《ひげ》も生え、鱗まで明瞭であった。瞳は豆粒位で浅黒く、両足は池底に踏ん張って首をもち上げていた。顔は長さが約二十五センチ位、体長約三メートル強であるが下半身はよく見えなかった。その顔貌は穏やかで気品があった。わたしと相隔たること一メートルあまり。わたくしは驚かないで、一緒に散歩していた者を呼んだが、皆の来ぬうちに龍は姿を隠してしまった。それから宿に戻って亭主にその話をすると「あの山の神であるが未だ誰もその姿を見た者がいないのに、それを見たあなたは幸運です」といわれた。

そこで長崎白龍大寿選として宝暦十三（一七六三）年秋七月廿一日、これを観白龍記としてまとめたものである。

（北島長孝という者の後書きの証明として）この白龍をかつて見たという白龍山人という人は日頃親しくしていて信頼できる人である。わたくしも白龍のことについて聞いたことがあり、世にも不思議なことと思っているが決して信用できない話ではない。此の山人が白龍を見てからの号であるが、白龍山人とはこれは白龍が実在するということを証するためにも、人々に認識させたいので、その経過を記し、画家に命じて白龍を描かしめ版を起こした次第である。

時に天明八（一七八八）年夏五月

北島長孝識

とある。白龍山人は嘘をつく人でないから、実際に白龍を目撃したのであろう。

赤龍《せきりょう》

身体が赤く輝く龍のことというのが、赤く輝くというのは強烈な光線の表現であるから太陽をも意味し、絶対的威力、霊性の代表である太陽に擬せられるから、龍の中で最も尊貴な存在である。従って、赤龍《せきりょう》には英傑出生に、まつわる伝承が多い。宋の羅泌《らひつ》の『路史《ろし》』によると、中国古代の皇帝堯《ぎょう》は、高辛氏《こうしんし》の第二子のところに赤龍現れ、これと婚したことによって、生まれた子とされ、その赤龍の背には、「赤天運を受くべし」と書かれていたという。

また漢《かん》朝の始祖の高祖《こうそ》（紀元前二〇六～一九五）は、その母が赤龍が来ると夢見て懐妊して高祖を産んだという。

日本に於ける加茂《かも》別雷神《わけいかづちのかみ》伝説の、丹塗《にぬり》の矢に化けた火雷神《ほのいかづちのかみ》が玉依姫《たまよりひめ》に近付いて、別雷神《わけいかづちのかみ》が生まれたという形式も、同じモチーフである。つまり丹塗の矢は太陽の光線であり龍体の接近を意味する。

龍　『東海道名所図絵』（国立国会図書館ウェブサイトより）

また足柄山の金太郎伝説で有名な坂田《さかたの》金時は『前太平記』によると、

> 天延四（改元して貞元、九七六）年に源頼光が上総守の任期満ちて上洛の途中に、足柄山に赤色の雲が立ち昇るのを見て不思議に思って山中を探らせると、山姥と怪童に逢ったので、色々訊ねると
>
> 「これがわが子なり。しかも父なし。一日この巓《いただき》に出て寝たりしに、夢中

に赤龍来りて妾に通ず。その時雷鳴夥しくして驚きさめぬ。果たしてこの子を孕めり」

と記され、坂田金時すなわち金太郎は母親の山姥が赤龍と婚して生まれた子であると書いている。赤龍と交わるときに雷鳴おびただしくというのは、加茂神話にある如く火雷神であることを示したもので、雷神の赤い光は太陽の光であり、赤龍である。金時は赤龍の血を受けたから赤色童子として表現される。

赤龍が蚯蚓《みみず》の異名とされるのは後世の事である。

黒龍《こくりょう》

身体が黒い龍もあり、これを黒龍《こくりよう》というが、これは仏教では倶利迦羅《くりから》（Krkara）といい黒龍としている。

『倶利迦羅大龍勝外道伏陀羅尼経』に

倶利迦羅大龍、以何因縁呑飲利剣

とあり、これは岩の上に立っている剣を黒龍が巻きついて呑《の》もうとする態を表し、即ち不動明王《ふどうみょうおう》と魔王の戦いを表したものとされる、といわれる。故に『源平盛衰記』巻四白山神輿登山事の条にも

（白山妙理権現）此明神と申すは云云

　本地は倶利迦羅不動明王也。魔王と威勢を諍て邪見の剱を呑給ふ。

とある。また別説では、剱《けん》は不動明王の三摩《さんま》耶形《やぎょう》、倶利迦羅龍は不動明王の左手に持つ索《なわ》の三摩耶形であるから、倶利迦羅龍の巻き付いた剣は不動明王の化身であるとの説もある。倶利迦羅龍も古くは青龍で表現されたが、魔王を表すためにいつしか黒龍の姿になった。これを剱巻龍《けんまきりゅう》ともいうが、兜《かぶと》の前立などに用いるときは黒漆塗りで黒龍（但し腹は朱漆塗）としている。
　黒龍の存在を確認した記録もある。『甲子夜話』巻三十四の十三項に

　平戸城下向地の田平村の修験の住む大行院某が海を渡って城下に行こうとして海上

二・五キロ程来たときに、俄かに舷側の水が沸騰して暴風雨が起こり舟が翻弄されたので、神仏に祈り、百二十メートル程来た時に海中より黒い細長いものが天に向かって伸びたかと思うと、空からも黒雲が覆いかかるようになって、その黒いものは黒雲の中に入ると共に、それより風波次第に収まったので、これは海中にいた黒龍が上天（龍が空に昇ることを上天または天上という）したのであろうと語ったとある。

金龍《きんりょう》

東京都台東区浅草待乳山聖天宮《まっちやましょうでんぐう》の縁起によると、推古《すいこ》天皇三（五九五）年九月二十日にこの土地が突如隆起して金龍が天降《あまくだ》ったとあり、これが金龍山本龍院《きんりゅうざんほんりゅういん》の名の起こりとされているが、金龍とは金色に輝く龍をいう。こうした龍を目撃した記録が江戸時代にある。伴蒿蹊の『閑田次筆』巻之四の十一項に但馬国豊岡の鶯橋という人からの便りに、同国の氷《ひ》の山という所は播磨・美作・因幡に跨《また》がった山で四箇の山ともいい、六キロ程登ると六十六体の地蔵尊が祀られていて、霊験あらたかな所といわれている。その麓の鵜縄村という所の或る女が子供二人を連れて草刈籠を背負ってこの山の谷間を行き橋を渡ったところ、その下に、約二、三メートルの奇妙なものがいたので、女子供であるから驚いて逃げ戻り、村の人々に話をした。村人は狩をすることも日常行っているので、それに驚くことなく、そんな怪しいものなら捕らえてやろうと色々の道具を持ってそこに行ってみると果たしてその怪物はいた。しかしその怪物も人々を見て驚くこともなく静かにしているので、よく見ると、頭に角が一つ生え、手足あって身体は鱗が金色に光り、絵に描く龍のようであった。一人が橋の下に降りて試みに角を撫でたところ怒る気色もなく、むしろ喜ぶごとくじっとしていたという。

このことあってから後日であるが、この奥の澗《たに》の川をへだてて十六メートルばかりの細長い白い皮が金色に光っているのが脱ぎ捨てたようにあったという。これは前に見た神龍が脱皮したものであろう。この龍は金色に光る龍であるから悪龍や毒龍といったものではなく、尊い龍であって、天下が泰平であるしるしとして現れたものであろう。

と記している。

蛟龍《みずち》

蛟龍《みずち》はこうりょうとも読むが、龍の一種で、虬とも書いて「みずち」と訓《よ》んでいる。
『和漢三才図会』巻第四十五龍蛇部では

『本草綱目』に蛟《みずち》は龍の種類であると記している。眉が交差したように生えているのでこれを蛟というのである。長さは三メートル以上で蛇に似た細長い身体で、鱗に覆われていて手足があるが掌は楯のようである。胴の太さにくらべて頭は小さくて頸は細く、白い嬰《えい》が胸前にあって、赭《あかっち》色を帯び、背には青い斑《まだら》があり脇は錦のようである。尾の先には肉の環があって大きいものは幾重にもなっている。『山海経』には池の魚が二千六百四匹以上になると蛟が来て、その頭目になるといっている。『五雑俎』という本にある、閩中《ぶんちゅう》（福建省）で不意に暴風雨が起こって山や川が俄かに荒れて流れ没したりするのは蛟が現れた時に起こる現象だというのは本当で、蛟は山中の洞穴に棲み、長年月が経つと神通力を得て風雨を起こして出現して龍となって海に入るのである。

白蛟という白い蛟がいるが、漢時代の昭帝が釣りをした時に白蛟を得たが、蛇に似ていて鱗はなかった。頭に軟らかい角が生えて牙があった。酢《すし》に作って食したところ大変うまかった。骨は青色で、肉は紫色であったという。

とある、風雨を起こす超能力ある大蛇状の動物であるが、角と、牙を有して三メートル以上もある龍属である。中国でも日本でも水神とし、仏教では宮毘羅《くびら》に当てている。日本語の「みずち」は水の霊《ち》の意であり、偶々《たまたま》中国の蛟龍にあてはめたものである。

蛟龍　寺島良安著『和漢三才図会』（国立国会図書館ウェブサイトより））

日本で「みずち」の語が用いられたことは奈良時代すでに見られる。『日本書紀』仁徳天皇六十七（三七九）年に

吉備国川島川に大虬が棲んでいて土地の人々を悩ませていた。笠臣《おさのおみ》の祖先である県守《あがたもり》は勇敢な男であったの

で、これを退治しようと大虬のいる淵に瓢箪《ひょうたん》を三つ投げ込み、「虬に神霊の力あるならこの瓢箪を沈めてみろ。若《も》し沈められなかったら汝は霊威あるものとは思われないただの邪神であるから斬り殺してやる」といった。虬は一生懸命瓢箪を沈めようとしたが沈められないので、県守は剣を抜いて淵に飛び込み虬を斬り、その眷属《けんぞく》の蛇たちが沢山集まっているのも悉《ことごと》く斬り殺した。

ということが記されている。水の霊であるから威力あるものである筈《はず》が、人に害を与えて斬られるというのは神聖視されていない証拠である。『万葉集』巻十六境部王詠数種物歌に

虎にのり古屋を越えて青淵に
鮫龍《みずち》とりこむ剣刀《つるぎたち》もが

とある。鮫龍を「みずち」と訓《よ》ませているが、鮫は「さめ」のことではなく蛟の意に用いた文字である。

日本では、蛟龍も虬龍《きゅうりょう》も混同して考えられていたが、『和漢三才図会』では蛟龍を虬龍とは別に扱っている。

江戸時代に本当に蛟龍を見た者がいる。『甲子夜話』巻二十六の五項に

予（松浦《まつら》静山《せいざん》のこと）が藩の身分の低い家臣の某が、ある夜小舟に乗って海で釣りをしていた。その時は月明で風も爽やかであったので、景色にみとれて白岳の方を何気なく見ると、山の頂上あたりに白雲が湧き出した。それが忽《たちま》ち空の半分くらいに広がったかと思うと何か白い鱗のようなものがきらめき、続いて黒雲が東北方に広がり、物凄い風が吹いて海は大荒れになって暫くして止んだ。雨は東北の方に激しく降って西南には降らなかったという奇現象であったという。予が思うのにはこの現象は蛟龍の仕業であろう。蛟龍は世にいう雨龍というもので、雨龍は山腹の土の中に棲んでいるものであるから、白岳の蛟が雨を降らせたのであろう。これを世俗では宝螺《ほら》抜けといって、方々の山が俄かに震動して雷雨となり、その晦冥《かいめい》の中から何か飛び出すという。これは宝螺（ホラ貝）が土中にいるためというが、

虬龍　寺島良安著『和漢三才図会』（国立国会図書館ウェブサイトより）

これを確かめた者はなく、蛟龍が地中から出る時の現象とするのが正しい。皆川淇園先生がかつて予に話したことによれば、ある武士が庭を見ていたところ竹垣の小口から白気が糸のように細く昇ったので凝視していると、それが三メートル程に立ち昇り、やがてその先が丸くなった。そしてその傍の平石を見ると一メートル一寸《ちょっと》くらいの径でそこだけ濡れていた。再び竹垣の竹の小口の所を見ると蜥蜴《とかげ》がいた。この蜥蜴が気を吐いたのである。蜥蜴は蛇状で四足あるから龍の属であるから龍の属というものは皆、雨を起こすものである。

と記している。淇園《きえん》の話と同じ話が『近世拾遺物語』に載っているが、これには蛟龍が昇天したのをはっきりと近所の者が見たと記されている。『甲子夜話』にはこのほか正続篇合わせて九篇も龍の話が載っており、同時代の『耳袋』に十篇、『東遊記』に三篇、『西遊記』に八篇、その他江戸時代の随筆には数多く載っていてとてもすべて紹介しつくせない。

応龍

おうりょう

応龍《おうりょう》とは龍に両翼を備えたものである。大体龍は地に潜み、水に潜み、空をも駆けられるのであるから翼の必要がない筈であるが、前肢が翼となるというのは鳥類から龍となったものであろう、龍の性は好婬《こういん》であるから、牛と交わって麒麟《きりん》を産み、豕《いのこ》（いのしし）と交わって象を産み、馬と交わって龍馬《たつのうま》を産むとあるから、応龍は恐らく鷲《わし》と交わって生まれたものであろうか。『和漢三才図会』巻第四十五龍蛇の部に

『三才図会』にいう。泰山には応龍がいる。応龍には翼がある。昔蚩尤《しゆう》と黄帝《こうてい》が争った時に黄帝は応龍に命じて翼之野を攻めさせた。また女媧《にょか》のときに畜単《ちくたん》に乗って応龍を従えさせた。禹《う》が地水工事を行った時に応龍が尾で以て地上を画して水害を守ったという。

とある。皇帝、神仙に協力する龍であるから善龍である。日本の世俗では飛龍《ひりゅう》といっている。

西欧は万事合理的写実主義であるから、空を飛べる龍はすべて四肢のほかに蝙蝠《こうもり》の翅《はね》のような翅をつけて表現している。スイスのピラトス山に棲《す》む龍や、ギリシャ・ローマ神話に記されている龍等はすべて背に翼を有している。翼の無い龍はペルシャ、つまり中近東より東の龍であって、中国では西欧の龍の影響を受けてか、龍の一種に翼をつけた応龍を作っているが、これは鳥類から発達した飛龍であるから手が翼で、尾は尾翼に表現され、西欧の龍とは全く異なる。つまり応龍は東洋独特のものであるといえる。

応龍　寺島良安著『和漢三才図会』(国立国会図書館ウェブサイトより)

罔象女《みずはめ》

『日本書紀』巻之一神代上に伊弉冉尊《いざなみのみこと》が軻遇突智《かぐつち》を産み、死亡する時に洩《も》らした尿から生まれた神が罔象女で、これは水神とされる。日本に於《お》いては水神は蛇、（山の神も蛇）であるから、霊威を有する蛇は後世の龍と同一視されるから罔象女《みずはめ》も龍の属である。茨城県北相馬《きたそうま》郡文間《もんま》村立木《たつき》にある神社は、水波《みずは》能《の》女《め》神《がみ》と埴山比売命《はにやまひめのみこと》を祀って蛟蝄《みずち》神社という。

みずちは古代の蛇で龍に比定され、蛟龍とも書くが蛟蝄の蝄は魍と同じで罔であり、これは山川の霊ある怪物であるから、山川の精が凝結して形となってその威力霊力を発揮する生物で、蛇に象《かたど》られている。

蛇は水神で、単なる蛇ではなく霊威ある存在であるから、後世イメージするところの龍と同じであると見てよいであろう。

貞享《じょうきょう》二（一六八五）年坂内氏直謹撰《きんせん》の『諸社一覧』第二伊勢の項に

瀧宮、瀧祭宮トモ祭ル神一座、御裳濯川ノ落合トイフ所ノ岸ニ石クミノ宮ニテオハシマス。沢女神トモ美都波神トモ。水神ニテマシマス此宮ハ、殿モナクテ下津底ニオハシマス。常世ノ郷トモ仙宮トモ龍宮城トモ申ス。天逆才ヲ納玉ヒシ（給いし）所也名所記。

美都波女神、罔象女トモ書リ。

とあって伊勢神宮境内御《み》裳《も》濯川《すそがわ》の分岐点の水底に祀られているのが「みずはめ」の神で、その水底には龍宮城があると信じられていることは美都波《みづは》女神《めのかみ》は龍と同じであると見た証《あかし》であるが、『日本書紀』が罔象の文字を用いたのは、罔に「くらい」「うすい」の意があるから、朦朧《もうろう》とした象《かたち》の女神の意を込めて用いたのであろう。

吉弔　きっちょう

吉弔《きっちょう》は龍から生まれるという。『本草綱目』に

吉弔は雲南の山の南、つまりインドシナ半島にいる。龍は産卵のときに二卵を産み、

一卵は龍の子、一卵は吉弔となる。この吉弔は蛇の頭で身体は亀で、水に棲み、また樹に棲むともいわれている。

とある。大体亀の首は蛇に似ているから、特に「蛇の頭で身体は亀」と強調する必要はないのである。ただここでおかしいのは、卵生の龍は卵を産むときに鳩の如く二卵を産み、一卵は龍、一卵は亀ということで、これから考えると、亀は龍の種類であるということになってしまう。故に蛇頭亀《き》身《しん》の龍は一般の亀ではなく亀龍《きりゅう》であり、吉弔という動物であると言いたいための表現であろう。

吉弔　寺島良安著『和漢三才図会』(国立国会図書館ウェブサイトより)

八俣大蛇《やまたのおろち》

江戸時代の国学者本居宣長《もとおりのりなが》は蛇を分類して

古事記の遠呂智《おろち》は書紀に大蛇と書けり、和名抄に蛇は和名倍美《へみ》、一にいわく久知奈《くちな》波《わ》、日本紀の私記にいわく乎呂知《おろち》とあり、今俗《いまのよ》には、小さく尋常《よのつね》なるを久知奈波と云い、やや大きなるを弊毘《へび》と云い、なお大きなるを宇波婆美《うわばみ》と云い、きわめて大きなるを蛇《じゃ》と云うなり。遠呂智とは俗《よ》に蛇《じゃ》と云うばかりなるをぞ云いけむ

と述べ、小蛇は「くちなわ」、やや大きいのが蛇《へび》、もっと大きいのが蟒蛇《うわばみ》、更に大きいのが蛇《じゃ》（大蛇《おろち》）であるとし、『和漢三才図会』では日本に大蛇がいないことと、伝説伝承の上の大蛇であるから、大蛇と蟒蛇を混同し、曖昧な区分をしている。

ところが日本神話には世界に類の少ない大蛇がおり、しかも首が八つもある怪物として登場する。これが八岐大蛇《やまたのおろち》で『日本書紀』や『古事記』に登場する。この話は原文を紹介する必要が無い程有名であるが、この大蛇は頭が八つ、尾が八つあり、体は

八つの山八つの谷にまたがる程大きく、背中に松や栢《かや》が生えていると云《い》われているから、地域的に蟠踞《ばんきよ》する或《あ》る種の先住民族の比譬であるとする見方がされている。

この物語は高天原《たかまがはら》で乱暴を働いた素戔嗚尊《すさのおのみこと》が、追放されて出雲国に下った時、簸《ひ》の川上で脚摩乳《あしなづち》と手摩乳《てなづち》という夫婦が歎《なげ》いているのに出逢《であ》った。理由《わけ》を訊《き》くと、越《こし》の国に八岐大蛇という怪神がおり、それがやって来て八人の娘を毎年一人ずつ人身御供《ひとみごくう》に要求して食べてしまい、今年は最後の八人目の娘の番に当たっているので悲しんでいるという。素戔嗚尊はそんな怪蛇はわしが退治してやるが、その代わりにその娘をわたしの嫁にくれるかと交渉し、夫婦が納得すると八つの柵《さく》を作らせ、それぞれに醸した酒壺《さかつぼ》を用意させ、娘を櫛《くし》に化けさしめて自分の髪に挿して待つ。八岐大蛇が現れ、八つの酒壺に首さし入れて飲んで酔って寝たところを素戔嗚尊は剣を抜いてずたずたに斬り殺してしまう。最後の尾を斬った時に剣に変な手応《てごた》えがあったのでその尾を斬り開くと中から名剣が出て来た。素戔嗚尊はこれを天照大神《あまてらすおおみかみ》に献上したが、これが天孫降臨の時の三種神器の一つとなり、後代の天皇家の皇位継承のしるしとなったという神話で、この剣のある所、常に雲霧漂うので、これを天叢雲剣《あめのむらくものつるぎ》といい、後に日本《やまと》武尊《たけるのみこと》がこの剣で草を薙《な》ぎ払って賊を退治したので草薙剣《くさなぎのつるぎ》と名を改め、熱田《あつた》神宮の御神体となった歴史を有する剣である。

八つの山、八つの谷にまたがる程の大蛇で、背には松栢杉が生えるという表現は明らかに地勢を示すものであるから、そうした範囲に住む先住民族とも、渡来したオロチョン族とも解され、実際にこんな大きい蛇は存在する筈がない。この神話は西欧古代のペルセウス・アンドロメダ型神話の類話で、処女要求伝説・人身御供伝説、怪物退治の英雄伝説等の類型が数多くあり、こうした伝説の流入によって構成された神話が、期せずして軌を一にした神話、あるいは同じ発想の神話であるとみることができる。

八頭の首をもつ大蛇というのは、一頭でも強力であるのに、多頭であれば更にそれだけ強力になることを意味するもので、八は古代思想で数の最高、または目出度《めでた》い表現に用いられるから、最高の威力を有する大蛇の表現である。

そして遠呂智という語の遠呂は恐ろしいもの、智は美称であるとする説や八岐は山田の意であるとの説、このおろちの腹が赤くただれているという表現は産鉄民族を意味するとし、天孫系が産鉄民族を征服した比譬との説を出すものもあり、八岐大蛇退治にはいろいろの見方があるが、要は「おろち」という表現を用いたことは、古代にも大蛇がいて恐るべき存在の表現であったという事を裏書きするものである。

素戔嗚命八岐大蛇退治の図　大蘇芳年筆『日本略史之内』、部分（島根県立古代出雲歴史博物館蔵）
酒に酔った八つの頭を持つ大蛇は素戔嗚尊の攻撃に遭って退治されるが、怪物の本領を発揮して水を逆巻かせ雨風を起こして抵抗する。芳年は写実的描写を好んだので、八つの頭でなく一匹の龍のような大蛇として表現している。

巨蟒《おろち》

日本には大蛇が棲息《せいそく》していないというのが現在の動物学者の定説であるが、幻覚にしろ事実にしろ昔より大蛇に遭遇したり、退治した話は頗る多く、これを本にしたら数冊にのぼる程で、日本の大蛇否生存説は確固たるものではないのである。

現在でも大蛇を目撃したり遭遇した話は折々新聞を賑《にぎ》わしているが、残念ながら捕獲されたという話は聞かない。それは幻《まぼろし》の怪蛇野槌《のづち》（槌《つち》の子《こ》）と全く同じである。

蛇が古代より霊性・神性のあるものとして恐れられ、敬われてきたのはその動態の怪奇さからである。

一、またたきをせず物を見つめる。蜥蜴《とかげ》はまたたきをするが蛇はしない。それで見つめられていると思って相手は恐がる。いわゆる邪視《イーブル・アイ》であって、これは古来嫌われ、恐れられる目である。

二、普通の生き物は歩行、走行、木に登ったりするのに手足を必要とする。しかるに蛇は手足が全く無いにもかかわらず、歩行、走行、木登りはおろか、巧みに水泳もでき、身体の伸ばし方によっては跳躍もでき、とぐろ巻いたり、身体で巻きつけて絞める力も強く、外見から見て全く不思議な能力を持っていると見える。同じような姿をしている鰻《うなぎ》や蚯蚓《みみず》にはこの能力はない。

三、自分の首より大きいものを呑みこむことができ、それを消化する生理的神秘性は驚異である。

四、その這行《しゃこう》に当たって音もせずに這《は》い寄り、また他の動物が近付くことをいち早く察知する。これは近付いてくるものの熱波を敏感に感じる機能を有するからであるが、これも霊能力のごとくに見える。

五、蝮《まむし》類の毒牙《どくが》のあるものに至っては、一咬《か》みで、長時間を要せずして相手の能力を奪い死に至らしめることは特別の力あるごとく思われ、恐怖の対象となるので、無毒の蛇に対しても同様の警戒心を起こさせる。

六、脱皮しながら年毎に生長することは、人類の願いである再生と長寿の視覚的対象にされて神格のあるものとして考えやすい。したがって長生きをし年劫《ねんごう》を経るという観念から、やや大きい蛇を錯覚的に大蛇と見誤り、特別の霊力を有する恐ろしい存在と見、更に想像上の龍にまで発展する。

七、陸に棲みながら水面を泳ぐことが巧みであるから、海蛇のように水中にも棲むと思われている。これは砂漠に棲む蛇でも湖沼や川があると泳ぐといわれ、水陸両方に棲めると考えることにより、想像は立体的に飛躍して、空中を飛行したり天上にも棲めるという妄想が信じられるようになる。
八、蛇は口を開かずに舌を出すことができる。これは口の合わせ目中央に小さい穴があってそこから舌を出すのであるが、口を開かずして舌がひらひら伸びるのは神秘的妖《あや》しさを感ぜしめる。
これら蛇に関する過去の不可解なことは、すべて現在では動物学的に解明されているが、それでも尚現在に至っても蛇に対する神秘性は失われていない。

そして過去の大蛇に関する神話・伝説・伝承は今でも人類の脳裏に潜んでいるので、日本にも年劫経た蛇が大蛇として生存しているということになる。

大蛇《おろち》のことは蛇《じゃ》ともいって蛇《へび》の最も大きいものをいうが、これを蟒ともいい、更に巨蟒とも書く。

蟒は「ボウ」「バウ」「モウ」等と発音し蛇の大きいものをいうが、巨蟒は最も大きい蛇で、俗に「おろち」と訓んでいる。

これには色々の解釈がなされているが、『和漢三才図会』巻第四十五龍蛇部では

巨蟒　おろち　やまかがち　鱗蛇　和名夜万加加智

としている。やまかがちは俗にいう「やまかがし」（日本の学名も同じ）のことで、

巨蟒　月岡芳年筆『一魁漫画』(町田市立博物館蔵)

動物学上では八十センチから一・三メートル位とされているから決して大きい方ではないが、実際には二メートルを超すものもあり、日本では最大の蛇とされるので、巨蟒の文字が用いられたのである。鎌倉《かまくら》で十年程前に採取した縞蛇《しまへび》の脱け殻は乾燥して縮んでいても一・二メートルもあったから、その縞蛇が今でも生存していたら二メートル近いであろう。やまかがしも同様に、二メートル以上のものも鎌倉では目撃されているから、日本の蛇としては大型に属する。従ってやまかがしを「おろち」としたのであるが、『和漢三才図会』は『本草綱目』を引いてインドシナ半島の大蛇と同じく見ているために誇大視している。

『本草綱目』にいう。巨蟒は安南雲南方に棲んでいる。うわばみの類で足が四つある。黄色い鱗のものと黒い鱗のものとがあり、鹿類をよく食う。春冬は山に棲み夏秋は水中にいる。よく人を襲って呑んだりする。この巨蟒の胆を取って用いると病気が治る。黄色い鱗の巨蟒の方が上等である。

『日本書紀』神代巻には出雲国簸の川上におろちがいたが、それは頭八つ尾が八つの怪物で目は酸漿《ほおずき》のように赤くてよく人を呑んだ。素戔嗚尊がこれを退治して尾から名剣を得た。

と記している。おろちは南方に居るピゾン属のレチクラッス等を指していっているのであろうが、日本のやまかがしでは較べものにならない。まして龍のように四足あるなどは「講釈師見て来たような嘘をつき」のたぐいである。

動物学上でのやまかがしは日本では蛇として大きい方であるが、レチクラッスよりは遥《はる》かに小さい。まして日本の巨蟒《おろち》（やまかがし）の例に八岐大蛇を挙げているのは適当ではない。やまかがしと「おろち」とは別に見るべきであろう。但し「おろち」と思われるものの目撃談は先に述べた如く現代でも多くあり、未確認であるが、例はここに述べない。

蟒蛇　うわばみ

本居宣長は蛇の大きいのを宇波婆美《うわばみ》といい、最大のものを巨蟒《おろち》というとしており、『和漢三才図会』でも蚺蛇と巨蟒を区分して解説しているが、何メートル以上が巨蟒で以下が蚺蛇という明瞭《めいりよう》な区分は記されていない。概念的表現上での区分であるから、頗る大きい蛇はどちらの名称を用いてもよいのであり、また大蛇伝説でも混同して用いている。大蛇に対する用語で蛇の種類としての名称であるから、本来は蚺蛇でも巨蟒でもよいのであり、特に日本の場合は伝説上であるから、大蛇の異名としてどちらの名称を用いても差支えないのである。蚺は「ゼン」と訓み蚺が本字で蚺蛇《うわばみ》の意で、唐音はシェンシェエであるから、本来日本にはいない筈であるが、伝説には出てくる。

『和漢三才図会』では

『本草綱目』には蚺蛇は雲南山脈の南の方（つまりインドシナ）にいて、大きいのは十メートルから十二メートル、太さは一メートル七、八十センチあり、小さいものでも六メートルから八メートルある。身体に錦模様の斑文がある。春から夏にかけては山林に棲んで鹿を呑むが、その間は痩せていて、鹿が完全に消化されると栄養が身体中に廻るので肥ってくる。人によると、蚺蛇は一年に一回鹿を呑めばあとは物を食さなくてもよいといっている。鱗に髯《ひげ》のような毛があるので蚺（冄）の名がつけられたという。鎌首をもち上げないで這って行くのが本当の蚺蛇で、中々死なない（つまり長生きである）。

土地の人はこれを捕らえると膾《なます》にして食うが、蚺蛇を酢につけると収斂性があるので人の腕などに巻くと緊《ちぢ》めてとれない。胆《きも》は苦《にが》い中に甘味があるが、少し毒があるから気をつけねばならない。胆の状《かたち》は丁度鴨の卵位で、上旬には頭の近く、中旬には真中辺、下旬には尾の方に移動するという。胆を粟粒程とって奇麗な水に浮べるとくるくると早く廻るのが本当の蚺蛇の胆であって、猪・虎の胆も水上で廻るがスピードが遅いので区別がつく。小児のいろいろの疳の病や癇の病には効果があり、目の病にもよい。

『五雑俎』という本には、蚺蛇はよく鹿を呑むが、草の花や婦人が好きであると記してある。この地方の山間には蚺蛇藤と名づける蚺蛇が特に好む植物がある。故に蚺蛇を捕らえようとする者は、この藤の花を髪の毛に挿して婦人の紅《あか》い衣をつけて近付いて行く。すると蚺蛇はこれを見てじっと見つめて動かなくなるので、素早く紅い衣を頭から被せて藤蔓で捕らえるのである。

その胆を取るときは竹で蚺蛇の身体を叩いていくと胆が一ヵ所に集まるので、そこを截《き》り裂けば胆は落ちて入手できる。

胆を取られても蚺蛇は一向に平気で、捕者のなすままにしている。後で他の者が胆を取ろうとすると、くるり

蚺蛇 寺島良安著『和漢三才図会』(国立国会図書館ウェブサイトより)

と仰向けになって腹を見せ、もう胆を取られてないと見せるという。その胆を粟粒程でも口に含むと身体頗る頑健になり、たとえ百回も物凄い拷問を受けても身体が参ることもない。但し蛇の性は寒性甚だしいから、陰部の器官を冷やしてしまい、従って子種を無くしてしまうから用い方に注意を要する。

とある。巨蟒《おろち》のように人を呑むことをせず、ただ草花や婦人を好み、鹿だけを呑むというのであるから、蛇属の中では頗る優しい性質のように見える。また人間に胆を取られても一向平気で、次の者が捕りに来るとひっくり返って腹を見せ「もう無いよ」と示すお利口《りこう》さんであるのに、人間は蚺蛇を捕え殺し膾にして食ったりする。胆は大変な強壮剤であるが、寒性であるから子種を失わせるので使用法に要注意とある。

この蚺蛇はマレー半島などにも棲息している錦蛇《にしきへび》のことで、この蛇は確かに狂暴性はないから人に馴《な》れ、現代でも飼われたり見世物にされているが、日本には居ない筈であるのに『和漢三才図会』では

推考するに日本にも蚺蛇は深山には棲んでいる。その頭は円く大きく平らで、目は大きくて光り、背は灰黒色で腹は白でやや黄がかっており、舌は真赤である。この蛇は獲物を呑んで満足すると睡るが、鼾《いびき》をかくこと大きく、数十歩離れた所でも聞

蚺蛇　三好想山著『想山著聞集』(国立公文書館蔵)

こえるくらいで、人間が大鼾をかくことを「蚺蛇のような鼾をかく」というのはこのことである。蚺蛇には長さ六センチ程の鼠の耳のような耳が付いているというが、一般に蚺蛇に耳があるとか無いとか言われていないから、耳のある大蛇が蚺蛇で、耳の無い大蛇は何というのか、その区別は一向にわかっていない。

と、日本の蚺蛇の例を挙げているが、アジア大陸南方に棲む錦蛇とは少し異なっている。

日本の伝説や目撃談に蚺蛇（大蛇）のことは現代までも数多くあるが、耳がある等という話は稀少《きしよう》の例で、殆どが錦蛇的スタイルである。動物学上では、「やまかがし」が大型で大蛇といわれるのはこのやまかがしか縞蛇の年数経ったもので、それでも兎や鹿や猿を呑む程の大型はいない筈である。

しかし最近でも中国地方や四国地方では、数十メートル以上の大蛇に遭遇した話や、鼾声を聞いた話がしばしば報道されている。

つまり昔の人より動物学について知識のある現代人が遭遇したり目撃したりしているのであるから、錯覚・幻覚による誇大化にしろ未《いま》だ未確認の大蛇が日本に於ても生存している可能性はある。

巨蟒《おろち》と蚺蛇《うわばみ》とは本来大きい蛇を称する語であるから、用語上では蟒と書いて「うわばみ」と訓ませたりする。何故うわばみというかというと諸説あるが、うわッと大口あけて食《は》むからうわばみという解釈は愛敬《あいきょう》があって面白い。

天蛇《てんじゃ》

空から降って来る蛇として誤解されたものに天蛇《てんじゃ》がある。

人の血を吸って苦しめるので嫌われるが、多い時には、五、六匹一度に襲って来るが、酸類と石灰に弱い。忽《たちま》ち溶けてしまったり固まってしまうから左程怖ろしくないが、深山などに入ると樹の上から落下して襲って来るので油断ができない。『和漢三才図会』に

天蛇は深山などの人のあまり踏み込まぬじめじめしたところにいる。長雨などのあとには現れ易い。その形状は扁平で節があって長さは一メートル以上で、赤黄色い毒々しい色をしている。しかしこの蛇に酸をそそぐと消えてしまうし、石灰を身体中にふりかけると皮膚が固まって死んでしまう。

と記している。何とも奇妙な弱点を持っている蛇である。

銭塘江のほとりに住む一人の農夫が急に肩から身体中が爛《ただ》れ潰れ、死にそうだ、死にそうだと唸《うめ》いて苦しがった。すると西渓寺の僧がそれを見て「これは天蛇に咬まれて毒が廻ったのだ。それを治すのには秦皮を一斗煎じてどんどん飲みなさい」といわれて、その通りにすると、最初の日だけで半分程快方に向かい、三日目には全快した。

と記してある。蝮蛇《まむし》・ハブのような猛毒でないが皮膚が腫《は》れて潰《つぶ》れる毒を持っているので、天が罰を与えたような意味もあるのであろう。
ところで『和漢三才図会』ではこの天蛇に対してどんな見解を持っているのか、巻第四十五龍蛇の部に

よくよく考えるのに、天蛇は蛇の種類ではなく蛭《ひる》の部類である。深山の渓間のじめじめして日の光も射さないような所に棲息していて、特に夏の季節のうち長雨となって蒸し暑いような頃に生じるのである。樹の梢の枝などに群がっていて、その下を通る人があると落ちて来て咬んで血を吸って害を与えるので、一般ではこれを蛭降《ふ》るといっている。この蛭（天蛇）は大きいものでも三十センチを超えることはない。日本では紀伊国熊野の熊取越という峠や、土佐国の野根山越という山道にこうした大蛭がいる。

と記して、天蛇は結局大型の山蛭《やまびる》ということに結論された。中国では大きさ一メートル以上、日本に於てはその三分の一くらいで、そんな大蛭はまずいないと見てよいであろうが、中国流の誇張で妖怪視すると恐ろしい存在となる。蛇に酸を浴びせたり石灰をかけたりしてもさほど影響はないであろうが、蛭であれば致命的になるのは当

然である。表面の粘膜質が溶けたり、石灰によって表面の水分が吸い取られては蛭は参ってしまう。それにしても天蛇が蛭であるとわかったのであれば、何故巻第五十二卵生類蛭の項に入れなかったのであろうか。

夜刀の神《やとのかみ》

『常陸国風土記』行方郡《なめかたのこおり》の曽尼《そね》の駅《うまや》の項に

土地の古老がいうのには石村《いわれ》の玉穂宮に皇位をつがれた継体天皇（五一〇～五三一）の時代に箭括氏の麻多智という者が郡の西方の谷間の葦原を切り拓いて田を作った。この時に夜刀《やと》の神（蛇）が多くの蛇を引き連れて来て妨害をなした（註に一般では蛇のことを夜刀の神といったが、この蛇は形は蛇であるが頭に角を生やしており、この蛇と目が合うと見た者は破滅するという恐ろしい神である）。

これを知った麻多智は大いに怒って甲冑を着用して矛を手にしてこれらの蛇共を殺したり追い払ってしまった。そして山の登り口まで進んで、境界の杖を堀際に立て、夜刀の神に宣言していうのには、「ここから上は神の住む場所と認めてやる。ここより下の方は人民共の田であることを知っておけ。今から後はおれが神を祭る役となって永久に汝を祀ってやるから、今後は決して人々に祟《たた》りをしたり恨んだりするな」と叫んだ。そして夜刀神社を建てた。また耕田十町歩あまりを開拓して麻多智の子孫たちが夜刀神を祀る費用とした。その後孝徳天皇（六四五〜六五四）に壬生《みぶ》連麿がその谷を占領して池の堤を築いた時に、夜刀の神が池の椎木に群登って不穏な状態となったので、壬生連麿は大いに怒って「この池を整備したのは民のためにやったことである。汝は神とまつられているが一体何の神か。天皇の皇化に何で従うことができないのか」と罵って労役に駆り出された百姓たちに「目に見える魚でも虫類でも、反抗するものがあれば遠慮なく打ち殺せ」と命じたので、夜刀の神は怖れて隠れてしまった。

ということが記されている。これは、古代から住んでいた先住民族を王権側が威嚇しながら次第に駆逐して行ったさまを夜刀《やと》の神《かみ》にたとえたのであるが、夜刀の神は谷《やつ》の国津神で蛇をも称した。故に註《ちゅう》に蛇を夜刀の神というとあるが、この蛇は一般に見る蛇とは異なって頭上に角がある。この地方の蛇には角があったことは『同書』香島《かしまの》郡《こおり》の条にも、角折《つのおれ》の浜の地名由来の条に「むかし大蛇が棲んでいて海に出ようとして浜を掘り進んでいた時に角が損傷してとうとう折れてしまった。そこでここを角折の浜という」とあるように、蛇に角のある土地のようである。

　蛇に角があるのは霊性を帯びた証拠で、龍と同じであるから神と祀られてもよい存在である。蛇には角が無いのが普通で、南方熊楠《みなかたくまぐす》氏の『蛇に関する民俗と伝説』には、「北アフリカの角蝮《ホーンド・ヴァイパー》は眼の上に角を具う」とあるから、こうした異蛇も稀《まれ》にあったのであろうが、常陸国の古代には棲んでいたかどうか。

『新編相模風土記稿』や『新編鎌倉志』には江島《えのしま》神社の神宝に蛇の角という三センチ程のものがあると記されている。これは慶長九（一六〇四）年閏《うるう》八月十九日、出羽国秋田常栄院の尊龍が伊勢参宮をした時に、蛇が角を落としたのを見て拾ったという添状付きのもので、果たして角ある蛇がいたり、角が取れて落ちたりするかは疑問である。

　夜刀の神の夜刀は谷《やつ》の意で、谷間の湿地帯には蛇が多く棲息しているから、これが人々に忌み嫌われ、恐れられていたので神と見たのであろう。しかし日本古代神話に於ては、蛇は神聖なるものとして扱われているにもかかわらず忌み嫌われたことから考えると、蝮の如く毒性ある蛇であったかもしれぬ。いずれにしても角のある蛇であったことは特殊で、幻の蛇である。

野槌蛇《のづちへび》

未だ捕獲公表されていないが目撃者は現代でも全国的に多く、懸賞金付きの幻の蛇に野槌蛇がある。本州の山間部には広く棲息しており、名も土地によって異なる。東北方面ではバチヘビ、滋賀県ではドコ、福井県ではコロ、北陸、中部近畿ではノヅチ、京都ではツチノコ、地方によってはツチ・ノヅチ・ワラッチ・ヨコヅチ・キネノコ・キネヘビ・ツチコロ・ツチコロビ・ドテンコ・トッテンコロガシ・スキノトコ・三寸ヘビ・尺八ヘビ・五十歩ヘビ・トックリヘビ・ツツ・マムシ・コウガイヒラクチ・タンコロ・コロガリ・バチアネコ等の名があるが、最近では評判になって以来ツチノコの名で広く呼ばれている。

最近の報告では、太さはサイダー瓶位で体長五十センチから長くて一メートル程、頭は毒蛇のように三角型で首は頗る細く尾の方も細い。胴中だけがずん胴で太いという特徴があり目撃者の言はすべて一致しているから、捕獲されて公表されなくても実在としての信憑性《しんぴょうせい》が強い。そして蛇のようにうねって走るのでなく、跳躍してから身体を丸めて転がるように走るから、山坂の斜面の下りは猛速力となる。従って野槌蛇に遭ったら斜面を駆け下りるのでなく、逆に上の方に駆け上がれば難を避けることができるという。蝮のように猛毒性があるともいわれ、昔は犬などが喰《か》み殺された話はあるが、現代では聞かない。

野槌という名は奈良時代にすでに使われており、『日本書紀』巻第一神代上に伊弉《いざな》諾尊《ぎのみこと》と伊弉冉尊《いざなみのみこと》が天地山海樹木を生んだ次に産んだのが草祖草野姫《くさのおやかやのひめ》で、又の名を野槌という とある。

つまり樹木草など植物の根元である神を蛇とし、しかも野槌と名付けられるように槌《つち》の形をしていたのである。

この野槌蛇の伝承は古くよりあり、妖性《ようせい》視されていたので野之霊《のづち》とも書き、猛毒があるので蝮の異名ともされていたので、『字鏡《じきよう》』六十八には「蝮、乃豆知」、『康頼本《やすよりほん》草《ぞう》』には「蝮蛇、乃豆知、波美」としているが、弘安《こうあん》六（一二八三）年に記された『沙石集《しやせきしゆう》』には僧が死してノヅチになった話があり、蝮と野槌は次第に別の蛇に見られるようになってくる。江戸時代になって寺島良安の『和漢三才図会』巻第四十五龍蛇部では、明瞭に蝮蛇と野槌蛇の項目を別にしている。

熟考するに野槌蛇は深山の木の洞穴に棲んでいる。大きいのは直径十五センチ程、長さは一メートルという蛇にしては胴太の寸づまりの不格好さで、丁度柄のない槌のようなので名付けられたのである。奈良県吉野の山中の菜摘川の水清く流れているあたりでよく見かける。口は大きくて人の脚に咬み付く。坂のような斜面を下ることは大変速いが、登ることは遅いから、もしこの野槌蛇に襲われたら高い所に登り避けるとよい。

と記している。『和漢三才図会』は和漢と銘打った通り、殆ど中国と日本の例を古書から引いて説明するのであるが、野槌蛇に限ってはこうした蛇の存在が中国に無かったらしく中国の古書名も挙げず、また唐音の読みも付していない。純然たる日本独特の蛇のようである。大朏東華《おおでとうか》の『斎諧俗談《さいかいぞくだん》』巻の五にもこの『和漢三才図会』の説を採り上げて説いている。

橘南谿の『西遊記』巻之一に

肥後国求麻郡《くまごおり》の御城下五日町といへる所に、知足軒といふ小菴《あん》有り。其菴の裏はすなはち求麻川なり。其川端に大なる榎木あり。地より上三四間程の所二またになりたるに、其またの間うつろに成りゐて、其中に年久敷大蛇すめり。時々此榎木のまたに出るを、城下の人々は多く見及べり。顔を見合すれば病む事あるとて、此木の下を通るものは頭を垂て通る。常のことなり。ふとさ二三尺まわりにて総身色白く、長さ纔に三尺余なり、たとへば犬の足のなきが如し。又芋虫によく似たりといふ。所の者是を一寸坊蛇と云。昔より人を害する事はなしと也。予も毎度其榎木の下にいたりうかがひ見しがど、折あしくてやつひに見ざりき。

とある。橘南谿の実見譚《たん》ではなく土地の人の話を書き留めたものであるから、具体的説明はない。ただ推測できるのは胴廻《まわ》り一メートル、長さ一メートル余のずん胴の奇妙な蛇で、現在までにこんな太い野槌蛇を目撃した者はいないが、形から推量すれば野槌蛇の年劫を経たものと見てよい。

また『同書』次の項目に

是も予が遊びし前年の事なりし。求摩の城下より六里ばかり離れて猪の倉といふ所あり。此所の百姓二人山深く木こりに入りしに、其ふとさ四斗桶ばかりにて、長さ八九尺ばかりなる大蛇、草野しげれる間よりさはと出て追来る。のがれ得べうもあらざれば、二人ともに取てかへし木こう那刀《なた》もて命かぎりに衝しに、つひに大蛇を打殺しぬ。

とあり、太さ四斗《しと》樽《だる》程といえば周二メートル程、長さ三メートル程であるから、これも寸づまりの大蛇で野槌蛇の形で、前記の榎木《えのき》のうちに棲むものより二倍以上の大物である。若《も》し普通の大蛇であれば四斗樽程の太さなら二十メートル位の長さにあたるから、これも年劫経た野槌蛇と見てよい。但しこの二つの話は南谿が実見したものでなく、人より聞いた話であるから、言い伝えて行くうちに誇張が次第にエスカレートしたと思われる。

野槌蛇は現代の未確認動物（UMA）として折々週刊誌や新聞のニュース種となっているから、いつかは捕獲されて実態がわかることであろう。

野守《のもり》

寛政十（一七九八）年に建部綾足《たけべあやたり》の著した『漫遊記』巻之一に

長野県松代に力自慢の農夫がいて、友達と山に芝刈に行き、叢を分けて路を下る途中、何か不気味な感覚のものを踏んだと思うと左右の叢が急にざわめいたので、その方を見ると桶のように胴の太い蛇がこの男に襲いかかって来た。男は恐れずに蛇

野守　建部綾足著『漫遊記』

と格闘し、蛇の両顎に手をかけて口を引き裂こうとしたが、力が強くて中々うまくいかず、危なく巻き殺されそうになる。もう一人の男は臆病でこの有様に仰天し、傍の樹に逃げ登ってしまい、鎌はその男が腰にしたままであった。そこで剛力の男が大声で「おーい、早く鎌をくれッ」といったので樹の上から鎌を投げ寄越した。男はその鎌で大蛇の口を六十センチ程も斬り裂くと、蛇は弱って巻き締める力がゆるんだので、鎌でずたずたに斬って殺してしまった。この蛇は不思議な形をしていて、長さは約四メートルであるが、胴は頗る太く、頭と尾は細く、それに足が六本、指も各六本あった。男は人々に見せようと思ったが重いので、太い胴の一部だけ持って帰り、親に見せると大変驚いて、「これは山の神であろうから、これを殺したとなると必ず祟りを受ける」といって男を家に入れてくれなかった。男は仕方なく小屋に住んだが、日が経つにつれて蛇の肉は腐り始め、物凄い臭気のために男は病気になってしまった。そこで医者に診てもらい、入浴を重ねたりして身体にまで浸み付いた臭気もとれ、元気に戻ったが、何という怪蛇であるか誰もわからなかった。ただ医者が「その蛇は蟒《うわばみ》ではなく野守という蛇である」といった。

形状から考えると野槌（槌の子）の大形のものに似るが、槌の子でこんな大きいものの現れた記録はないし、肢《あし》が六本あるのも異色である。槌の子目撃談は現代でも数多くの例があり今世紀の話題になっているが、捕獲されたことも写真に撮られたこともない未確認の幻の蛇である。

しかし多くの目撃例からはその存在は否定できない。また近年では槌の子と同型と思われるもので退化した前肢のある怪蛇の目撃されたことがあり、ツチノコトカゲなどといわれている奇形もいるようであるから、「野守《のもり》」という怪蛇についても否定できない。

また大蛇は日本に生棲《せいせい》しないというのが動物学上の定説になっているが、昔より大蛇を目撃した話は数限りなくあり、現代に於ても日本各地の山中で大蛇に遭遇した話やニュースは依然として報じられているから、年劫経た蛇は意外と大きくなって生存している可能性がある。

七歩蛇《しちぽだ》

寛文六（一六六六）年版の瓢水子松雲《ひょうすいししょううん》作の『伽婢子《おとぎぼうこ》』十一巻に、七歩蛇《しちぽだ》という特殊の蛇の話が出ている。

京都の東山の西の方、岡崎より南の方に昔岡崎中納言が住んだという山荘があった。長い間人が住んでいないので、すっかり荒れ果てて、樹木鬱蒼《うっそう》とし草は茫々と生い繁り、見るからに物凄い有様であったのを、浦井某という者がこの土地を買い求めて家を新築した。そこで或人が、この土地は昔から妖しい蛇が住んでいるのでとても人の住むことは無理であるから、およしになった方がよいと忠告してくれたが、浦井はそんなことは意に介さず住み始めた。すると一メートル以上の蛇が五、六匹現れて天井の裏を這い廻ったので、下男に命じて捕えて捨てさせようとした。すると蛇たちは鱗逆立てさせて鎌首を持ち上げ、凄い目を光らせて飛びかかろうとするので、下男もひるんで捕えられなかった。そこで浦井は怒って長い杖で蛇たちを突き落として捕らえ、桶に入れて川に流し捨てさせた。ところが翌日になると大蛇が十四、五匹出たので浦井はこれも捕えて賀茂川に流させた。その次の日も蛇が三十匹程出たのでこれも川に流させたが、日数経るに従って蛇の数は益々倍増して現れるので到頭数百匹になってしまったが、これらは二メートル近いものや、白蛇、黒蛇、青斑の蛇、耳が立っているものなど奇形のものばかりで、それらが座敷から天井、柱にかけてうごめき這い廻るので、豪気の浦井も流石にうんざりして、この土地の神に訴えようと御幣を立て香を焚いて地祭を行って言うことには、「わしは金を出してこの土地を買い求めたのであるから所有権はわしにあって、わしが自由に住んでよい筈である。それを蛇たちが何で妨害するのだ。凡そ地の神には五帝龍王がいて、それぞれ神としての任務を持って土地を守護している筈である。しかるにその土地に住もうという土地の所有者を苦しめようとするのはどういうつもりだ。龍王たるもの、この理を理解するならば、一刻も早く蛇共の妨害を中止させるべきである。もしわれの言うことが聴かれぬというのであれば、理屈のわからぬ神であるから天の神に申し上げる迄である。そうすれば龍王その方はきっと罰せられるであろう」と朗々と祭文を読み上げた。

七歩蛇　浅井了意著『伽婢子』

するとその夜になって地の底で物凄く物音が続いた。夜が明けて浦井が何気なく庭に目をやると、庭石はことごとく砕け散り、草木は枯れ果てて倒れ伏していた。家の人々が吃驚して一体どうしたことかと樹木を起こし、倒れた石を直したりすると、長さ六センチ程の蛇が走り逃げて行く。妖しの蛇よと凝視していると、その蛇の通る所の草は即座に焼き焦げるので、これこそ怪異の元凶とばかり、皆で追い詰めて打ち殺してしまった。その蛇は真赤な色をして鱗の間は金色に光り、耳が立っていて四足あってまるで龍の姿そっくりであった。あまり不思議なので人々に見せたが、こんな蛇は見たことがないといった。偶々《たまたま》南禅寺の僧が来てこれを見て「これは七歩蛇という毒蛇である。これに咬まれると七歩あゆまぬうちに毒が全身に廻って死亡してしまう程の猛毒である。このことは仏教の本にも書いてある」といった。こうしたことがあってから蛇は一切現れなくなったという。

七歩蛇という種類は蛇の中にはいない。沖縄のハブは猛毒で百歩歩くうちに死ぬというので百歩蛇《ひゃっぽだ》ともいうが、七歩蛇は更に強力な毒性を意味する。南方に棲むコブラも猛毒があるために百歩蛇という。

この七歩蛇に似た蛇は『和漢三才図会』巻第四十五龍蛇部に千歳蛇《せんざいへび》として載っている。

『本草綱目』にいうには、千歳蛇は長さが六十センチ以内で、足が四つあって蜥蜴《とかげ》のようである。その頭と尾は大きく、キヌタのようなので合木蛇といい、よく跳躍して人を襲って食い付くが、咬まれた人は必ず死ぬ程猛毒がある。木の上に躍り上って斫木《しゃくぼく》斫木と鳴くものは決して助からないが、博叔《はくじょ》博叔と鳴くものは急いで治療すれば治る。細辛（からし）と雄黄を等分にしたものを咬まれた所に当て三、四回取り換えればよい。

としている。この千歳蛇は中国にいるらしく、日本のことには触れていないが、『伽婢子』に出てくる七歩蛇とよく似ているから、昔はあるいは生存していたかもしれない。

日本の蛇は野槌（槌の子）を始めとして未だ確認されていないものが残っている。

多頭大蛇《たとうだいじゃ》

八岐大蛇の伝承程ではないが、十メートル程の長さで、頭が八ツ、胴の太さ一メートル程の怪蛇に遭遇した記録がある。この話は『諸国周遊奇談』に載っており、石見国（島根県）邑知《おおち》郡出羽《いずは》組岩屋《いわや》村の字八ツ面《おもて》と、因幡《いなば》国（島根県）八頭《やが》地方にある。八ツ面・八頭等八つの首を意味する地名からも八つの首ある蛇の棲んでいたといわれが窺《うかが》えそうである。

岩屋村の農夫勘三郎という者が八ツ面の畑で耕作していた。其処の傍《かたわら》一帯は昔から大蛇が棲んでいるといわれ、人の近付かない所で、草が茂るにまかせ、森には踏み込んだものがいないとされ、その先はあまり高くはないが険阻な山があって頂上には大己貴命《おおなむちのみこと》を祀る静権現の祠があり、不気味な所であった。丁度四月中旬の昼過

二足の大蛇　木村兼葭堂著『兼葭堂雑録』(国立国会図書館ウェブサイトより)

ぎで暖かい季節であったにもかかわらず、何となく寒気がして不安な気持ちになったので叢《くさむら》の方を見ると、頭が八ツある大蛇が一メートル程も鎌首を持ち上げ、らんらんと光る目でこちらを窺っていたので、驚いた勘三郎は鍬も投げ捨てて逃げ帰ったが、大蛇の毒気に当てられたのか、それから大熱を発して寝込んでしまった。

と記されている。山陰地方は多頭の蛇の伝承が多いが事実であろうか。

多頭大蛇　『諸国周遊奇談』（国立国会図書館ウェブサイトより）
八つの首を持つ大蛇は、八岐の大蛇の伝説に近い土地のための幻覚か、それとも八匹の蛇が同時に鎌首を持ち上げたのか。兎に角、八ツ面という地名からして古くより頭が八つある大蛇が棲んでいると考えていたことを物語る。

両頭蛇　拙著『蛇物語』

伝説上の多頭蛇はギリシャ神話のヘラクレスの九頭龍退治（日本にも九頭龍の話はある）、また八頭大蛇は日本の八岐大蛇、ドイツにも八頭大蛇の伝説、フランスにも七頭大蛇の伝説があるなど多等蛇の話は世界的に見られるが、本当に多頭蛇がいたかどうかは疑問で、多頭は強力な能力の比喩《ひゆ》として認識されているが、全面的に否定はできない。

たとえば、二頭の蛇（両頭蛇《りょうとうだ》）は稀に発見され、中国では平等蛇、弩絃などといい、日本でも『本朝世紀』や『看聞《かんもん》日記』にも記録され、近くは『北越雪譜』にも記され、また現代でも両頭蛇の標本もある。

これは蛇の一卵性双生児であるが、蛙の蝌蚪《かと》から変化する頃にその手足や蛇の幼時の頭を縦に切り裂いておくと、それぞれが形をなすので両頭や三頭の蛇は作れるそうである。

従って多頭の蛇もいる可能性はあるが、三頭以上の首を持つ蛇、しかも大蛇の存在は疑問であり、現在日本の各地の山中で大蛇に遭遇した話は多く聞くが、多頭大蛇を目撃したという話はない。

濡れ女《ぬれおんな》

越後国（新潟県）と会津地方（福島県）の境にある檜の森という深山は、昔から恙《つつが》虫《むし》の発生地で有名である。この虫はダニの一種でこれに食われると大熱を発して苦しむといわれているが、この地方はこの虫と蛇の棲息地として恐れられていた。この森を流れるのが信濃国（長野県）からの千曲川《ちくまがわ》で、越後に入ってからは信濃川というが、この辺りには人があまり来ないので魚が沢山とれるが、濡《ぬ》れ女《おんな》という長さ二百メートルもある人面蛇身の妖怪が棲んでいて、人を捕らえて生き血を吸うということでも有名でもあった。

しかし川の両岸には柳の古木が多く、村の若者たちはこの柳の若枝を切り落としてそれで柳行李《やなぎごうり》（梱《こり》）を編むことを内職としていたので、時々舟で採りに行った。文政二（一八一九）年夏、五、六人の若者が舟で其処《そこ》に行き、竿《さお》の先につけた鎌で柳の枝

濡れ女　『化物絵巻』＊

を掻《か》き落としているうちに船は流されて三《さん》叉《さ》のところまで来ると、その向こうに誰かが長い髪を洗っている気配がするので凝視すると美しい女の顔が水面から現れた。若者たちがびっくりしていると女の口がみるみる大きくなり、まっ赤な舌をひらひらと伸ばしてあっという間に若者にからみ付き、忽ちくわえて血を吸い始めた。

これが有名な濡れ女であったのである。

濡れ女はここに限らず、出雲国（島根県）や筑紫（ここでは九州全般をさす）の海にも棲んでいて、漁をしていると現れ、船に這い上がって若い漁師に襲いかかり、捲《ま》きしめて生血を吸って骨と皮ばかりにしてしまうと伝えられ、これは海蛇の化身であるとの説がある。

濡れ女の形は顔は若い女性で頭に長い髪

濡れ女　鳥山石燕筆『画図百鬼夜行』＊

があり、水中で濡れて光っているので名付けられたのであるが、身体は蛇体であり、鳥山石燕の描いた『画図百鬼夜行』の濡れ女は鱗のついた上肢をもっているが、大抵は手足が無い。

現代では濡れ女といえばエロチックな連想でしか感じられないが、江戸時代迄は蛇の妖怪として恐れられ、化け物の仲間と見られていたのである。従って喜多村信節の『嬉遊笑覧』巻三化物絵の項にも

ぬり仏、濡れ女、ひょうすべ、しょうけら

と記されている。

石距《てながだこ》

蛇が龍に化すことは年劫を経て神性を帯びて昇格したものとして頷《うなず》けるが、蛇はこの他にも変化する能力があるらしい。天文元（一五三二）年頃の書といわれる『塵添《じんでん》

壒嚢抄《あいのうしょう》』巻八には、「蛇は龍になるが、時には鰻ともなる」と記されているが、文禄《ぶんろく》五（一五九六）年に書かれた『義残後覚《ぎざんこうかく》』巻の四には、大蛇と大蛸《おおだこ》が争った記事の後半に蛇が蛸に化した目撃談が記されている。

また四こくへんろしたる人のいわく、四こくのうちにて雨のはれまにみぎわのかたへい（出）でて空のけしき、いかがあるべしと同行ともみる所に、あけ舟に乗たる船頭の、なう（さあ）たび人たちはやくおわせよ、きとくなる事をみせん、というほどに蘆はらを二三げんがあいだふみ分けて舟にのりてみればながき六七尺もあるらんとみえける大くちなわ（二、三メートル程の大蛇）の水中にてきりきりとまう事よのつねならず、半時ばかりまうてければ、筒中《どうなか》とおぼしきところほうろくの大きさに、まろくふくれふしぎやと見る所に、又きりきりまうほどにしばらくありて、あとさき二ツづつにさけたり。みれば四ツになりけり。それより又まう事ややしばらくありて四ツの手をさけて八ツになりたり。めだたきする内にこのくちなわ蛸となりにけり。そののち沖をさしておよぎゆきしなり。人々さてもふしぎなる事をみつるものかな、かかることもあるならいかやとて、よくよくみおきてものかたりにしたりけり。

とあり、蛇が蛸に変化することは、これらの目撃談を含めて事実として信じられていた。

従って江戸時代の百科事典として権威あった『和漢三才図会』巻五十一魚類江海中無鱗魚の部の石距《てながだこ》の項に

石距　石鮔　俗云手長蛸

本網石距赤章魚之類　身小而足長入レ塩焼食極美也

△按蛇ノ入テ二江海一変二石距一人有下見ル二其半変シタル一者上故多食則食傷

として手長蛸《てながだこ》は蛇の変じたものとしている。南方熊楠の『蛇に関する民俗と伝説』には宗祇の『諸国物語』を引いて

ある人いわく、市民に売る蛸、百が中に二ッ三ッ足七ッあるものあり。これすなわち蛇の化するものなり。これを食らう時は、大いに人を損すと。怖るべしと見え、『中陵漫録』に若狭小浜の蛇、梅雨時章魚《たこ》に化す、常のものと少し異なるところあるを人見分けて食らわず、と言える。『本草啓蒙』に一種足長蛸、形章魚に同じくして足最《いと》長し。食えば必ず酔い、また斑《ぶち》を発す。雲州でクチナワダコと言い、雲州

と讃州では蛇の化けるところという。蛇化のこと若州に多し、筑前では飯蛸《いいだこ》の九足あるは蛇化という。

と諸地方での例をあげている。これは松浦静山の『甲子夜話』巻七十六の十一項に蛇が蛸に変じることを論じているのを採用したもので、『甲子夜話』では具体的且つ刻明に説明している。

蛇の蛸に変ずるは、領内の者往々見ることあり。蛇海浜に到り、尾を以て石に触れば、皮分裂し、その皮 廼《すなわち》 脚となる。

と蛇が蛸に変化するという俗説を領定している。

獣類の変化《へんげ》

来つ寝《きつね》

『日本霊異記』に

欽明天皇（五四〇～五七一）の御代に、関東の男が野中で美しい女性に逢ったが恋慕の情を起こして家に連れて帰り夫婦となり、やがて一男児を生んだ。ところがこの家に飼っている犬が、この女性を見ると猛烈に吠えるので女性も恐れて、あの犬を殺してくれと頼んだが男は殺さなかった。ある時犬が家の中に入って来たので、女性は恐怖のあまり本性をあらわして狐になって生垣の上に登った。夫は驚いたが、子まで成した仲であるから未練があって、狐に、「おれはお前を思い切ってないから、いつでも来て寝よ」といった。その後も狐は折々来て寝たので「来つ寝」というようになった。その子は長じて強力の男として有名になった。

と記されている。これは狐の語源の話であると共に狐が女性に化けて人と結婚し、子を産むがこうして生まれた子は長じて皆すぐれた人になるという話で結ばれている。

来つ寝　『画本ふる鏡』（藤澤衛彦『図説日本民俗学全集　民間信仰・妖怪編』より）

この話は江戸時代の『布類可可《ふるかが》美《み》』に美濃国の話として記されているから、かなり流布した筋なのであろう。

こうした話で有名なのは『怨《うら》み葛の葉』で有名な安部《あべ》の保名《やすな》と信田杜《しのだのもり》の狐との間に生まれた安部晴明《せいめい》の話で、『簠簋鈔《ほきのしょう》』『信田妻』『泉州信田白狐伝』から浄瑠璃《じょうるり》本にまで記され、それぞれ潤色の違いはあるが大筋は皆同じである。この筋は安部保名が葛《くず》の葉《は》姫（狐）と交婚し、生まれた子に本態を見られて、障子に

恋しくば尋ね来て見よ
和泉なる信太の森の恨み葛
の葉

と書いて立ち去ったという話で、演劇舞踊等の『保名狂乱』は、保名が榊の前《さかきまえ》を慕って狂う筋である。生まれた子は妖異《ようい》な能力を持っているので、後に天文・占筮《せんぜい》の権威として『今昔物語』『宇治拾遺物語』『大鏡』『古事談』『元享釈書《げんこう》』『古今著聞集』等にそのすぐれた霊能力を示したことが記されている。

また常陸国根本《ねもと》の里の伝説も同様で

この土地の農夫忠七は慈悲深くて病める母親によく仕えていたが、薬を買いに原を通りかかった時に、睡っている狐を猟師が狙っているのを知り、わざと咳払いをして狐を逃がしてやった。猟師が怒ったので詫び代として薬を買う二百文を渡して空しく家に戻ると、夕刻になって五十余りの男が美しい若い女を連れて一夜の宿を頼んだ。気の良い母子は泊めてやるが、翌朝になると女性は連れの男に路用の金を持ち逃げされたから旅行することもできない。御礼の代わりに働くから此処に置いてくれというのでしばらく置いたが、気立てがよくてよく働くので母親のすすめで忠七は妻とした。そして月日経つうちにいつしか三人の子供をなしたが、いずれ本態があらわれると思ったのか

みどり子の母はと問わば女化《おなばけ》の

原になくなく臥すと答えよ

と書いた歌を末子の帯に結び付けて、秋草分けて狐の姿となって消えて行ったという。この末子は生長すると上洛して学問を修め、天文・地理・軍学に精通して戻り、岡見中務少輔信貞の臣栗林左京に見いだされ、岡見家に仕えて栗林次郎と名乗った。『常総軍記』によると、関東の孔明といわれる程の智将として有名になったのは狐妖の血をひいて超能力を持つからであるという。

この話は『利根川図志』巻五や『事蹟雑纂抄』に記されている。

『信濃奇談』にも

むかし坂井の里に浦野氏という者がいて妻を迎えて一人の子が生まれた。母親が添乳して昼寝している時、子供が「母様に尻尾が生えた」といったので母は驚いて狐の本態をあらわして逃げ去ったが、翌朝田圃を見ると一面に稲苗が植えられていた。正体を見露わされたからにはもう夫や子と一緒に住めないが、報恩のために田植えをして去ったのであろう。狐が植えたせいか浦野の田は豊作で子孫代々栄えたが、獣類の血が混じったせいか、この家に生まれる者は、乳の下にもまた乳が並んでいるという。『小笠原歴代記』によると小笠原長時の妻は浦野弾正の娘で、狐が母であるともいわれている。

とあり、偽書といわれる『江源武鑑《こうげんぶかん》』にも

> 天文七（一五三八）年戊戌九月二十日
> 日野に住む蒲生次郎氏定の妻は野狐に食われ、野狐が女房になり変じてこの日まで約三年間氏定と契りを結んで、子の忠三郎を生んだ。しかし本態を見破られて野狐は去って行ったということを主君佐々木家に報告したという。まことに稀有の事であるという。

とある。このほか『兎園小説《とえんしょうせつ》』にも

> 下総国相馬郡宮和田村の農民孫右衛門の六代前の同名の者が、江戸からの戻り道に若い女がしょんぼり立っているのを声かけて村に連れて帰ったが、家に置くうちに夫婦となり二人の男の子を生んだ。女が小さい方の子に添乳してうたた寝したときに、兄なる子が父親の所に来て「かかさまが狐になった」と大声でいったので女は

驚き、忽ち狐の本体をあらわし、向かいの小山の狐の穴に逃げ込んだが、かたみのつもりか子供の遊び玩具が入口に置いてあった。孫右衛門は哀れに思ったという。これを話したのは江戸下谷長者町に住む万屋《よろづや》義兵衛の母みねで、みねの曾祖父の孫右衛門が狐との間にできた子である。

とあり、『百家琦行伝《ひやつかきこうでん》』にも同様の話がある。

この様に狐が女性に変じて人妻となり、子を産む話は頗《すこぶ》る多く、『河海抄《かかいしよう》』巻二、『伽藍記《がらんき》』巻四、『信濃奇談』巻上、『随意録』、『想山著聞奇集《しようざん》』、『道聴塗説《どうちようとせつ》』三巻、『利根川図志』巻五、『日本古語辞典』、『愈愚随筆《ゆぐ》』巻十、『扶桑故事要略』巻三、『日本霊異記』等のほか浄瑠璃・演劇に『蘆屋道満大内鑑《あしやどうまんおおうちかがみ》』『信田白狐伝』『しのだ妻』等に記されている。

旅先や野中で知り合った女性を連れて帰り子までなしたが、何かの不都合あって女性が離別または家出したのを狐であったという事《こと》で糊塗した事もあったに違いない。人生の葛藤《かつとう》を狐の所爲《せい》にしては狐こそ迷惑であるが、人を誑《たぶら》かす評判の悪い狐にとっては純情な物語である。

また『想山著聞奇集』に

有名な物臭太郎が妻を失って寡ぐらしとなったが、田植のときに雇った早乙女の中に一人で三、四人前も稲を植えてしまうし、仲間の取りしきりもうまい者がいた。これは後妻によいと思って一緒に暮らすことにした。そのうちに男の子が生まれ、家内も平和に楽しく過ごしていたが、或日物臭太郎が家に戻ってみると妻は子供に添乳をして睡っていた。ところが妻の衣の裾から尻尾が出ていたので驚いたが、永年連れ添った妻が狐であったことを知られたとあっては気の毒であると、静かに去って再び足音をさせて「今戻ったぞ」といって入った。妻は慌てて目を覚ましたので尾を隠す時間があった。物臭太郎は、妻が本体を見られなかったと安心しているのであろうと、翌日もまた外出して戻って来ると、三歳になった子が「母様がいない」といって泣いていた。妻は狐の姿を見られたことを知っていたので、物臭太郎の思い遣りにもかかわらず恥じて去ってしまったのである。物臭太郎は淋しい思いで過ごしたが、運がよくなって家は富み栄えた。これも子を思う母狐のせめてもの親心であろうか。この子は八十余歳まで長生きをし、延享の頃(一七四四~四七)に亡くなったといわれ、子孫も皆大百姓として栄えている。

とある。物臭太郎《ものくさたろう》という不精者は幸運者であるというお伽話《とぎばなし》であるが、この物臭太郎も気の優しい男であったから、狐の本体を見てしまっても、見られたと知ったら恥じて去るであろうと思い遣《や》りで見なかった振りをした。しかし狐は人間より勘がよいから、人間がごまかしてもすぐわかる。所詮《しょせん》いつかは本態がばれて悲しい思いをする。見ない振りをしてくれた好意と残して行く子への愛情のために、物臭太郎の家が栄えるようにしたのであろう。

阿紫《あし》

狐は古来婬婦《いんぷ》にたとえられる。『捜神記』に

狐は昔の婬婦が変じたものである。故に名付けて阿紫というのである。婬婦が化して狐となるのであるから大いに怪しいことをする。そして自分から阿紫という。

とある。何故阿紫《あし》という語を用いるかわからないが、恐らく阿紫という婬婦がいたのであろう。これによると婬婦が狐になったのであり、狐が婬婦になったのではないことになる。とにかく狐は婬行《いんこう》を行うために人を誑《たぶら》かし、人の精気を吸いとると思わ

れていたことは日本ばかりではなく、中国にもその話は多く、むしろ中国がその本場のようである。狐が人を誑かす話の中で最も多いのは、性に関する話である。狐が何故人に化けて接近するかというと、男女の精気を吸いとるためのようである。『松亭《しようてい》反故嚢《ほごぶくろ》』に

むかしわたしの知人に婬虐な性癖の者がいた。その男がある時料理屋に行ったところ、二十歳一寸過ぎぐらいの素晴らしい美人が酒を飲んでいたので、むらむらと欲心を起こして同席して忽ち意気投合してしまった。夜も更けたので二人は店から出たが、その美人は他人の家に間借りしているから、この時間になって家の戸を叩いて開けてもらうのは気がひけるというので、男はこれ幸いと自分の家に連れて来て二階で一緒に寝て歓《よろこび》の限りを尽くしてしまった。朝になってみると美人の姿が見えないので、家中探したが見えない。それこそ狐につままれた気持ちで呆然としたが、それから何となく気分すぐれず、憔悴して行き、三十日程で死んでしまった。これは美人に化けた狐に精気を吸いとられたのだと人々はいった。

とある。現在でもこうした美人が男をさそうことがあるが、これも尻尾《しつぽ》を出さぬ狐で、生命をとられぬかわり莫大《ばくだい》な金をしぼり取られることがあるから、美人狐には御

用心。

『甲子夜話』巻十三の十一項に

筑前博多の門徒宗の寺の住職の妻が病死してから住職は次第に憔悴していったので、檀家の人が「どうしたのですか。何処か具合が悪いのですか」と訊いたが、ただ笑って答えなかった。そのうちますますやつれて痩せてくるので、強いてわけをきくと、「実は亡くなったわしの妻がわしに未練があると見えて毎晩現れてわしと寝を共にする。わしは亡妻の供養と思って成仏してもらう為に亡妻の要求に応じているのじゃ」といった。訊いた者は「亡くなった者が現れるということはおかしい。これは狐狸が亡くなった妻のことを忘れられないでいるあなたの心に乗じて、誑かしてあなたの精気を吸いとろうとしているのに違いない。早く退治してしまわないとあなたは死んでしまう。丁度わたしの知り合いに狐捕りの名人がいるから、その人に退治してもらいなさい」といって、一人の武士を連れて来た。頼まれた武士は夜になって床下に隠れていると、死んだ妻が現れた。これを見届けた武士は翌晩に死んだ妻の現れる所に狐の好む香を混ぜた毒薬を置いたところ、亡妻はこれを食って大老狐の姿になって死んでしまった。これから亡妻の姿は現れなくなり、住職も日増しに健康を快復していったという。

『曾呂利物語』にも似た話がある。

ある主人が召し使っていた下部《しもべ》が妻を亡くしたのに、その妻が毎晩来て語り合い共に寝るということが評判になったので、同僚たちが不審に思って様子を窺うと、その通りであった。死んだ者が現れる筈は無いからこれは狐狸の仕業であろうから引き捕らえてやろうと、家の中に押し入って二人を捕らえ、燈火で照らして見ると亡妻と思ったのは主人の可愛がっていた飼猫であった。猫を見誤ったものであるから放してやろうと気を許すと、猫は狐の姿に変わってコンコンと鳴いて藪の中に逃げ込んだという。

更に『甲子夜話』には

江戸で有名な女形役者岩井半四郎の弟も頗る美男であったが、或時小梅にある水戸家の別荘の傍を通った時に美しく若い芸妓が出て来て招くので、随《つ》いて行くと大いにもてなされ雲雨の交わりをして翌日も逢う約束をしてしまった。それから毎晩芸妓と忍び逢いするようになったが、弟も次第に憔悴していくので半四郎が訊くと事情を話した。半四郎はそれは恐らく野狐の仕業であろうというと、弟も「自分もそう思うが愛情の細やかなること常人以上で今では別れられない」といい、やがて痩せおとろえて死んでしまった。するとその朝庭に狐が一匹死んでいた。これが弟と契っていた狐であろうと人々は話し合ったという。

人間の愛情に感激して跡を追って生命を断つとは、人間以上の愛情を発揮する狐も稀《まれ》にはいたのである。

こうした話は地方に多くある。しかし、これらの話は相手が本当に狐であったかどうか甚だ疑問である。

美人狐に精気を吸いとられるのはよい方で、人間同士だと財産まるごと吸いとられておっぽり出される。

亡妻が毎晩現れるのは『牡《ぼ》丹灯籠《たんどうろう》』の怪談めいていて、こうした話の筋の本家は中国であるが、悪く考えると妻が亡くなったので、前から隠れて馴染《なじ》みになっていた女性が夜忍び通って来て、他人に曝《ば》れそうになったので狐の仕業《せい》にしたという事も考えられる。

そうすると冤罪《えんざい》を蒙《こうむ》ったのは狐で、狐から見ると人間は狐をだます恐ろしい存在となり「王子《おうじ》の狐」（落語）の如く、狐こそ人間を警戒しているかもしれない。

狐の嫁入

きつねのよめいり

夜間に山間や原野田畠の遠方に灯し火が長く続く現象が目撃されることがある。現在でも地方に行くとこれに似た光景があるといわれ、科学的には明確にされていない。夜の帳《とばり》が降りて魑魅魍魎《ちみもうりょう》が跋扈《ばっこ》する江戸時代の山間部や人跡絶えた田舎にあっては、こうした光景がしばしば見られ、これを俗に狐の嫁入りといった。丸山元純《まるやまげんじゅん》の『越後名寄《なよせ》』に

夜何時《いつ》何処《いづこ》共云う事なく珍しく静かな宵に、提灯《ちょうちん》または炬火《たいまつ》のような火が点々と灯って約四キロも続いて見えることがあるが、これは近い所でなく遠方である。越後国蒲原郡中では折々見かける。これを子供達は狐の嫁入りといっている。この燃えるような光というのは、狐や鼬《いたち》の種類は口から息を吐くが、それが光って燃えるように見えるのだということである。

といっている。女狐が婚礼のために嫁家に行列を作り炬火または提灯を灯して行くのだといわれ、江戸時代の浮世絵にも描かれている。

狐火　きつねび

狐は火を灯すという。江戸時代までの江戸《えど》郊外の王子稲荷《いなり》をまつる原には、毎年大《おお》晦日《みそか》に江戸中の狐が集まるので無数の火がちらつき、これを狐火《きつねび》という。狐が何故火を灯すか、どうやって発火させるか昔の人は不思議に思っていた。人を誑《たぶら》かしたり、他のものに変化する霊能力を持っているくらいであるから、発火現象を起こすのは何でもないであろうが、その方法がわからないためにさまざまな推理がなされている。貝原益軒《かいばらえきけん》の『大和本草』には

（狐が）其の口気を吹けば火の如し。狐火と云。

とあり、谷川士清《たにかわことすか》の『倭訓栞』には

狐火は其の口気を吐くといへり。或は撃尾出火とも書けり。其の火青く燃ゆといへり。鬼燐也。

僧行誉《ぎょうよ》の『塵添壒嚢鈔』には

狐火を蟒火《くつね》と云ふ事あり。此の蟒の字に馬の血の心あり。此れを以て世俗に狐火とは馬の骨を燃すなむと申すにや。

とし、三好《みよし》想山の『想山著聞奇集』には

狐の火を燈す事は衆人の知る事なり。如何なる術にて燈すか知り居るやと問ふに、されぱにて候、馬の骨を咥えて燈すと申す諺に候へども慥か成る事は誰も存じ申さず候。小雨など降る夜は多く燈す事に御座候。

とあり、口から吐く息、馬の骨を啣《くわ》えて燃す説、鬼火・婬《みだ》ら火・燐《りん》が燃える等の説があるが、確認したものはない。

狐火　式亭三馬著、歌川豊国画『金銅名犬正宗名刃　復讐宿六始』（東京都立中央図書館特別文庫室蔵）
文政二（一八一九）年刊で、鯖江藩の士で悪業あって浪人した中王江九郎は、毎日我儘言って妻を悲しませ、宿六狐という悪狐を使って食い殺させた。その怨みで首が虚空舞って怨み言をいっている場面。陰火のような狐火が燃えている陰惨な図。

しかし筆者も十歳の頃、西伊豆久料《くりよう》に避暑で滞在した折に、夜、後の山で赤いあかりが点々と点いたり消えたり数十個並んだのを目撃し不思議に思って宿の者に訊《き》くと、「あれが狐火《つ》だ」といわれたことがあった。昔はカマドに釜《かま》をかけて飯をたいたが、釜を抜きとったあとのカマドの縁の煤《すす》に火の気が残っていてチラチラした光景と、その山の狐火はそっくりであった。

天狐　てんこ

江戸時代に狐の能力をランク付けしたときに最高のものを天狐《てんこ》とした。これを「あまつきつね」と訓《よ》ましめ、『日本書紀』の舒明紀にある大流星を天狗と書いて「あまつきつね」とルビをつけたのに付会し、天狗を天狐と同一と見る説があった。江戸時代末期の朝川鼎は『善庵随筆』の中で

下総の阿波大杉殿などの真影を見るに、少しずつの不同はあれども、小天狗の狐に跨がる像なれば、天狗は狐に縁故なきにあらずと思いしに『日本書紀』舒明紀にい

う。九（六三七）年春二月丙辰、朔戊寅大星東より西に流る。すなわち音あり。雷に似る。時人流星の音という。また地雷という。ここにおいて僧旻《みん》いわく、流星にあらず。これ天狗《あまつきつね》その吠雷に似ると天狗の字をあまつきつねと邦訓を施す。さすれば天狗を天狐というは、必ずしも余が創設にあらずして、古人早くこの説ありて、あまつきつねと訓ぜしならん。頃日《このごろ》皆川淇園の有斐斎劄記を閲するに、野狐《やこ》もっとも鈍、その次気狐《きこ》、その次空狐《くうこ》、その次天狐《てんこ》、気狐以上皆すでにその形なし。空狐その霊変じてさらに気狐に倍す。天狐にいたっては神化測るべからず。人物のため役せられ頃刻千里の外に行くは皆空狐のなすところ、大抵地を離ること七丈五尺、かれこれを攝して行くことを得。天狐の如きはまた人の害をせず。この説、幻を善する者の話というとあり。今ここにいう気狐は野狐の人を蠱惑して祟りをなし、人身によりて食を求め、及び道士の駆役するおさききつねなるものにして、空狐はすなわち天狗なり。かれこれ併攷すれば、天狗の狐たること疑うべきなし。

と記している。阿波《あんば》大杉《おおすぎ》殿、飯綱権現、道了尊《どうりようそん》などは、身体が不動尊の姿で顔は烏天狗、背に翼をつけ火焔《かえん》を負って走る狐の姿に表現されている。これは仏教の茶吉尼《だきに》信仰と山岳修験道より発した天狗道の混淆《こんこう》したものであるから、烏天狗状にあらわしたもので、狐に乗るのは茶吉尼天からの関係である。これを以《もっ》て狐に乗るから狐も天狗であると結びつけ、『日本書紀』に記される天狗をあまつきつねと訓ませていることで論拠を固めようとしているのはいささか無理がある。

皆川《みながわ》淇園の説も、狐に特殊の霊能力あると見た上で野狐・気狐・空狐・天狐のランク付けをし、野狐のみ実体あって目で確認でき、それ以外は視覚でとらえられぬ存在、つまり霊体のエネルギーの固まりであるとしている。

実体は把握できぬが、その能力は感覚として受けとめ得る神秘的な存在が気狐・空狐・天狐で、天狐が狐の中では最高であるという。天狐に至っては神の如く、人を害せぬ存在であるとするのは、『夜譚随録《やたんずいろく》』に霊狐と名付けられた狐と同様である。

九尾の狐

きゅうびのきつね

本体が金毛玉面九尾の狐である玉藻前《たまものまえ》という美女は、『下学集《かがくしゅう》』犬追物の話によると、三国にわたって妖異《ようい》をなし日本で退治される伝説を有している。これが『三国妖《さんごくよう》婦伝《ふでん》』のもとになり、死後は那須野《なすの》の殺生石として名を留《とど》めているから、九尾の狐は妖獣《ようじゅう》として忌まれている。この狐は謡曲「殺生石」でも

九尾狐　部分、歌川国芳筆（国立国会図書館ウェブサイトより）

天竺にては班足太子の塚の神、
大唐にては幽王の后褒姒《ほうし》と現し、
我朝にては玉藻前となりたるなり。

とあるが、『三国妖婦伝』では殷《いん》の紂《ちゅう》王の妃妲己《きさきだっき》ということになる。この妲己が日本に来て玉藻前となって近衛《このえ》院の女官となり、安倍泰親《やすちか》に見破られる話は、室町時代頃から江戸時代にかけての九尾狐物語に共通した筋である。

尾が九つある狐というのは本来有りようが無いが、一般より多くの部分を有するものは、それだけ他よりすぐれているという思想があって、

多くは身体のある部分が複数の怪物が言い伝えられる。『山海経』にも

青丘の山に獣あり。その状狐の如くにして九の尾あり。その音嬰児《こえみどりご》のごとし。よく人を食う。これを食えば蠱《ばか》されずとあり注にその肉を啗《くら》えば、人として妖邪の気に逢わざらしむ。

とあって、中国には狐に似た九尾の獣がいたことになっている。玉藻前が本性をあらわして逃げるときに九尾の狐になったので、こうした狐は悪狐のように思われ勝ちだが、本当は瑞獣《ずいじゅう》なのである。『白虎通《びゃっこつう》』三にも

徳至二鳥獣一、則九尾狐見《あらわル》、九者、子孫繁息也、於レ尾者後当レ盛也。

とあり、日本の『延喜式』治部省式にも

九尾狐、神獣也、其形、赤色、或白色、音如二嬰児一。

また『扶桑略記』廿《にじゅう》二に

仁和四（八八八）年六条の皇后が病気になったときに、霊狐が西方の方角から現れてより病気が平癒した。

という記事があり、九尾の狐はあながち悪い兆《きざし》とも思われていなかった。

命婦《みょうぶ》

松岡玄達《まつおかげんたつ》の『結毦録《けつじろく》』に

稲荷の狐を命婦ということは、或る書に和銅の頃（七〇八〜一四、元明女帝の頃）以前に、宮中で一人の命婦が稲荷を信仰して社にお参りをしていたが、稲荷社から常に狐が出て来てその命婦に馴れなついていた。その稲荷社は三ツの峯にあって嶮《けわ》しかったので、命婦は老年になって行くことが困難になったので狐に「今後わたしに代わって三ツ峯の稲荷社に毎日御参りしてくれるなら、そなたに命婦という号を譲ろう」といったので、その狐を命婦と呼ぶようになった。

とあり、僧行誉の『塵添壒嚢鈔』には

命婦というのは漢時代の女官を命婦といい、五位以上が内命婦、以下が外命婦といい、日本では「ひめまちぎみ」といった。狐をまつる社の神は女神から、女官に準じて命婦というのである。

とし、橋本経亮《はしもとつねあきら》の『橘窓自語《きつそうじご》』では

今上社というのは命婦社というのが本当の名で、狐を祀った社である。阿古町・黒尾・尾薄《おすすき》の三つの狐を祀ったのを稲荷三社と思っている人がある。（中略）狐を祀る社を命婦ということは『壒嚢鈔』に記してある通りである。

また葛廼家主人の『霊獣雑記』には

よく考えるに、命婦と呼ぶのは古くは猫にすら命婦のおもとと呼んだこともあるくらいであるから、まして狐は神の使いともされ霊能力あるものであるから、官名の命婦を用いたのであろう。

としているが、確たる論拠なきまま狐の異名として用いられるに至った。

専女《とうめ》

狐のことを「とうめ」といい、『源氏物語』にも伊賀《いが》とうめとあり、藤原明衡《あきひら》の『新猿楽記《しんさるがくき》』にも

野干坂伊賀専之男祭《きつねざかのいがとうめのおとこまつり》

とあり『山槐記《さんかいき》』にも

治承二（一一七八）年斉宮御坐所に於て白専女を射殺す。

また『百練抄《ひやくれんしょう》』に

藤原仲季斉宮のあたりにおいて、白専女を殺すことにより、

また『宇治拾遺物語』にも狐が

たうめや子供に食わせむ

とあり、とうめは老女の語にも用いられたが、いつしか狐の異名になってしまった。中国の書『玄中記《げんちゆうき》』に「千載の狐は婬婦となり、百歳の狐は美女となる」とある例から、老女のふてぶてしいことを狐にたとえているうちに、狐の異名となったと思われる。

また越谷吾山《こしがやござん》の『物類称乎《ぶつるいしょうこ》』には

狐、東国では昼は「きつね」と呼び、夜は「とうか」といい、常陸の国では白狐を「とうか」という。これは世間できつねを稲荷の神使というところから稲荷を音訓

みにして「とうか」といったのであろう。

とあって「とうか」という意味については触れていない。『倭訓栞』には『神代記』にも姥をとうめと訓まし『倭名抄』も老女を「たうめ」としているから、老女の古称である。

としている。憎まれ口に老女でなくとも婆《ばば》あという如く、年老いた女性をずるい狐にたとえているうちに狐の異名になったものであろうか。

小刑部狐

おさかべぎつね

姫路《ひめじ》城本丸にある小刑部《おさかべ》大明神がさまざまな誤伝を生んで小刑部姫という妖怪《ようかい》とされ、更に狐神であると伝えられるようになった。

俗説では姫路城本丸の天守閣の最上階に祠《まつ》られている狐であるといわれ、十二単衣《ひとえ》の唐衣姿であらわれる絶世の美女とも、白髪で恐ろしい顔をした老女ともいわれる。鳥山石燕も『今昔画図続百鬼』にこの国を描き、「長壁」と書いている。

　この天守閣には小刑部姫がいるために夜は決して最上階には登らないとされているが、宮本武蔵《みやもとむさし》や、森田図書《もりたずしょ》という児小姓が登って小刑部姫に逢《あ》ったという伝説がある。穿鑿《せんさく》好きの大名松浦壱岐守清《いきのかみきよし》（松浦静山）は姫路城主酒井雅楽頭忠以《さかいうたのかみただざね》に直接質問したところ、「そんな妖怪はいない。最上階には日の丸と名付けた胴丸が一つ安置してあるだけである」と答えたことが『甲子夜話』巻三十に記されている。

　しかし姫路城下の町の噂では、天守閣の脇に小刑部明神の祠《ほこら》があり、これを「オサカベ」とはいわず「ハッテンドウ」と呼んでいるという。

　小刑部大明神の『縁起』によると、伏見《ふしみ》天皇の正応の頃（一二八九頃）に寵愛《ちょうあい》されていた小刑部という女房が何かのことで勅勘を蒙って播磨国志深政所《しじみのまんどころ》に預けられ、この姫山に置かれて死亡した。人々はこれを哀れんでそこに祠を建て「おさかべ殿」と称したという。また『播磨鏡』では小刑部大明神は女神ではないと記し、『播磨名所巡覧図会』では「正一位小刑部大明神、姫路城本丸に座す。祭神二座、深秘の神とす。伝えて八天堂と号す。池田輝政の産霊神《うぶすな》、濃州刑部村大巳貴命を爰《ここ》に移すといえり」とある。

　いつ頃か稲荷神と習合して正一位刑部大明神といわれ、「およし狐」が祭神と誤られるようになり、これが小刑部狐で天守閣に棲《す》み妖異な姿を現すといわれるようになった。

野干《やかん》

日本では古くより狐を野干《やかん》といった。狩谷棭斎《かりやえきさい》の『箋注倭名類聚抄《せんちゆうわみようるいじゆしよう》』にも

狐　考声切韻云　狐獣名、射干也。関中呼二野干一為、語訛也。

とあるように狐を野干といい、これは射干の訛《なま》りであるとしている。

また元和《げんな》三（一六一七）年版『下学集』気形門第八では野干と書いて「コキツネ」と訓ましている。

しかし野干と狐とは別物であるとする説もあり、『大和本草』『詩経大全』『字彙《じい》』『祖庭事苑《そていじえん》』等では

野干は狐に似て形小さく尾が大きく、よく木に登る。

とあって、「狐に似て」としているから、狐とは別物である。にもかかわらず、何故狐と野干が同一視されたか。

その例として『吾妻鏡』建仁《けんにん》元（一二〇一）年五月十四日の項に

越後国鳥坂《とつさか》の城《じよう》資盛一族が幕府の軍に攻められ、奮戦の末に落城したが、その時城家伝来の名刀が野干のために失われた。

と記している。この名刀は狐が老翁に化けて繁茂《しげもち》に授けたもので、文治四（一一八八）年九月十四日の項には狐が授けたとし、建仁元年五月十四日の項では野干と記してあることは、狐・野干を同一視した証拠である。

これは仏教からの影響であろう。インドの荼吉尼天《だきにてん》はジャッカルに乗るが、日本に於《お》いてジャッカルがいないので、これに酷似した狐に乗る姿に表現したところからの同一視であろう。

射干はジャッカルの当て字で、アラブ語でシャガール、ペルシャ語でシガルという。結局悉伽羅《スリガーラ》（シャガーラ）・シャガール・シガル・ジャッカル等地方による訛りであって、イヌ科・食肉目のジャッカルのことである。ジャッカルはヨーロッパの南東部からアフリカの北部・東部・アラビアからインド半島・セイロン島・ビルマ・タイ等に分布し、狼やコヨーテに似て、狐よりも小型で木にも登る。しかし中国や日本には棲息《せいそく》しない。仏書に悉伽羅が記されているのを中国で狐に当てはめたものが日本に伝わり、狐の異名と思われるようになったのであろう。南方熊楠の『千疋狼』にも

これらは胡地で何とか少しく訛ったのを射干と漢訳し、その射の字、時として野と同音なるより、野干と書くに及んだのだ。仏語と露語でシャカルと言うのが、もっとも射干に近い。『正字通』にいわく、「豻、胡犬なり。狐に似て黒く、身の長《たけ》七尺、頭に一つの角を生じ、老ゆればすなわち鱗あり。よく虎、豹を食らい、猟人これを畏る」。以前「狐に似て小さく」とあったのが身長七尺と廓大され、形色青黄が黒と言われおり、支那にない物ゆえ種々誤伝を生じたのだ。

とある。これがインド等に於ては肉食の故に人肉を食うとされ、人肉を啖《くら》うダキニ天等に結びつけられ、それに乗る姿に表現されたのが、狐に乗るとされた日本の稲荷神や、ダキニを祠る飯綱明神に結びつけられ、これらの狐を介しての裏付けから、狐は野干ということになったらしい。

くだ狐《くだぎつね》

くだ狐は管狐ともいって竹筒の中に入れて飼うといい、これも尾裂狐《おさききつね》と同じに人に憑《つ》くという。『名言通《めいげんつう》』に

くだは信濃国伊奈郡にいる。小さい狐で竹筒に入れておくので名付けられたものであろう。大さき使(尾裂狐のこと)は上野国南牧にいる。まあこれもくだ狐の種類である。また備前・備後・出雲国などにもこの類の狐がいる。猫神とか猿神また四国の犬神、九州の蛇《へび》も大体これと同じであって、よくない事をするからこれらの憑いた者に近付いてはならない。

とし『秉穂録』にも

遠州にてくだ狐が人に憑くことがある。その人必ず生味噌を食して他の物を食べな

くだ狐　松浦静山著『甲子夜話』(国立公文書館蔵)

いようになる。

とある。

昭和七年平凡社発行の『大百科事典』に

管狐、民間信仰の対象をなす一種の想像上の動物で、単にクダともまたクダンギツネともいう。中部日本、殊に遠江、三河、信濃、美濃地方に多くその存在を信じられていて、関東の一部地方に於けるオサキ狐などと称するものと対比すべき地位にある。その謂うところは狐の一種で形は遥に小さく、鼬《いたち》に似て毛は稍々黒いとも赤いともいい、尾は太く大なりとも、或は鼠ほどの大きさにて群棲するともいい、また管（紡織に用いる）の如く、また更に小さいなど伝えて一定せぬ。狐より小さいという以外は、その形態、毛色等も、見た者や語る者によって異なり、偶々捕獲したものもコエゾイタチ、ヤマイタチ、ヤマネ等の小動物をこれに仮称していたようである。管狐の特色は形態よりも、寧ろその霊能を信ずる人の観念にあった。肉体の隠顕は自在で、人体に取憑きその口を藉りて意志を述べ、或は病身の者に憑いて食を求め、繁殖力著しく、これを統御する者は狐使いなどと称する或種の行人か巫女の類で、若しくは特殊の家筋の者に飼育されているが、その者死せば時に四散するともいい、これを故意に絶滅することは何人にも不可能で、霊人によって威圧するか、時に人糞を食はせれば死滅するともいう。その特殊の家筋の者を管附、管筋、管屋などという。祖の家人または主人の意志によって行動し、縁組等によって系類を広めると信じられ、一般人は婚姻等を避ける風もある。しかし近世の事実ではその家筋たることを標証する根拠はなく、これを認定するのはその伝統を支持する周囲の者の意志で、決定の基準は、特別の伝承のある場合を除いては、多くその家の富の昂進と関連を附けるようである。急激に資産の増加した場合などには第一に疑の眼を以て対し、従って家運が衰えれば退散したとか、または取扱が粗末の結果であるなどという。管狐が主のために富を作る方法の一つとして、物を売る時は品物に乗って加重をはかり、買う場合は秤の分銅に取組《とりすが》るなどというのも、オサキ狐の場合等と共通の言である。

と述べているのは、くだ狐に対してほぼ意を尽くしているのであろう。またくだ狐を信じる者は陀吉尼天《だきにてん》の使いとして苦陀持大前使《くだもちだいぜんし》などという怪しげな名称をつけている。

或《あ》る稲荷社では丈二センチ程の焼物の狐を呪物《じゅぶつ》として売っており、これは稲荷神に供えるものであるが、世俗ではこれを「くだ狐」と呼んでいる。

おさき狐

おさきぎつね

尾の先が二岐《ふたまた》に裂けているので尾裂狐とも御先狐とも尾崎狐とも書かれているが、憑きものの家にいるといわれ、この狐を飼うと家は繁昌《はんじょう》するが、おさき狐も繁殖して飼主も次第に迷惑するようになり、その家の娘が他家に嫁ぐと一緒に付いていって又繁殖するという。この狐を拒むと忽《たちま》ち貧しくなり、家は断絶するという厄介な動物で、江戸時代頃には「お先狐持の家」といって忌避された。一種の差別扱いをされた家に対していったようである。『倭訓栞』におさき、上州甘楽郡の山中に、熱病の事をおさき疫病と称すは、信濃佐久郡なども同じ事にて、もとは卑賤の山伏など、京都稲荷にてうけ来るといふて、一二寸の紙に、狐の像を画きたる物、これを大さき使という。大きさ大鼠程の生類になり、病家につくなり。かの主の山伏祈らざれば離るることなし。この小獣後には多く繁殖して養うのに苦労するようになる。今富豪の家の中にはこのおさき狐を養っているものもあるが、その家に後継ぎが絶えると他へ行ってしまう。めとほしという獣によく似ているからその種類であろうか。四国で犬神憑きという憑く獣も形が小豹のようで鼠の大きさであるという。

とあり滝沢馬琴《たきざわばきん》の『曲亭雑記《きよくていざつき》』にも

尾さき狐は上野国や下野国に多く住んでいるが戸田川を境として江戸には入って来ない。その形状は鼬《いたち》に似て狐よりは小さく、足は太く、尾の先が二岐に分かれているので尾裂狐というらしいが、上野下野に限らず、武蔵の国でも北の市あたりには稀に見受けられる。ややもすると人の家に憑くというが、一度これに憑かれた家は貧乏であっても豊かになるが多くは一代限りで、子供の代には衰微するという。一度この狐が憑くと年毎に豊かになるにつれ、狐も繁殖して群がり集まることきりが無い。もしその家の娘が他家に嫁に行くと一緒について行って、その家を繁昌させるという。

と記している。『筠亭《いんてい》雑録』はもう少し具体的に記して

上野国藤岡の人がいうのには、おさき狐という獣はもとは秩父郡にのみ棲んでいたが、おさき狐を飼っていた者の家の縁者の所に狐も分かれて住むようになり、広がったので武蔵の国にもかなり多い。おさき狐憑きの家は金持ちになるが迷惑もうけるので嫌がる人が多く、縁組するときはよく調べてから行うという。但しおさき狐憑きということがわかったら早く離別すれば差支えがない。子供が生まれてしまってからでは狐も離れてくれない。この狐は四季の土用の時に子を育てるが、その子供は恰も鼠のようである。もしおさき狐が子を生んでしまえば親類としての縁を切っても、狐の子はその家に止まっている。

狐の大きさは鼠のようで毛は白いのと赤黒の斑のものもあり、多くはぞろぞろと連なって行動しているが、一般の人の目には見えない。おさき狐憑きの家で、他人を怨み憎むことがあると狐は早速その相手を苦しめ悩ませ、こちらの怨み言を口走っ

たりして常軌を逸したようにさせる。こうしたことは往々見るところである。おさき狐の子も同じようなことをし、相手方の病人を悩ましたりする。このように狐に憑かれた者の鼻筋は必ず曲がっているから一見してわかる。

おさき狐は山葵《わさび》を持っている人、権威ある人、勇猛の人に対しては恐がっている。山伏とか法力ある僧の祈禱で離れることもあり、また相手を取殺してしまうこともある。狐憑きの家は家運よいときはどんどんよくなるが、一度衰微すると、いろいろのわざわいをなすという。おさき狐は味噌が好きなのであろうか、樽は外見ではわからないが蓋をあけてみると中の味噌は大部分を食い尽くされているという。上野国ではこのおさき狐に憑かれたら秩父の三峯権現から御豹（狼の図のある御礼）を借りると、狐は離れるという。

とある。『頃痢《ころり》流行記』にも

江戸佃島の漁師が野狐に取り憑かれたので神官や修験者に祈ってもらったところ、狐はその漁師の体から離れて逃げ出したのを皆で追い廻して捕らえ打ち殺して焼き捨て、そこに一メートル四方の祠を建てて尾崎大明神として祀った。

とある。一般の狐憑きは野狐が憑いたとするが、その野狐もおさき（尾崎）と称していたことがわかる。

茂林寺の狸《もりんじのたぬき》

狸が僧に化ける話で、御伽話の分福茶釜《ぶんぶくちゃがま》で有名な茂林寺《もりんじ》の狸のことは『本朝俗諺志』に

元禄年中（一六八八〜一七〇三）に茂林寺に守鶴という僧がいた。甚だ長生きでこの寺の住職七代に仕え納所を勤め、後輩の僧の指導に当たって学頭を勤める程の碩学で、衆僧の尊敬と信頼を集めていた。その守鶴がある時昼寝をしていたところに小僧が来て襖をあけたところ、狸の本体をあらわして寝ていたので、小僧はびっくりして住職に知らせた。住職は守鶴が狸であることは前から知っているが、立派な僧として勤めている以上どうこういうべきでないと口外することを固く止めたが、いつしか衆僧の耳に入り、やがて守鶴も知ったので、守鶴は住職に暇乞いを申し出た。

住職はしきりに止めたが守鶴は狸が人々を教化したという評判が立っては寺の面目にかかわるから、どうしても此所にいられない。皆と親しんで大変名残り惜しいが致し方ない。別れに臨んで最後にわしの術を見せようといって衆僧を集め、源平合戦の当時の有様を見せようと庭に降り立った。すると忽ちそこは讃岐国屋嶋の景色に変わり、海上に白旗・赤旗を立てた軍船が漕ぎ乱れ、矢叫び太刀打ち、凄まじい船軍の場となったので人々はその術に驚嘆した。住職がそこで守鶴に向かって名残《なごり》惜しいが最後の願いに釈迦牟尼《むに》仏生前の様子を見せてくれと頼むと、それは手易《たやす》い事であるといったかと思うと、その場は忽ち異国の風景に変わり、霊鷲山での釈迦の説法から沙羅双樹《さらそうじゆ》の下での入滅までの有様を現出して見せたので、衆僧悉く随喜の涙を流しているうちに元の庭の景色に戻ったのでハッとして気が付くと、守鶴の姿はもう消えていた。

映画映写技術を持っているような狸であるが、茂林寺の伝承によると、美濃の大林《だいりん》正通《しようつう》禅師という名僧が、伊香保《いかほ》で湯治中に守鶴に逢い、館林《たてばやし》に連れて来たといわれる。大林正道禅師は応仁《おうにん》元（一四六七）年に小田原道了尊《おだわらどうりようそん》の別当、最乗寺《さいじようじ》の住職としてここに寺を建て、これが現在の青龍山《せいりゆうざん》茂林寺であるといわれる。

この茂林寺には茶釜があったが、この茶釜は時々、手足が生えて踊り出し、やがて

和尚に化けた狸　月岡芳年筆（国立国会図書館ウェブサイトより）

狸の首や尾も見せるようになったので住職も呆《あき》れて古道具屋に売り払ってしまった。その茶釜はここでも首や尻尾手足を出して踊り出すので古道具屋はこれを見世物興行として茶釜の綱渡りをさせ大もうけをしたので、再び茂林寺に返納された。その茶釜はいまでも茂林寺に現存している。

この茶釜が分福茶釜と名付けられたのには別の話がある。

守鶴が茂林寺で千人法会という供養を行ったところ、お茶を立てるのにいくら汲んでも決して湯が尽きなかったので、他の僧が不思議に思って訊くと、この茶釜は紫金銅で作った分福茶釜というもので、この釜で沸した湯を用いると八つの功徳があり、特に福を皆に分け与える力は偉大であるといったので、後世まで分福茶釜と名付けられたという。

と言い伝えられている。千人分のお茶を立てて汲《く》んでも尽きないというのは当り前で、どの茶釜だって同じである。湯を少し汲んで減れば水を補給するのであるから、火の気が消えない限り千人分でも万人分でも汲める。

但しこう理屈を言ったらメルヘン的余韻が無くなる。

茂林寺では守鶴狸が立ち去ったのは天正十五（一五八七）年二月二十八日としてい

るから、守鶴が茂林寺にいたのは百二十年、『本朝俗諺志』の元禄《げんろく》年中とすると約二百二十年程住んでいたことになる。狸はその姿からして剽軽《ひょうきん》な為か僧と縁が深い。『新著聞集』に

下総国（千葉県）弘法寺にある日蓮上人の木像が毎夜経を読誦するというので、それが評判になって近隣の善男善女が押しかけるようになった。寺が繁昌するのは結構な事であるが、木像が声を出して経を読むとは怪しい事であると住職の日堪上人が木像に向かって、法問の奥儀を尋ねる、若しこれに答えられないのなら木像に妖しきものが乗り憑いた証拠であり、打ち砕いてやるからそのつもりで返答しろというと、木像は何の返答もしなくなった。そこで上人が斧を持って木像を仏壇から降ろそうとすると、木像の背後から古狸が現れ逃げ出したので皆で追い詰めて打ち殺した。

これなどは人を誑《たぶら》かしたというだけで人に害を与えたわけでなく、経を読んで有難がらせたのに殺された狸は気の毒である。

狸火

たぬきび

狐火と同じく狸も火を灯して人々を驚かすことは『想山著聞奇集』に昔から尾張国勢田在高田村の森には怪物がいて人に害を与えたが、時々火を燃したりするので駆けつけてみると火の気はない。これは狸の悪戯である。としている。

狸の陰嚢八畳敷

たぬきのいんのうはちじょうじき

『百物語』には

豆狸といふは大きさ狗《いぬ》の如くにして至ってかしこく、常のたぬきとは異なるものなり。己れが陰嚢に息をふきかけて引きのばす時は八畳に余れり。依りて人をたぶらかすには、陰嚢をひろげて座敷と見せ、あるひは是を冠りて異形の形をあらはす。西国にはまま有りて東国にまれなりと云ふ。

とあり、昔から狸の睾丸《きんたま》八畳敷という俗諺《ぞくげん》もあり、陰嚢《いんのう》を広げて色々の悪戯《いたずら》をすると信じられ、こうした戯画も多く残っている。

この俗諺は、一匁の金を狸の皮に包んで打ち伸ばすと八畳敷位にまで広がる金箔《きんぱく》ができる、という意味であるともいわれている。

金貸狸　かねかしたぬき

佐渡の弾三郎狸《だんざぶろうだぬき》も狸の中では由緒ある血筋で、これは御伽話のカチカチ山の狸の子孫である。『燕石雑志』に佐渡国二ッ岩といふ山中に年来久しく棲む弾三郎といふ狸は頗る霊ありといふ。この老狸むかしは人に金を貸しけり。彼れに借らむと思ふものは金の員数と日限を書付け、これに名印を押して穴のほとりにさしおき詰朝《あけきあさ》亦ゆきて見るに貸さむと思へばその金穴の口にあり、後には金を借るものあまたあり。ままに返さざるもの亦夥《あまた》ありしかば遂に貸さずなりしとぞ。

とあり、流石《さすが》に金の採れる佐渡の狸は金貸し狸であったが、人を化かす狸の上を行って人が狸をだまして金を返さぬようになれば狸も懲りて貸さぬようになるのは当り前である。人間は智恵が益々《ますます》発達して畜類でも何でも利用して得《とく》をむさぼるから、獣類も人を信用しなくなる。狸に化かされたの狸に害を受けたのというのは案外ずるい人間が狸の仕業にして事件を糊塗して言いふらかしたものかもしれない。最後に四国の狸のように義理固い狸の話をして結びとする。前記の『燕石雑志』に

医師伯仙の父が佐渡にいたときに、急病人がでたから診察してもらいたいと立派な駕籠を舁いだ迎えの人が来た。医師はそれに乗せられて病家に着き、適切な手当をし、薬を与えて戻った。四、五日すると患者が訪ねて来て、お陰様で全快しましたといって二分金数百粒を包んで出したので、医者は怪しんでこれを受け取らず、僅

かに薬代をもらうだけで結構である。こんな多額の金を差出すことは却っておかしいし、このあたりにそんな金持ちもいない筈だというと、その者は御不審御尤もである。実はわたしは二つ岩の弾三郎であるという。医師は初めて金貸し狸の弾三郎かとわかったが、大体獣類は金の必要がない筈なのに金を貯えているのは恐らくよくない金であろう、ますます以て受けとるわけにはいかない、医は仁術であるから其方が全快したとあればそれでよいのだといった。すると弾三郎がこれは人をだましたり盗んだりした金ではありません。天災・戦乱・洪水などで土中に埋もれてしまったものを掘り出して貯えたものであるから不浄の金ではない、と弁明したが、医師は遂に受け取らなかった。そこで弾三郎狸は止むなく辞去したが、翌日再び訪ねて来て、御礼の気持ちを表わさねば気が済みません。金を受取って下さらないのなら、これならよいでしょう。これは永年わたしが秘蔵している貞宗の短刀ですが、これだけは受け取って下さいといって短刀を置くと姿を消してしまった。これが子の伯仙の所持する貞宗の短刀であるという。この話は伝説であって事実かどうかは知らないが、弾三郎狸というものを今の人は見たこともない。

と記している。昔の医者の潔癖さを示すために作った話かもしれぬが、『吾妻鏡』に平資盛《すけもり》の祖先が野干（野干とはジャッカルであるが日本では狐と解している）から太刀をもらったことが記されているから、狸から短刀をもらうこともあろう。

狢《むじな》

狢《むじな》は貉とも書き、古くから人を化かすと信ぜられていた。『日本書紀』巻二十二推古天皇三十五（六二七）年の条に

春二月陸奥国ニ有レ狢《うじな》比《なりテ》レ人《ト》以歌《ウタウタウ》

とあるのが狢の記録の初見である。

これは珍しいニュースなので正史にとどめられたのであるが、狢は人を化かすという観念が当時すでにあったことを示すもので、それは江戸時代まで、そう信じられていた。『和漢三才図会』巻第三十八獣類の項に

『本草綱目』に狢は山野に棲んでいて狸のようである。頭鋭く鼻は尖っていて、斑

色で毛深く厚いから温かく裘衣《かわごろも》によい。昼は睡っていて夜出没し虫などを食う。獾《かん》という似た動物と行動を共にし、よく睡るので人は狢を見つけると竹の棒で叩いたりするが一寸目をさましても又睡ってしまう。これを狢睡りというが、本当は耳が遠いので物音に気が付かないのである。醒めていて人の気配に気が付けば慌てて逃げるのである。

としている。つまり狢は狸に似ていて獾という獣と行動を共にしていると書いている。

中国では『説文』や『爾雅翼《じがよく》』に狢は狐に似ているとし、『埤雅』に獾と一緒に棲んでいると記されているのを『和漢三才図会』はそのまま採用し、狸・狐・狢・獾と四種の区分をしている。

故に江戸時代には佐渡国には狢はいるが狸はいないとし、東北地方も同様であるが、関西や九州方面では狸はいるが狢はいないとしている。また『倭訓栞』では狸は記されているが狢は記されておらず、『新撰字鏡《しんせんじきょう》』では狢は記されているが狸は記されていない。

また『兎園小説』では雌を狸といい、雄を狢というとしている。『和漢三才図会』は獾について

獾　音はカンで狗獾《こかん》、天狗《てんこ》、貒《かん》などといったり書いたりする。『本草綱目』には狗獾《み》と貒の二種はよく似ていて小狗《いぬ》のようで、よく肥えていて口啄が尖り、足が短く毛は深いが短いので、毛皮を皮衣《かわごろも》とすることができる。虫や蟻や瓜類果物が好きである。『三才図会』には、獾と狢は同じ穴に棲んでいて穴から出るときは狢を先に立たせる、と書いてある。

と説いている。

同じ穴の狢という言葉があるが、狢と獾は同じで恐らく雌雄の別だけであろうとすると共に、狢と狸も同じものであることを知らなかったらしい。こうした区分をしながらも昔から狢と狸を往々混同したのは、昔の人にも不確かな観念があったからで、麋塒《びじ》に

花を心地狸《むじな》に酔へる雪のくれ

という句がある。狸をタヌキと訓むようになったのは鎌倉時代頃からといわれ、カチカチ山の童話などが語られてタヌキの語があらわれるが、一般では同一視したり別

貉　鳥山石燕筆『今昔画図百鬼』（東北大学附属図書館蔵）

種としたりして定説がなかった。そこで『和漢三才図会』が狸と貒と狢と獾とを厳然と区別したのであるが、正体が化けの大家だけあって同一のものであることを知らなかった。

故に狸寝入りを狢寝入りといったり、同じ穴の狢を同じ穴の狸といったりするのである。但し狸の陰囊（睾丸）八畳敷といっても狢の睾丸八畳敷とは言わぬ。

貒《まみ》

根岸肥前守鎮衛《ねぎしひぜんのかみやすもり》の『耳袋』巻の三に

天明六（一七八六）年春に江戸番町（東京都千代田区一番町あたり）に住む御使番を勤める松野八郎兵衛の屋敷に妖怪が出るという噂は以前からあったが、或夜中間《ちゅうげん》が屋敷内を見廻っていたときに何ものかが飛び付いて来たので持っていた六尺棒で払った。すると棒に食い付いて来たので恐ろしくなり給人の中村作兵衛の住む長屋に逃げ込んだ。理由を聞いた作兵衛が早速その場所に来てみると、目が光っていて鼠色

貒　寺島良安著『和漢三才図会』(国立国会図書館ウェブサイトより)

の毛の犬よりも大きい怪獣が睨んでいた。棒で背中を叩くと蟇《ひき》のようであった。屋敷内の長屋の武士や中間たちが集まったので怪獣も逃げ出したので、追い廻したが屋敷の境にある大籔の中に姿を消した。

人々はあれは貒であるといった。

貒《まみ》は狸の異名ともいわれ、東京のマミアナという地名は狸穴と書く。またマミタヌキともいい、訛《なま》って豆狸ともいうが、豆の文字を用いる程小型ではない。従って妖怪視される獣類で魔魅の当字もある。『和漢三才図会』巻第三十八獣類の中では、狸・貉《むじな》・貒を区別して解説している。

『本草綱目』は次のように記している。

獾　寺島良安著『和漢三才図会』(国立国会図書館ウェブサイトより)

貒《まみ》は山や野に穴を作って棲み、かたちは小さい。猪に似て肥っていて行動が鈍く、足の掌指跡があり、耳は遠く足は短く毛も短い。口吻は尖り気味で、頭から尾まで褐色で一条の黒が通っている。地面をよく掘っては虫や蟻、瓜や果物を食う。肉は少し泥臭く毛皮は獾《かん》とは異なっている。

肉は甘くして酸味があり、小便が出なくなって死にそうになった者に羹《あつもの》にして食べさせると奇妙に効果がある。

としている。日本の狸には三種類あって、狸と貉、マミタヌキとがあるとしているが結局はすべて狸である。

鎌鼬

かまいたち

鋭くよく斬れる鎌のような爪を持った鼬で空中に浮遊していて姿を見せず、時々人を襲う。襲われた人は皮膚に偃月形《えんげつ》に割れた傷口ができるといわれ、現在でもこれに襲われる人がいる。『本草啓蒙《ほんぞうけいもう》』に

越後高田海辺にて、行人曲阿の処を過ぐるに、忽ち砂高く吹上がりて、下より気出づるが如く覚ゆれば、その人これに射られて卒倒し、省《かえりみ》られざること傷寒の如し。病人の身に必ず偃月《えんげつ》形の傷あり。故にかまきりむしといひ、或いはあかむしといひ、或いはすないたといふ。越後七奇中の鎌鼬も皆同様なり。このこと越後に限らず他国にもあり。

と記され、橘南谿の『東遊記』巻之五、七不思議の項にも越後国（新潟県）の国中にはよくあることで、老少男女の区別なく顔や手足が刀で斬ったように不意に縦または横に鮮やかに切れてしまうが、骨まで達することはないし、血が沢山出ることもな

い。この鎌鼬《かまいたち》に襲われるのは大体川の堤の所か辻であって、この土地ではこれに襲われたら古い暦を燃してその黒灰を粉にして白湯で呑むと治るといっている。或る人は斬られる状態と同じなので鎌鼬という動物の仕業ではなく「構え太刀」という気が襲って来るのであるともいっていると記している。

『倭訓栞』では

奥州越後信濃の地方に、旋風《つむじかぜ》の如くおとづれ人を傷す。よって鎌風と名づく。そのこと厳寒の時にあつて、陰毒の気なり。西土にいふ鬼弾《きだん》の類なりといへり。

とだんだん科学的見方になってきたが、『甲子夜話』巻二十一の三十七項に

『市井雑談集』曰。奥羽の辺、つじかぜを鎌鼬と云。此風に触《ふる》れば、頭面手脚等に創《きず》つく。又三河辺に頽馬風と云風あり。此風吹来て馬に中《あた》れば、其馬頓《とみ》に斃る。然れども、此風吹来て馬に中る事しれず。馬の頓死をも此風に中れりと云にや。すべてつじかぜに中れば、人も多く病み悩むと云。故に旋風草木を揺し来るを見るならば、杖または脇差を鞘ながら抜て払へば、風外へ靡くものなり。左すれば恙《つつが》なしと云。

とある。また伴蒿蹊の『閑田次筆』巻之一に

俗にかまいたちといふは、（中略）此筋にあたるものは刃をもつて裂たるごとく疵つく。はやく治せざれば死にも及ぶとなむ。これは上方にてはなきことなりと思ひしに、今子《ね》のとし（文化元年、一八〇四か？）予が相識の人の下婢、わづかの庭の間にて、ゆえなくうち倒れたり。さてさまざまに抱へたすけて正気に復して後見れば、頬のわたり刀もて切たるごとく疵付しとなむ。即これなるべし。

などと、昔の人は姿の見えぬ鎌鼬の仕業であるとしながらも或る程度風の仕業であろうとも考えていた。気候が変動して空気中の一部に真空を生じ、人体がこれに触れると皮膚が裂けたもので、一種の旋風で大きいのはつむじ風、更に大きいのは龍巻となる。また、羊角風《ようかくふう》ともいう。

狂歌師桃花園三千丸の著した『桃山人夜話』には鎌鼬の怪のことが記され、竹原春泉斎の挿絵には、つむじ風の中心に鼬《いたち》が襲いかからんとした図が描かれている。

鼯鼠

ももんがあ

鼯鼠《ももんがあ》は鼺鼠《むささび》のことといわれ、夜行性のために様々の妖怪譚《たん》がある。

江戸時代末期の碩学《せきがく》、朝川鼎は『善庵随筆』巻之一鵺《ぬえ》の項の中で『平家物語』南殿《なでん》の屋根に出没した妖怪を平清盛が捕らえたところ、公卿詮議《くぎょうせんぎ》して毛しゅう（毛朱）であろうと結論付けたのを、毛朱は毛未《もみ》の誤字であろうと述べている。そして『和名抄』を引いて毛未は鼺鼠《むささび》であるとしている。

この「むささび」は、江戸時代には「ももんぐわあ」という妖怪に見立てられている。

享保《きょうほう》頃の菊岡沾涼《きくおかせんりょう》は『近代世事談』に、毛美（毛未と同じ。和名抄では毛美と書く）は無佐佐美といい一名晩鳥《ばんどり》といっている。これは夜に飛翔《ひしょう》して鳴くから鳥の文字を使ったのであろう。また野衾《のぶすま》ともいう。夜道行く人の炬松《たいまつ》を消して煙を吹いたりするから妖怪とされているが、これは『本草綱目』にいう鼺鼠《るいそ》である。一般では「ももんぐ」といい、子供を嚇《おど》かすときに「ももんぐわあ」といって妖怪のさまを示す、と書いてある。

鼯鼠　鳥山石燕筆『画図百鬼夜行』（川崎市市民ミュージアム蔵）

また着物を常服としていた大正時代頃までの子供は、羽織をかむって臂を広げて顔を見せないようにして「ももんがあ」といって幼い子供を嚇すのは、むささびが肉翼を広げて飛翔するさまを示したもので、獣でありながら鳥の如く飛ぶことが妖怪視される原因であった。

ももんがあの「もも」は「もみ」の転語、「があ」は鳴き声をあらわしたものといこう。

この動物に就て現在では動物学上で解明されているが、昔は中々実態が摑《つか》めなかったらしく『和名抄』に

猿に似た顔をして手と脚の間に翼状の肉膜があり、また蝙蝠《こうもり》にも似ている。よく樹の高い所から低い方に滑空するが、低い所から高い所には飛行し得ない。いつも炬松などの火や煙を食って、その鳴声は小児が叫ぶようである。

と記している。近世は暗夜を行くのに提灯であるが、中世頃までは炬松を用いた。

鼯鼠は夜が活動する時であるが、森などを人が炬松を持って歩いていると、その縄張りを荒らされたくないという意識から物凄《ものすご》い速さで炬松を持っているところを飛翔して火を消してしまう。それでくすぶっている煙を食うと誤解されたのである。

飛翔するときに広げる手足の間の皮膜は丁度寝具の蒲団《ふとん》を広げたようであるので野衾という異名も付けられ、樹を駆け登るために鋭い爪を有しているので、恐ろしい獣と思われていた。

人語を話す猫

じんごをはなすねこ

猫が人語を話すという譚は『耳袋』巻の四と巻の六に載っている。

寛政七（一七九五）年の春に牛込山伏町（新宿区市谷山伏町）の某寺に大切に飼っていた猫が庭に来た鳩を狙っているので、住職が声を出して鳩を飛び立たせてしまった。すると猫が「うむ残念なり」と人の言葉で言ったので住職は驚いて小柄《こづか》を抜いて猫を追い、台所で捕らえて「おまえは畜類でありながら人の言葉を喋るとは奇怪至極、いまに化けて人を誑《たぶら》かすであろう。ひとたび人語を話すからには喋れるであろう。何故喋れるようになったか理由《わけ》をいえ。いわぬのならわしは殺生戒を犯してまでもおまえを殺すぞ」と嚇かすと、猫は「猫だとて人間の言葉が喋れるのはわたしだけではない。十年以上も生きていれば大抵の猫は人間の言葉ぐらい喋れるようになる。十五年も生きれば変化《へんげ》の力もつく。ただ十年も生きる猫は少ない（現在は環境と餌がよいから十五年位生きるのはざらであるが、昔は冷飯に汁のぶっかけか、鰹節を混ぜたもの、または人間の食べ残しの魚の骨付きが一般での餌であり、猫に対する健康管理が不行き届きであったから短命が多かった）から人間が猫の能力に気が付かないのだ」と答えた。住職が「お前は飼ってから未だ十年も経たないのに何故喋れるのだ」と問うと「狐と猫が交わって生まれた仔は年をとらなくてもものをいうことぐらいできる」と答えたので「それでは許してやろう。しかし今おまえが人間の言葉を喋ったことは他人は知らないから、他人の前では決して喋るなよ。それなら今迄通り飼ってやる」というと猫はしきりに御辞儀をしていたが、外に出るとそれきり戻って来なかった。

もう一つ巻の六には

江戸番町（東京都千代田区一番町あたり）の或る武家の邸では、鼠がいくら繁殖して家の中を駆け廻っても決して猫を飼わなかった。その理由は、この邸で祖父の代から飼っていた猫が庭先に来た雀を取り損なって子供のような声を出して「残念」といったので、邸の主人が驚いて猫を押さえつけ火箸で威嚇し「こいつ畜類のくせに人の言葉を吐くは怪しい奴」というと、猫が「わたしは何も言った覚えはないよ」と人の言葉でいうので呆れているうちに猫は隙を見て逃げ出してそれきり戻って来なかった。これによって猫は魔性のものと思うようになり、飼わなくなったという。

猫が鳥を捕え損なったのを見た者が心の中で「残念」といったのを、猫がいったように錯覚したのが話として作られたのであろうが、現代でも猫が人語を話すような錯覚はある。

平成四年四月の読売新聞であるが、飼猫が「御飯」といって要求したが、よく聞くと、口に籠《こも》ってニャンと鳴くとグワンと聞こえ、人間が勝手に御飯といったように受け取ることがあることが報じられ、著者の家の飼猫も全く同じであった。このように人間が早とちりの誤解で妖性視《ようせい》するのである。

老婆に化ける猫

ろうばにばけるねこ

飼猫が古くなると老婆に化けるという話は世間に多い。『耳袋』巻の二に

俗間の話では年劫経た猫は老婆を食い殺して老婆になり変わるという話があり、或る所の母親がその例であった。その母親は急に残酷な振る舞いが多くなったので、これは化猫が成り変わったのであると気付き、母親を斬殺したところ、死骸はやはり母親であった。その武士は親殺しの大罪を犯したことに驚き、申し訳ないから切腹してお詫びをするからと見届人に友人を頼むと、友人が今暫く様子を見ろと止めたので、母親の死骸を見守っているとやがてそれは猫の死骸に変わっていったという。

また江戸駒込（東京都豊島区駒込）のさる組の同心の母が鰯売りを呼び入れて金を見せ、その鰯を全部買うから値段を安くしろと言った。鰯売りはそんな端《はし》た金で全部の鰯は売れぬと押し問答しているうちに母親の顔は見る見る口が大きく裂け、耳が頭の上に立ち、目はランランとして凄い猫の形相になったので鰯売りはびっくりし

て荷を置いたまま逃げ去った。丁度非番で昼寝をしていた息子の同心が目をさまして母親を見ると恐ろしい顔の猫であったので、さては猫が母を喰殺して今迄母の姿となっておれをたばかっていたのかと、嚇《かっ》となって母親を斬殺してしまった。この騒ぎで隣近所の者が駆けつけ色々と様子を見ていたが、いつまでたっても猫の正体をあらわさず母の死骸のままであったので申し訳ない誤ちを犯したと同心は自殺してしまった。

これは猫が母親に憑いた例であろう。滝沢馬琴の『南総里見八犬伝』にも猫が老婆に化けた話がある。

猫股　ねこまた

猫股《ねこまた》というのは猫が劫《こう》を経て妖怪的存在となり、さまざまの怪異や悪害行為を行うもので、そうした猫は尾の先が二股《ふたまた》に分かれていると考えられたところからつけられた名である。

また猫股の「また」は猴《さる》の属であるという話が加えられ、山野に棲む怪猫の名になったともいわれるが、藤原定家《ていか》の『明月記《めいげつき》』天福元（一二三三、鎌倉四代将軍頼経の頃）年八月二日の条に

南都云、猫股獣出来、一夜噉㆓七八人㆒死者多。或又打㆓殺件獣㆒。目如㆑猫、其体如㆑犬長云云。

とあるから鎌倉時代にはすでに猫股の語があり、怪猫譚があったが、これは果たして猫であるかどうか、目が猫の如く、体は犬の如くであったとしている。あるいは別項で述べる黒眚《しい》であるかもしれぬが、猫股として猫の語を称しているから怪猫であったかもしれぬ。

しかし猫股の語と猫の妖《よう》が流布していたことは事実で、鎌倉時代末期には一般に猫股の怪が信じられていたからこそ兼好《けんこう》法師の『徒然草《つれづれぐさ》』にも「奥山に猫またと云ふ物ありて」などと記されるようになり、後世まで長く信じられた。『明月記』では犬ぐらいの大きさと表現されたが、後世になる程大型化し、貞享二（一六八五）年の『新著聞集』には紀伊《きい》国熊野《くまの》の山中でワナにかかった山猫（猫股）は猪位の大きさであったといい、『寓意草《ぐういそう》』には犬をくわえていった山猫を射殺したが、頭から尾の先まで

九尺五寸（約二・八メートル）もあったと記され、『倭訓栞』では鳴き声が山にこだましたというから、獅子《しし》か豹《ひょう》以上の大型である。尤《もっと》も現在でも西表島《いりおもてじま》のイリオモテヤマネコは獰猛《どうもう》で敏捷《びんしょう》で有名であるが、この猫よりも大きい豹位の山猫がいるとの噂もある。

こうした大型の怪猫は別として、飼猫や、飼猫の野生化したものが猫股となって、人々に害をなすということは常識的に考えられていたから故実作法の大家伊勢貞丈《いせさだたけ》すら猫の怪異を信じていたらしく『安斎随筆《あんさい》』に

数年の老猫、形大に成り尾二岐になりて妖怪をなす。これを猫またともいふ。尾岐《おまた》の故なるべし。近頃、或大家にて猫妖をなすことあり。屋上に寝たるを見しに尾根より二岐になりて有りと。其家臣のかたりき。つれづれ草にねこまたの事あり。昔よりいふ事と見えたり。

と述べ、碩学の新井白石《あらいはくせき》すら「猫股といふもの金華の家に飼ふ猫、三年の後より人をまどはすといふ」といっているくらいで、猫は古くなると尾が二つに分かれると思われ、怪異能力が付くということは疑われていなかった。『本間見聞録』にも

天保九（一八三八）年麻布笄橋の堀田備中守下屋敷で頻々と何物かに誑《たぶら》かされるので狐狸の仕業であろうと、領地である下総国佐倉の百姓で狐を捕らえることの名人の百姓惣兵衛を呼んで退治を命じた。惣兵衛は仕掛けをして六、七匹程の狐を捕えたが、或晩仕掛けがあまり騒々しいので大勢で集まったところ、尾が二股に分かれた大猫が捕まっていたので打ち殺した。

また『想山著聞奇集』には

上野国で屋根葺を生業とする男がいて老母と暮らしていたが、誠に親孝行で、酒好きの母親に毎晩二合ずつ酒を飲ませたりしていた。ところが母親が近年急に残忍冷酷になってきた。ある時家に仲間を呼んで酒盛りとなり母親も大酒して寝てしまったが、気がゆるんだと見えて猫の本態をあらわしたので、皆で捕らえた。よく考えると母親が酒好きになったのも残忍になったのも三年前頃からであるので、これはきっと何処かの古猫が母親を食い殺して化けていたにちがいないと、代官所に届けたところ、役人も面倒臭かったのか、届けのおもむきに相違いないであろうから勝手に処分してよいという許可が出たので、その猫を殺して埋め、あとの祟りも恐ろしいので石碑を立てて猫俣塚と称した。

猫股　『画図百鬼夜行』(川崎市市民ミュージアム蔵)

という。猫は年を経ると尾が二股になり人を食い殺すと思われているので、こうした怪談話は頗る多く、化け猫騒ぎは瓦版《かわらばん》にまで出ている。

山猫《やまねこ》

昔は猫は粗食であったから一般的には五、六年位しか生きないが、現在は十五年から二十年は普通の場合生きているし、稀に四十五年も生きているという。怪猫譚に出て来る猫も四、五十年の年劫《ねんごう》経たもので、多くは飼主を見限って山に入ったりして野生化する。

こうなると意外と大猫になるもので、沖縄の西表島《いりおもてじま》には、豹程の大きさのイリオモテヤマネコの痕跡《こんせき》がしばしば発見されているという。従って、野生化して年数経た猫は大猫になって獰猛の性質となったものもいたらしく、『甲子夜話』巻二十の二十二項には

踊る猫　一勇斎国芳画『黄金菊花都路』部分（国立国会図書館ウェブサイトより）

中山備前守の領地常陸国太田（茨城県常陸太田市）の山の中で備前守が猟をしている時、一人の男が真蒼になって慌てて駆けて来るので家臣が何事かと訊くと、山猫に追いかけられているという。ふと見ると犬よりも大きくて紫色の毛の猫が牙をむいて現れたので備前守は火縄銃を構えて一発で撃ち殺した。かかる大猫は珍しいというので、家来に命じて屋敷に運ばせ、記念にと皮を剝いで、それで袖無羽織を作ったが、尾の部分は坐ると後ろに長く引いたという。

と記されている。松浦静山は大名同士の間では中々交際家であるから、これも中山《なかやま》備前守《びぜんのかみ》(水戸《みと》家の家老)から直接に聞いた話であろうことを考えれば法螺《ほら》話でなく実話であろう。

猫が妖怪視される要因は

一、じっと物を見詰める習癖。

二、近寄るのに音を立てないこと。

三、身体がしなやかで身長の倍、時には五倍程の高さに飛び上がったり飛び降りたりすること。

四、鋭い爪を隠していて必要の時には武器として使用すること。

五、無邪気で愛らしいと思われる反面、獰猛で敏捷であること。

六、人によく馴《な》れるが自我が強く、人の強制に中々応じないこと。

七、人に飼われているという意識がなく、人と対等と思っていること。

八、瞳が丸くなったり細くなったりして夜目が光ること。

以上の点が不可解と思われ、猫の本質を理解しにくいために妖怪視されるので、現代でも神経が繊細な者は猫を恐れ嫌うことがある。

野猪《やちょ》

『今昔物語』巻第十七有光来死人傍野猪被殺語第三十五に

或る所に兄弟が住んでいたが、親が死んだので棺を埋葬するまでの間家に安置していた。すると夜になると棺のあたりで物音がして何か光るので、不審に思って確かめようと、翌日の夜に弟が死人のように髻《もとどり》を切り放って裸になり、刀を股の間に隠して死人の上に仰向けになって棺の中に寝て待っていた。鬼気迫るような無気味な光景である。

すると天井板が静かに開いて何か降りて来る様子。目を細目にして見ていると落ちるような音がして、そのあたりがぼーっと光り、それが棺に近付いて来るので弟ははね起きてその光り物に組み付き、刀で突き刺すと光りは消えてその物は動かなくなった。

この物音に兄が駆けつけ、灯りを燈してよく見ると、それは年老いた野猪であった。鬼ばかりでなく野猪も死人を食いに来るのであろう。

と語っている。また『同書』同巻の於播磨国印南野殺野猪語第三十六に

西国から徒歩で旅する男が播磨国（兵庫県）印南の野を通った時に日が暮れた。そこに小庵があったので休むことにして中に入って暫くすると、遠くの方で鐘を叩き念仏の声がし、沢山の火を灯して大勢がだんだん近付いて来る。男は様子を見ていると庵の近くまで来て穴を掘っている。葬式であった。今迄気が付かなかったがここは墓地のようである。大勢の人々は棺を埋葬し卒塔婆を立てたりして皆帰っていって静かになったが、その墓のあたりに何かうごめくものがあるので暗い中を見定めていると、裸の人が墓土の中から現れ、身体の方々から燃え出している火を吹き消しながらこちらに近付いて来る。男は剛気な性格であったが流石にぞっとして、これはきっと鬼が死骸を食いに来たのであろうから、ここにいることが見つかると自分も食われてしまう。それならこちらから飛び出して行って斬り斃《たお》してやろうと太刀を抜いて斬り付け、それから夢中になって人里の方に逃げた。追って来る気配もないのである家の門のところにかがまって身を潜めた。夜があけてから土地の人に逢ったので昨夜のことを話すと、土地の人は不思議そうな顔をして「それはおかしい。あの小庵のあたりは墓場でもなければ、このあたりの家で葬式を行ったこと

も無い。論より証拠、行ってみよう」と、村人達と男は連れ立って小庵の所に行ってみた。勿論墓場らしい気配もなかったが、ただ一頭の大猪が斬られて死んでいた。

何とも不思議な話であるが、野猪《やちょ》も年劫経ると人を化かしたり死人の肉を食ったりするのである。

昔より猪突猛進《ちょとつもうしん》とか猪《いのしし》武者といって我武者羅《がむしゃら》に突進する猛烈型の形容にされるが、猪は首が短いので、横を向くことができないと思われ、猪に襲われたら、近付く直前に脇へそれると、それに向かうことができず難を免れるといわれている。しかしその勇猛さは古代から強いシンボルに目され、猪の牙《きば》は首飾りに用いたり、武家時代には箙《えびら》の表面に貼って逆頬箙《さかつらえびら》としたり毛沓《けぐつ》として用いられたりしたのは、その強さにあやかるためである。『日本書紀』に日本武尊《やまとたけるのみこと》が伊吹山《いぶきやま》の悪神を退治するために山に登ったところ、霧の中から悪神が白猪に変じて近付いたとある如く、古代は猪も変化の一種であったのである。

また猪は仏教では神の乗物ともされて尊敬されていることは、摩利支天《まりしてん》が猪に乗っているることにもよる。

猿神

さるがみ

『今昔物語』巻十六飛騨国猿神止生贄語第八に

昔、廻国修業をする僧が飛騨国（岐阜県）の山中を道に迷い滝の所に来て途方に暮れていた時に、笠を被って荷を負った男が来たので道を尋ねようとしたら、男は滝に飛び込んで姿を消してしまった。そこで僧も滝に飛び込んでその裏側に出ると道があってやがて人里に出たが、先刻の男が長老らしい男を連れて迎えに出た。奇異に思っていると立派な家に案内されてさまざまな御馳走でもてなされ、その上廿歳程の美しい娘を差し出したので、僧も馴染んで八ヵ月ばかりそこで過ごし還俗して夫婦となった。毎日の御馳走続きなので男はすっかり肥えて来たが、妻は日ごとに歎き沈むようになったのでその理由をきくと、この里では一年に一回山の神に生贄を出すことになっており、今年もその人選に苦しんでいたところ、あなたが来たので、村中があなたを生贄にするためにもてなしていたのです。しかしこのように夫婦の契りをしたために、あなたが生贄として山神に食われる運命となっていることが悲しい」といって泣く。男は「その神というのはどんな姿のものか」ときくと、「大きな女猿のような姿をしている」というので、男は「そうか、それならわしに考えがあるから刀を一本くれ」といった。いよいよ期日がきて男は山中の社前に連れて行かれ、そこに置かれた俎《まないた》の上に寝かされ、人々は舞楽を奏し酒を呑んで戻っていった。夜更けたころ社の扉が開いて人くらいの大きさの猿が続々と現れ、最後に銀色に光った歯をきらめかせた一段と大きい猿が現れ、俎に近付き魚箸《まなばし》・包丁をとり上げて男を斬ろうとしたので、男は股の間に隠していた刀を抜いてその主領格の猿を押し倒し踏みつけて刺し殺さんばかりにして、「貴様らは猿ではないか。神といつわって毎年生贄を要求するとは言語道断。神と称するからには刀で斬れない筈であるから試しにそこにいる猿共を二、三匹斬れるか斬れないか斬り殺してやろうぞ」と嚇すと、猿共は怖れたので、その頭分の猿と仔分の猿二、三頭を葛の蔓で縛り上げ、社に火をつけて里に戻った。里では生贄を捧げた数日は家の戸を閉して物忌みするしきたりであったので何処の家も外に出なかったが、男の妻が気が付いて急いで迎えてくれたので、人々も集まって来た。男は縛した猿を皆に見せ「年来神といつわって人の生贄を食った憎い奴」と弓で射殺そうとすると舅《しゅうと》が助命するので、笞で打ちすえて山に追放した。それ以後猿は要求することなく、男もこの郷の長者として幸福に暮らしたという。

これと似た話が『同書』同巻、美作国神依猟師謀止生贄語第七にある

犬を猟の用に使っている男が美作国のある郷に行くと、美しい娘を持つ両親が歎いているのに出逢った。そこで男がわけをきくと、この土地には中参高野《ちゅうさんこうや》という神がいて、毎年この神に処女を生贄に捧げないと村中に祟りがあり、今年はうちの娘が捧げられる番に当たっている。この悲運を回避できぬ故に悲しんでいるのであるという。そこで男はその神とはどんな神であるかと問うと、それは恐ろしい神で猿と蛇の合いの子であり、とても吾々の力の及ぶようなものではないと答えたので、そんな人を苦しめるような奴は神ではない。おれが退治してやる、その代わりその娘をおれの嫁にくれるかというと両親は喜んだ。男は次の日から山に行っては猿を捕らえて来て犬たちにけしかけさせ、犬が猿を見ると躍りかかって食い殺すように仕向けた。やがて生贄を捧げる日が来ると、男は犬の中で最も勇敢で強いのを二匹選んで、それと一緒に長櫃の中に入り、村人に担がれて山の神社に行った。村人たちは恐ろしいので早々に立ち去った。真夜中の頃になると、神社の後ろから高さ二メートル程の大猿を中心に百疋程の猿が現れて長櫃を囲み蓋をあけた。と同時に中から二匹の犬が飛び出して大猿に噛みつくと男も飛び出して大猿を捕らえ刀を咽喉元

に突きつけ、「汝が多年多くの娘を食い殺して来たから、今度は汝が殺される番だ。汝がもし神だというのならおれを殺してみろ」と嚇かした。丁度その頃近くに住んでいた宮司に神託があって「我は以後決して生贄を要求しないから助けてくれ」という声が聞こえたので、宮司は急いで社前に駆けつけ、大猿に馬乗りになっている男に神託を告げて助命を頼んだ。男は止むなく「以後決して人に害をするな」と約束させて大猿を許したので、大猿小猿共はほうほうの態で山中に逃げ込んだ。男は美しい娘と結婚し末永くその家は栄えたという。

これらは犠牲要求とそれを退治する英雄譚で、八岐大蛇退治の話以来一定のパターンを持つもので、犠牲要求する者がいろいろの動物に置き換えられるが全国的、否、世界的に見られる筋である。日本に人よりも大きい猿は棲息《せいそく》していないことになっているのが、何故大猿の話が作られるか。これは日本古来の思想で年劫経れば次第に大きくなるという樹木の成長と同じにみる考えが根底にあり、樹木すらも数千年経つと精が凝って色々の能力を発揮するとみているから、動物も特別に長生きすればそれに伴って大型となり、超能力を有するようになるという発想である。

こうした大猿神の話が『今昔物語』に二カ所も記されているということは、鎌倉時代すでに大猿伝説が作られていたことを物語るもので、中国の『抱朴子』『山海経』

『神異経』『本草綱目』等に記されている山精、猿猴《えんこう》類が人を犯す話が日本に伝わり、社会から脱落して深山に隠れ棲む人間や野猿の被害に結びつけられ、土地の伝承となったものであろう。

狒狒　ひひ

猿神《さるがみ》退治は後世では豪傑の武勇譚として語られ、岩見重太郎《いわみじゅうたろう》の狒狒《ひひ》退治を始めとして多くの類話があるが、白猿・狒狒・鵺《ぬえ》的怪猿として語られる。

猿神が処女要求する譚は、『本草綱目』に玃《やまこ》（玃の項参照）が牡だけしか生棲《せいせい》しないので人の女性をさらって犯すという記事があり、男の生贄《いけにえ》を要求するのは、『神異記』にある狪で、牝だけしか生棲しないから人の男をさらって交じり子を産むというのがある。

そして猿神が日本にいない筈《はず》の狒狒に変型するのは、『本草綱目』の知識が根底になって年劫経た大猿のイメージを狒狒に当てはめたもので、狒狒は好色であるという観念が植え付けられ、近世では処女要求の猿神は狒狒が多い。柳田国男氏の『妖怪談

狒狒　月岡芳年筆大判三枚続　岩見重太郎の狒狒退治の図、部分（山口県立萩美術館・浦上記念館蔵）
岩見重太郎が廻国修業の途中、或る村で山の神が毎年処女を要求しているのを知り、神が人間の犠牲を要求するはずはないから妖怪であろう。と退治することを引受けた。現れたのは仔分猿を従えた大狒狒で、重太郎はこれを退治した。図では、狒狒は狩衣をまとっている。

義』にも

唯疑を容れざる一事実は、近世各地で遭遇し乃至は捕殺した猴に似て、これよりも遥かに大なる一種の動物を、人がヒヒと呼んで居たということだけである。和訓栞の狒狒の条には安永以後の或年に伊賀と紀伊とにこの物現れしことを記し、更に天和三年に越後桑取山で鉄砲を以て打取ったのは大さ四尺八寸云云、正徳四年の夏伊豆豊出村で捕ったものは長七尺八寸余云云と述べている。但し最後のものは果して狒狒であるか否か疑はしい。面は人の如くとあるが、而も鼻四寸ばかり手足の爪は鎌のやうで水掻があったとある。（中略）静岡県の新聞などに冬になると殆ど毎年一つ位づつ現はる狒狒捕殺の事件……（後略）。

などと記され、昭和時代でも、実体を把握しかねる大猿とおぼしきものが出没した目撃談・捕殺譚があり、これらは伝承の観念通り狒狒と俗称されている。

ではその狒狒という動物を昔の人はどういうふうに考え観察して来たか、その一例として『和漢三才図会』巻第四十寓類恠類の中では『本草綱目』を引いて

狒狒は南西の方にいてその状《かたち》は人のようである。頭は髪に覆われていて走ること早

く、人を捕らえて食う。黒毛に覆われていて人の顔に似ているが、上唇が長大で人を見るとよく笑うが、その時に上唇はめくれて目にかぶさる程である。大きい狒狒は三メートル程もある。宋の建武の頃（宋時代の建武の年号は斉の廃帝鬱林王四九四年の時に建武の年号、また後漢の光武帝の時、二五年に建武を称した。）獠人が雌雄二頭の狒狒を献じた記録があるが、それは人の顔に似て赤い毛で猿にも似ていて尾があり人語を喋ったり鳥の鳴くような声を出し、よく人の生死を予知した。力があって千斤の重量を持ち、物に倚りかかってよく睡り、人を捕るとよく笑ってからこれを食った。狒狒を捕らえるには、竹筒で押さえてめくれた唇を額の方にそらして錐でさすと目が見えなくなるので殺すことができた。髪は長いので髱《かつら》に使うことができる。その血は染料に用いることができる。

狒狒　寺島良安著『和漢三才図会』（国立国会図書館ウェブサイトより）

などと記され、これはゴリラかチンパンジーの類《たぐい》であろうが、いくら昔でもこれらは日本にいなかったであろうから、やはり、猿類の中で異常に発育したものがいて、それを『本草綱目』の狒狒に当てはめたものであろう。
しかし日本に於ては狒狒に該当する猿猴類は実在しておらず、猿神が処女要求もしくは人身御供《ひとみごくう》を要求する伝説などから婬欲《いんよく》甚だしい老年の男の渾名《あだな》に用いられ、「狒狒おやじ」等というから、狒狒即ち猿神は人間に化生して存在することになる。

犬神《いぬがみ》

伴蒿蹊の『閑田耕筆』巻之二に

九州には犬神つかひといふもの有。犬の霊を祭りて使令すと伝ふれども、是も其奇特をなすこと、神霊に似たりといふ意にてやらん。出雲・伯耆のあたりにては狐持と称《とな》へて、彼は何疋もちたりなどいふよしなり。其意に違ふ者には、とりつきて悩す事、状をきくに全く同じ。中原の者には敵すること能《あたは》ざるも同じとぞ。

とあり、犬神《いぬがみ》使いといわれる者があって犬神を狐神のように自由に駆使して相手を

苦しませる。それでは犬神とはどういうものかというと黒川道祐《くろかわどうゆう》の『遠碧軒記《えんぺきけんき》』下之二に

田舎にある犬神と云ふ事は、其人先代に犬を生《いき》ながら土中に埋て咒を誦してをけば其人子孫まで人をにくきと思ふと、その犬の念その人につき煩ふなり。それをしりてわび言してて犬を祭れば忽愈《いゆ》。くちなはも右のごとくにす。それはとうしんといふ。田舎西国辺にては今もある事なり。

とある。犬を土中に生きながら埋めて呪をとなえて自分の使い神とするもので、また一法として犬を首だけ出して土中に埋め、その前に御馳走《ごちそう》を置いておく。犬が饑餓《きが》で一念凝った時にその首を刎《は》ねて祭れば、犬の魂魄《こんぱく》が何でもいう事をきくようになるという。残虐で低次元の思想で古代の犠牲信仰からきたものであるが、江戸時代頃までは犬神使いの者という差別が公然と通用し、地方によっては犬神に憑かれたと信じる者が昭和初期頃まであった。

喜多村信節の『嬉遊笑覧』巻八方術の項に

四国辺では犬神というものがあって、この犬神を使う人は、誰でも相手が憎いと思

うと、祭られている犬が忽《たちま》ち、憎い者に取り憑いてくれる。するとその者は身心悩乱して理由のわからぬ病気となり、やがて死んでしまう。これはどういうことかというと、犬神憑きがいるという話を普段耳にしていて、それが潜在意識にあるので、何か悪いことがあると犬神に取り憑かれたと思い込んでしまうから益々状態を悪くして犬神を信じてしまうのである。

風邪とか瘴癘《しょうれい》で熱が出てうなされたり苦しんだりするとそれは犬神が憑いたと思い込み、またまわりの者もそう信じて騒ぎ立てて事実のようになってしまう。そこで祈禱して犬神を追い出そうとすると、本人自身が犬神が憑いたと思い込んでいるから、あらぬ妄想を起こして口走ったりしてやがては狂乱の果てに死亡してしまう者もあるのだ、と四国に住んでいる医師が語った。中国・四国あたりには蛇神憑きというものもあって、これも様相は犬神憑きと全く同じである。

と記している通りで、狐憑き、蛇神憑き、犬神憑きは症状は全く同じで、風土によって憑くものが異なるだけである。

よって犬蠱《いぬこ》ともいい一種の外法《げほう》（妖術《ようじゅつ》）であるから、一般人は犬神使いと知るとその家の者とは縁組みをしない。しかし現代に於ては地方人がどしどし都会に住むようになり、かつて差別されていた者も都会では一向にわからなくなっているから全く意識されておらず、したがって犬神の威力もその能力を発揮できなくなっている。

むしろ都会に住む者は転勤などの時に、愛玩《あいがん》用として飼っていた犬を置き去りにしてしまい、野犬化し、役所によって処理されてしまうので、そうした立場に置かれた犬はもとの飼主をどんなに怨《うら》んでいるか。

捕殺された場合には元の飼主に憑くであろうから、犬神憑きは現代でも存在すると見てよいのであろう。

貘《ばく》

貘《ばく》は『和漢三才図会』巻第三十八獣類の中に

貘　ばく　唐音モツ

『本草綱目』には貘は熊に似て頭は小さく脚は低くして毛は黒白の斑文があり、短毛で光沢がある。または黄色、蒼白色のものもあるといわれ、象や犀のように身体に比較して小さい目で、尾は虎の尾に似て足には力がある。よく銅鉄の固いものや、竹や蛇類を食す。貘の骨は固くて頑丈で、骨芯まで充実しているから髄は少ない。貘の糞は武器となるくらい堅く玉を裁断できるくらいで、その尿は鉄を溶かす程で、歯や骨は刀や斧で斬ろうとすると刃こぼれする程固く火で焼いても損なえない。そこで人の中にはこの歯や骨を入手すると、これが釈迦の歯や骨だと詐《いつわ》って舎利塔に納めたりしている。貘の毛皮は座蒲団や寝具に用いられるが、湿病疾病悪気を避けるといわれるので、貘の図を描いて悪疫を避ける風習がある。唐時代には貘を描いた屏風が使われたくらいである。

としている。大変な能力ある動物であるが、動物学上貘《タピール》と名付けられたものに外形は似ているが、全く想像的動物である。

タピールは有蹄《ゆうてい》類の奇蹄《きてい》類貘科でおとなしい動物でこれが伝説の夢を食う動物とされるようになったのは何故であろうか。

中国の『唐六典《とうりくてん》』詞部郎中職に十二神の中に莫奇《ぼくき》という夢を食う動物の話があり莫奇から貘が結びつけられたものらしく『節序紀原《せつじょきげん》』にも

いまの世に節分の夜に貘の形を描いたものを枕に用いたり描いたものを敷いてねると、悪い夢を見たときに貘が食ってくれると信じる風習がある。考えるにその元は

江戸時代の箱枕の側面に描かれた貘＊

『爾雅』という書から出たようである。これに貘は金属のような固いものや竹を食うとあるが、夢を食うという説は記していない。

唐の白居易の貘を描いた屏風に讃して、貘は鼻は象のようで目は犀に似、尾は牛に似て足は虎に似る。貘の皮は湿気を避け、その図を敷くと邪気を避ける。いまの世で白澤と混同している。また、『陸佃』がいうのには、貘の皮を座蒲団や寝具に用いるともろもろの湿病悪気を避けるといっているのを、悪い夢を食うというのに誤まったのであろうか。

とあり、貘が夢を食うというのは誤解であろうが、貘自体の解説そのものが空想的である。従って獏は白澤であるという人も出てくるが、縁起物として獏の図や文字を用いるようになったのは室町時代末期頃からであるから、獏が夢を食うという俗信が日本に伝わったのはそれ以前からであろう。

『不忍文庫画譜《しのばずぶんこ》』に

睦月に用ふる宝船のえはいつの頃より始りぬるにや。大永のころ巽阿彌が記に見えたれば其前よりや行はれぬらむでや此一ひらはかけまくもかしこしき後水尾院獏の字を書き給ひて御手づから版にえらせ給ひしとて、今も勘使所にひめおかるとかや。

とあり、正月の初夢には宝船の図を描いた絵を枕の下に敷いて寝る縁起的風習があって宝船の帆の中央に「宝」の字を書くのが一般であるが、目出度《めでた》い吉夢をばかり見るとは限らず嫌な夢を見ることがある。そこで夢を食うと言い伝えられている獏を図の代わりに文字で書き込んだ宝船の図も使われたことを物語るものである。後水尾院《ごみずのお》（在位一六一二～二九）は江戸時代初期の天皇である。

また『萩原随筆《はぎわら》』には、これは後小松院《ごこまつ》（在位一三八三～一四一二年、足利《あしかが》四代将軍義持《よしもち》在職の頃、室町時代初期）の事ともしている。

獏の図の札が縁起物として流行したのは江戸時代で、井原西鶴の『好色一代男』に

も

二日は越年にて或人鞍馬山に誘はれて一原といふ野を行けば、厄払ひの声、夢違の獏の札、宝船売など鰯柊をさして鬼打豆云云。

とあり、獏の図を枕に敷くのは晦日とも一日ともいう。

このように、獏が夢を食うと信ぜられたのは日本だけのようである。

そのために江戸時代頃までの箱枕には側面に獏の絵を描いたものもあり、この縁起の獏の絵は動物学上の獏《タピール》とは全く似ていない動物である。

白澤《はくたく》

中国で想像された霊獣であるが、日本でもその存在が信じられており、時には獅子の別名ともされているが、中国日本の獅子は実在のライオンのデフォルメから生じた想像上の霊獣とされていいて形貌《けいぼう》が全く異なっているから、白澤を獅子に該当せしめて

白澤　『旅行用心集』＊

も、殆《ほとん》どの表現を空想的奇型として形作られる。

従って動物学上有り得ない形態と能力を有しており、道教上の瑞獣とされる。

往々にして人面獅子身で、時には身体中に多くの目を有し、能《よ》く人語を喋《しゃべ》り、帝王有徳であれば出現するという。

『山海経』に

東望山有レ獣、名ニ白澤一能言語、
王者有レ徳明照ニ幽遠一則至。

とあり、『黄帝内経《だいけい》』にも

黄帝が巡幸して東の海辺に来て

白澤　『安政午秋頃痢病流行記』＊

そこの桓山という山に登り、海辺の所で白澤という神獣を得た。この獣は人間の言葉を話し森羅万象のことに通じており、古いことから今に至るまで知っていた。そして精気が凝って物の形を為し、遊魂が変化して生じたものは大略一万一千五百二十種もあると白澤が教えてくれたので、これは尊い神獣であるから、これを国民に認識させるべきであると画工に命じて白澤の姿を描かしめて流布したのが、白澤の図である。

と記され、『軒轅《けんえん》記』にもこのことが載っている。寺島良安の『和漢三才図会』巻第三十八獣類の項にも『山海経』を引いて説いている。江戸時代は縁起物の護符として描かれ、『旅行用心集』等には、この白澤図を懐中していると旅行中を守護してくれ、開運瑞祥《ずいしょう》を受け災難をまぬがれると説いており、また獏と同物であるとの説もある。想像上の瑞獣としたら随分薄気味悪い形の動物である。

この白澤図が流行したのは安政五（一八五八）年で、この年の夏頃に駿河国からコロリ（コレラ）が発生し、七月には江戸にまで蔓延《まんえん》し、『武江《ぶこう》年表』によると死者は二万八千余人、瓦版では火葬された者十二万三千余人と猛威をふるった。この時に天寿堂で発行した『安政午秋《うまのあき》頃痢病流行記』には白澤の図が描かれ

毎夜《よごと》このゑを枕にそへて臥すときハ凶《あしき》ゆめをみず、もろもろの邪気をさるなり。神たちがせわをやく病このすへハ
もうなかとミのはらひきよめて

と記してある。夢を食う獏のように邪気悪病をはらう縁起の良い霊獣として民間に流布していたのである。

騰黄《とうこう》

狐の姿で背に二本の角があり、肩のあたりから火焔が燃え、尾が身長の二倍以上もある怪獣であるが、瑞獣として紫《し》宸殿《しんでん》の御帳《みちょう》の上の帽額《もこう》（御簾《みす》の上に横に長く引かれた一幅の布）に描かれている。

日本開闢《かいびゃく》より二千年以前に日本に住んでいたが、この霊獣は中国に渡って黄帝の乗用になったと伝えられる。黄帝は中国古代の最初の帝王で、辛亥《しんがい》革命（一九一一～一二、清《しん》朝を倒して中華民国を作った）の時に黄帝紀元四六〇九年としているから、今から四六九〇年程前の話である。

何故日本の霊獣が中国に渡ったか、その理由はわからないが、恐らくその時代には日本では未《いま》だ天皇制度も無く国らしきものも無い未開の時代であったので、先進文明の中国に渡って黄帝を補《たす》けて国を作らせ、日本に国家が成立してから戻って来て天皇を護《まも》る霊獣となったのであろう。皇帝や天皇を成立させるための霊獣で、天皇即位式を行う紫宸殿の高御《たかみ》座《くら》の帽額にその姿を現して見守っているのであるから一般の人達の目には触れない存在である。

この事を記したのは木《き》村《むら》明啓兼葭《けんか》堂《どう》の著した文久元（一八六一）年刊の『霊錦随筆』で

京都の或る官位身分高い公家に騰黄という神獣の図が所蔵されているのを見た。この神獣は狐の姿であるが、それとはまた異なった部分がある。説によると此神獣は日本神世の昔から棲んでいること二千年（一説に三千年）で、中国に渡ったのが丁度黄帝の時代であった。黄帝は三皇五帝という中国古代の中で最初に皇帝になった人物であるが、黄帝はこの騰黄に乗って広い中国を経廻って国を作ったのであるが、こうした動物に乗ることによって初めて人民に馬に乗ることを教えたのである。中国の史書に黄帝が八翼の龍に乗って天下を周遊したとあるのは、本当はこの騰黄に乗って周遊したことなのである。御即位の儀式の時に紫宸殿の帽額に描かれているのは此の騰黄である。『軒轅本紀』に騰黄は神獣である。其の毛色は黄色で形は狐のようであり、背に二本の角があり、龍の翼のようなものが生えている。日本国に産してより三千年もたって、中国の黄帝がこれに乗り、中国の四方隅々まで行って之を治めた。中国の書に八翼の龍に乗って天下を経廻ったというのは、実はこの騰黄に乗って経廻ったのである、とあり、或る本には龍翼馬身で乗黄《じょうこう》というとあり、また別の本では飛《ひ》黄《こう》、または古《こ》黄《こう》、翠黄《すいこう》などといっているが、いずれも日本国から

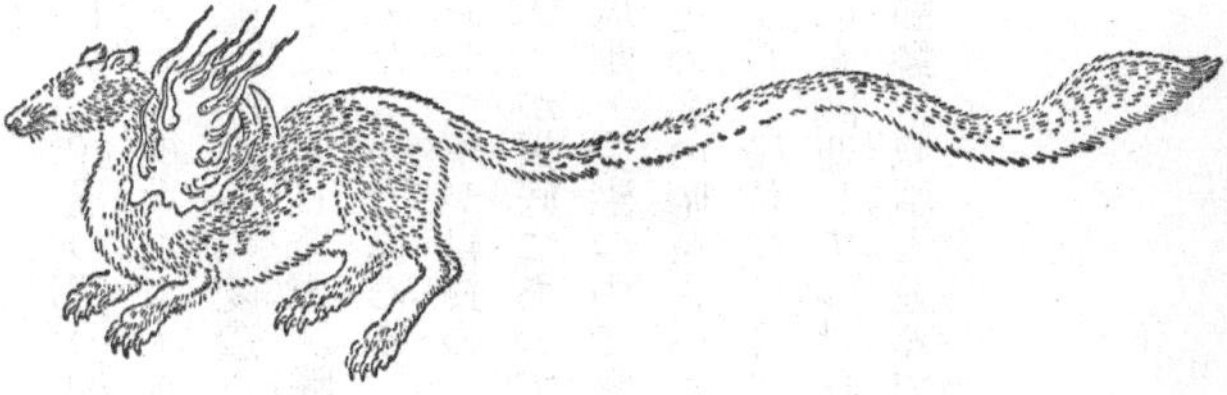

騰黄　暁晴翁随筆『雲錦随筆』

出たものとし、その年齢も三千歳、一日に万里を走り、騰黄に乗る者は二千年も生きるとしている。『六典』には斉・梁・陳いずれの国にも皆車府乗黄の役があり、今でも太僕寺には乗黄署という名が残っている。

と述べている。八翼の龍の方が帝王の霊獣として外見からもふさわしいが、スマートな狐姿では少し線が弱すぎる。背中に二つの角があっては、乗る時に不便であろう、龍翼があるとしているが、図では前肢の上の所から火焔が燃え出ている。

龍を表現するときには前肢（後肢も同じであるが）の所から火焔が燃え出ているように作るが、これは本来は翼である。

龍は神獣霊獣であるから空中も飛翔できる。しかし蛇体が空中を飛翔するというのは表現的に理解しにくいから翼を表現した。天馬《ペガサス》に翼をつけた発想と同じである。

しかし蛇足の譬《たとえ》の如く、本来飛翔能力あるものに翼をつけるのは無駄の表現であるために、絶大のエネルギーを示すために翼の形が火焔状に変化していった。これは古い龍の図からの変遷を見ればわかることである。

これと同じ発想が騰黄《とうこう》にも用いられて、狐状の両脇から火焔が燃え出している図になったものであろう。

そして尾が身長の二倍もある姿であるのは、これも龍が空中を飛翔する姿のサブリミナルが根底にあっての表現である。

瑞獣・霊獣の中で騰黄を知る人が少ないのは天皇のための瑞獣だからであろう。その名の騰黄というのも、騰は「あがる」「昇る」「うけつぐ」「継ぎ馬」の意があるから、帝位につくことに関しては目出度い意味を持ち、黄は尊貴の色であるし、黄帝にも関連してつけられたものであろう。

麒麟・鳳凰《ほうおう》と並んで目出度い幻獣である。

黒眚

しい

黒眚と書いて「シイ」と訓ませるのは特殊であり、また眚の字も江戸時代の書によっては眚・青・とも書いているが正しくは眚で、音も「セイ」で「ショウ」とも訓《よ》む。意味は「目が霞《かす》む」「あやしい」「わざわい」「あやまち」「殺《そ》ぐ」などである。

それを黒眚の二字を以て「シイ」と訓ませたのは眚の音の訛ったもので、中国に黒眚という怪獣がいた記録を、日本に似た怪獣がいたので当てはめた語である。

これは中国の『震沢長語』という本に大明国の成化十二（一四七六、憲宗《けんそう》帝の頃、日本の足利九代将軍義尚《よしなお》の時代）年に北京に怪獣が現れたが、その形は狸か犬のようで、走ることは風の如くに速く、人の顔や手足に嚙みついたりして被害があった。一晩に数十匹も現れて人を襲うので恐れられた。

現れる時は黒い霧状の雲の渦を巻き起こすので、黒眚と呼ばれたというとあり、『和漢三才図会』巻第三十八獣類の部にもこの記録を載せ、日本でも元禄十四（一七〇一）年に大和国吉野郡の山中に同じような怪獣が出現したから黒眚と同類であろうと黒眚の項を説明している。

黒眚　寺島良安著『和漢三才図会』(国立国会図書館ウェブサイトより)

この黒眚と目される怪獣の出現は、大朏東華の『斎諧俗談』巻之五に

その形は狼に似てそれより大きく、背の高さは一・三メートル程で長さは一・六メートル位。毛の色は白・黒・赤・斑《まだ》らと色々あり尾は牛蒡《ごぼう》の根のように細いから狼ではない。鋭い顔をしていて頭や口吻が尖っていて上下の牙は鼠のようで歯は牛のように臼歯が並んでいる。眼は縦に釣り上がっていて、脚は太く指に水蹼《みずかき》がある。この怪獣はまるで飛ぶように速く走り、これに触れると顔や手足、時には咽喉まで傷付けられるという危険な獣である。若しこの怪獣に山中で遭ったら倒れて俯伏にしていれば食いつかないで去るといわれている。あまりすばしっこいので、弓や鉄砲でも仕留めることができない。そこで落とし穴のわなを仕掛けたところ数十疋を捕えることができた。

これで絶滅してしまったらしく以後はこの獣の姿を見たことがない。

この獣を吉野郡あたりでは黒眚《しい》と呼ぶが、中には志於宇《しおう》ともいっている。

と記され、終わりに『震沢長語』の話を引用している。

また『大和本草』十六獣類の項にも黒眚の事が記されているが、同じような解説で

いろいろ推考するに此獣は周防（山口県）や筑紫（この場合九州をいう）には時々いるが、この地方以外の所にもいるということは明瞭ではない。狸に似ている。（中略）黒眚は不思議な能力ある獣で、夜厳重に戸締りしていても何処からともなく家の中に侵入し、時には牛馬に害を加える。故に牛馬はこの黒眚に殺されたという話が多い。甚だ素速くて狡智にたけているから、賢くて強い犬でもこれを捕らえることができない。若し黒眚が現れた時は急いで大勢を集め、鐘や太鼓で騒々しく追い廻し、寄ってたかって打ち殺すより仕方が無い。この獣は鐘や太鼓の騒音を非常に怖がるからである。（中略）昔はこうした怪獣は日本に棲んでいたという話を聞かない。近年（江戸時代に入ってからの意味）こうした獣がいることがわかって害があるので、見つければ狩り捕るのである。

と記しているが、これは中国の『皇明通紀』の説に拠《よ》ったもので、黒眚に対する動物学的説明に乏しいので、この獣が何の種類に属するか、果たしてまた実在のもので

あったかは不明である。

山犬・狼の見損ないとも思われる点もあるが、何故日本で特殊な文字を使って黒眚《しい》と呼んだか、中国の文献に知識のある者が、『震沢長語』に記されている黒眚の話に思い合わせて、日本諸地の山中に出没する正体不明の獣を黒眚と呼ぶようになり、訛って志於宇ともよんだのであろう。

従ってさまざまな推定、想像がなされ、林羅山《はやしらざん》の『梅村載筆《ばいそんさいひつ》』や『倭訓栞』では源頼政の射留めた鵼《ぬえ》を黒眚に比定している。

頼豪鼠《らいごうねずみ》

『平家物語』巻之三に

白河天皇の中宮賢子に皇子誕生の祈禱を命じられた頼豪阿闍梨が、一心に祈ったおかげで皇子が誕生した。喜んだ天皇は頼豪に望みの恩賞を与えるといったので頼豪は三井寺に戒壇院を建立して欲しいと申し出た。しかし三井寺に戒壇院を作ると比

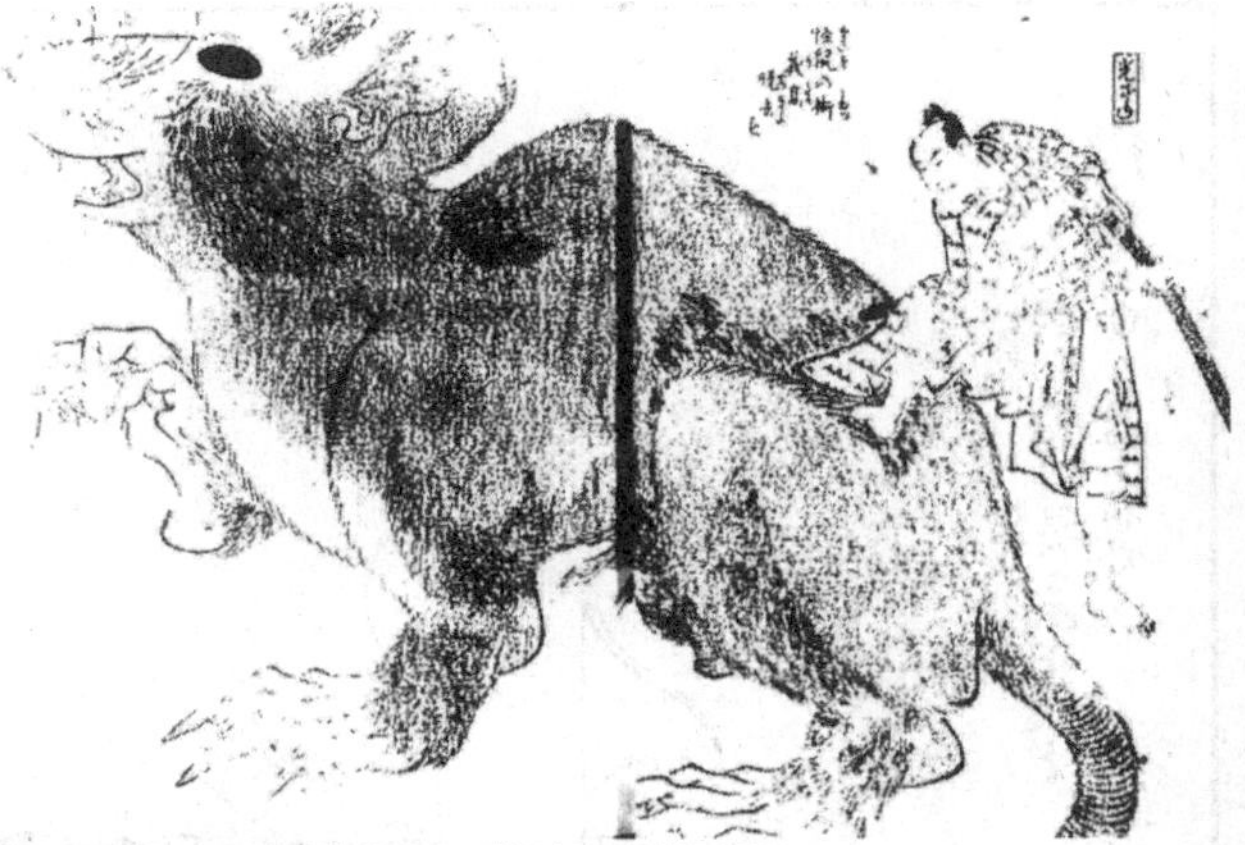

頼豪鼠　滝沢馬琴作、葛飾北斎画『頼豪阿闍梨怪鼠伝』

叡山側を怒らせることになるので許可しなかった。頼豪は「天子に戯《たわぶれ》の言なし、綸言汗の如し、是程の所望叶わざらんに於ては、我が祈り出したる皇子なれば取奉って魔道へこそ行ん」と怒って断食して死んでしまった。すると皇子は御年四歳でなくなってしまったので、今度は叡山の良信大僧正に再び中宮に御子が誕生する様祈禱を命じた。良信の祈りの甲斐あって承暦三（一〇七九）年七月九日皇子が生まれ、後に堀河天皇となられたが、頼豪の怨みは深く大鼠と化し、鉄の牙を持つ八万四千の鼠を指揮して比叡山の僧坊の経典を食い破り始めたので山門方は震え上がり、宝倉を建てて頼豪を祀り、これ

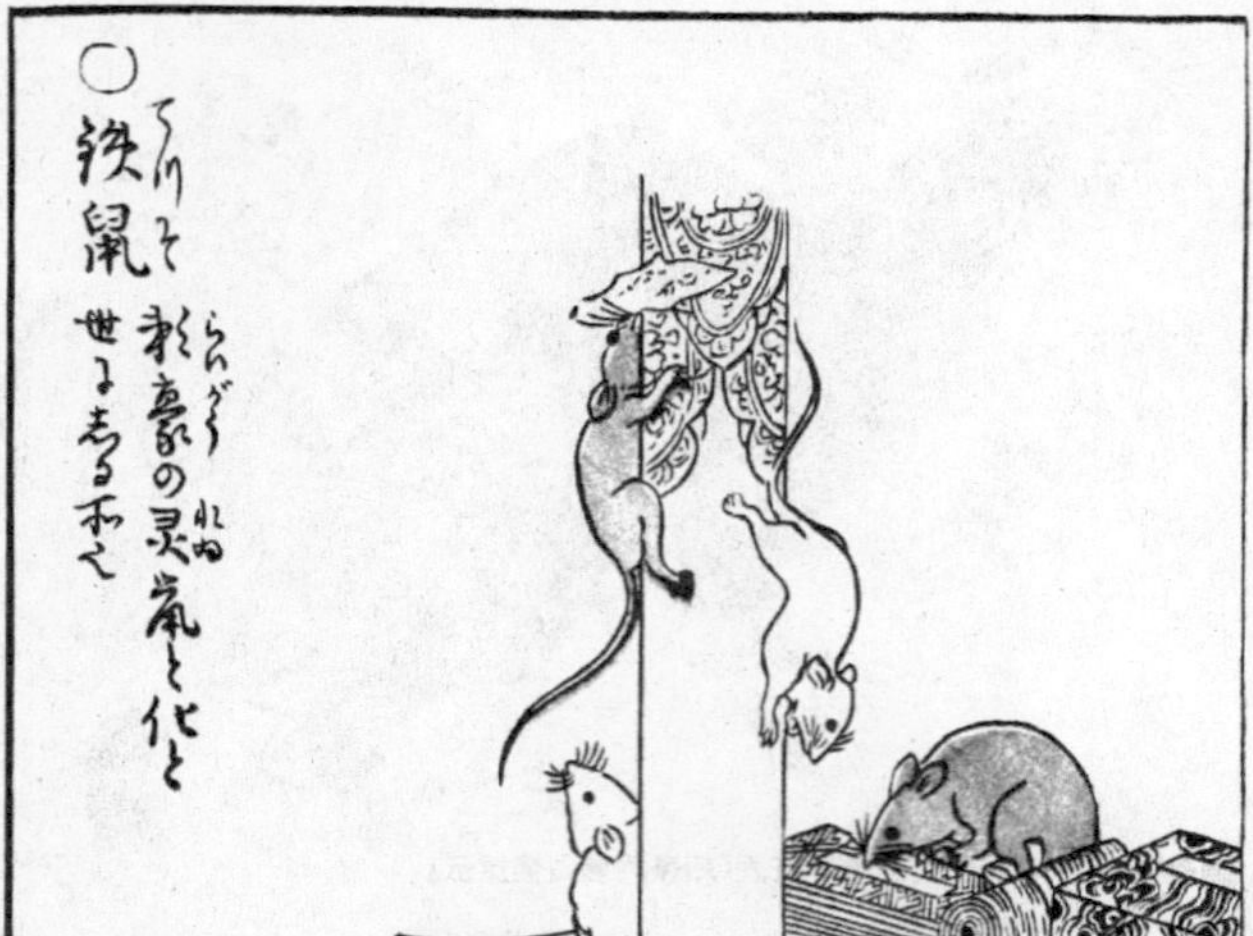

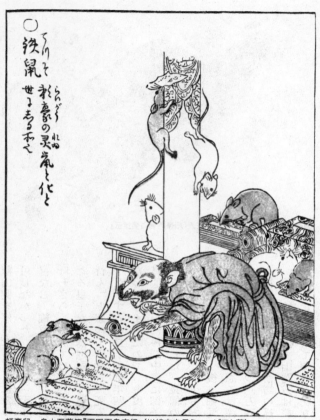

頼豪鼠　鳥山石燕筆『画図百鬼夜行』(川崎市市民ミュージアム蔵)

を鼠禿倉《ねずみのほこら》と名付けたという。

伝説では頼豪《らいごう》死の直前に吐く息から八万四千の鼠が現れて比叡山《ひえいざん》に向かったといい、また山門《さんもん》方では叡山の大徳が神通力をもって大猫を現出せしめこれらの鼠を退治したとも伝えられている。故に山門方では坂本《さかもと》に三井寺に向かって猫の宮を建てて祀り、三井寺方は比叡山に向かって鼠の宮を建てて祀ったという。

鼠が大鼠と化して人畜に害を与えるという伝説は全国に見られるが、これは昔は鼠《そ》害《がい》が多かったから生じた話で東北地方や長野県は巨大な鼠のいた伝説がある。上田市西方のJR線が山に迫っている所に鼠の鼻という地名があるが、これは大昔に巨大な鼠がいた伝説によってつけられた名である。

狛犬《こまいぬ》

神社の縁や社寺の前庭に置かれる獅子とも犬ともつかぬ奇妙な獣形の置物で、屋外は石彫または青銅製で屋内は木彫彩色のものが多い。古くは宮中でも用い、御帳台や几帳《きちょう》の裾《すそ》に鎮子として用いられたこともある。

その起源はエジプトやペルシャ、インドなどの神前や門前に置かれた獅子の形のものであり、これが中国に伝わったときにライオンは中国に棲息しないためにライオンの想像から特別の獅子の形となり、瑞獣として用いられ、それが朝鮮半島を経由して日本に伝えられたものである。古くは朝鮮半島を高麗《こま》の総称で呼んでいたから、高麗から渡った犬という意味にとり狛犬《こまいぬ》と呼ぶようになった。犬としたのは犬は番・警衛をする性質があるので犬の名称はふさわしいが、本来は獅子、ライオンの姿なのである。雌雄が一対向かい合わせに坐《ざ》し、顔は外方を見る形が普通であるが、雄の方を獅子とし、雌の方を狛犬と言ったり、双方を獅子または狛犬ということもあり、獅子狛犬と称することもあった。

但し本来は雌雄一対と限ったことではなかったが、一方に角を頭上に立てこれを雄とした為に片方が雌という風に見られ、また一方が開口していると一方は口を閉じた形として仏教の阿吽《あうん》をあらわしたものともされた。

このように色々の表現があり、後世では毬《まり》にたわむれる姿や子獅子を伴うものもある。

『枕草子』や『栄花物語』等ではシシコマイヌといっており『類聚雑要抄《るいじゅうぞうようしょう》』の后宮御料の帷帳《いちょう》の事を記したものに

獅子　奥村政信筆『絵本江戸絵簾屏風』（国立国会図書館ウェブサイトより）

左獅子　於色黄　右胡麻犬　於色白

とある。

中央アジアやインドから伝わる過程に於てライオンから独特の獅子の姿となり、鎮子や前面の警固的位置に置かれることから犬の連想が湧き、神聖な場所にあるために霊獣的に表現する作意が働いて独特の形貌のものとなった。龍や麒麟が聖獣として姿、外貌《がいぼう》が理想的に完成したのと同じであるから、東洋に於ては想像上の動物と見てよい。

但し中国には獅子の如く「たてがみ」の伸びている大型の犬でチャウ・チャウというのがある。顔貌《がんぼう》はライオンより優しく、ライオンのような尾ではないが、総体的にはライオンに似ている。この犬の先祖がいつ頃まで遡《さかのぼ》るかわからぬが、こうした犬がモデルになったとも考えられる。

獅子を唐獅子《からじし》と呼ぶが、唐とは中国をさした言葉で唐（中国）より渡った獅子という意味である。

狛犬の狛も正確には高麗（朝鮮）から渡った犬の意であるが、唐も高麗も共に外国から来た、外国のものの意で特に特定の国を指した言葉でないことは、後世渡来したスペイン人もポルトガル人も英国人も毛唐といい南蛮人（南方から来たのですべて卑しい言葉を用いて蛮人という）といい、また外国から舶載（輸入）した品を唐物というのと同じである。

従って狛犬は外国から伝わった動物として獅子でも犬でもよいわけであり、時代と共に表現が少しずつ変化しているのであるから、外国形式の想像上の聖獣ということになる。

但し獅子舞に用いる獅子は躍動するために胴を布で作り、首のみ獅子としたので、これを獅子頭として雄雌二頭必ず一対で作り、神社の縁起物とするが、これは狛犬とは呼ばない。獅子舞は中国より伝わったものであるが、中国で想像創作されたライオン即ち獅子は瑞獣であり百獣の王であるために獅子面はさまざまの意匠に用いられ、仏教でもこれを採り入れている。愛染明王《あいぜんみょうおう》の冠の正面には獅子面が付けられ、日本でも中世に於ては兜《かぶと》の鍬形台にこれを表現し、歯牙《しが》をあらわしているので獅嚙《しか》みの名称を生じ、物にかじりついて離さないことを獅嚙付《しがみつ》くという表現まで生まれた。

雷獣《らいじゅう》

落雷の時に現れ獣であるために雷獣《らいじゅう》というが、これについての譚は江戸時代に圧倒的に多い。仲山高陽の『画譚雞肋《がたんけいろく》』に

雷図、旧しくえがき伝へ《ママ》、王充論衡にも挙ぐ。山海経に龍身人頬と有るも異なり。雷獣。此方にも近時とらへてうつし印行せしなり。唐土の書にも天雷の時、豕首鱗身なるを刃斬せしとあるは雷獣なり。

とあって雷獣という獣の存在を信じたのは中国から伝わった知識によってである。

『山海経』(大荒東経《だいこうとうきょう》)に

東海方面に流波山があって、その上で獣の吠える声がした。それは雷の轟きのようであった。名づけて夔《さ》というが、黄帝はその獣を手に入れ、その皮を太鼓に張り、骨を撥《ばち》として打つと、その音は五百里にまで響いた。故にこれを使用して天下に威

雷獣　(日野巌『動物妖怪譚』有明書房より)

令を示したのである。

と記している。しかしその雷獣が如何なる獣であるか具体的に記したものはなく、『太平廣記』に「目は鏡の如く毛角三尺余、状《かたち》六畜の如く頭は猿に似ている」と記しているくらいである。

落雷と共に落ちて来る獣であるから、天に棲んでいるとも落雷に驚いて現れるともいわれるので、目撃した人によっていろいろの獣のように映じていて真の実態はつかめない。その反面雷獣に擬された獣も多い。『和訓栞』に

一とせ暴風の後、山より流れ出る獣二あり。大さ小犬の如く灰色にて長き頭、嘴《くちばし》半ば黒く、尾は狐より太く利爪《りそう》鷲

のごとし。

また、

明和乙酉（二年、一七六五）の七月に相州雨降山（大山）に落ちたるも猫よりは大きく、ほぼ鼬《いたち》に似て色鼬より黒し、爪五つありて甚だたくまし。先年岩附に落ちたるもほぼ似て胴短く色灰白色也といひ、又尾州知多郡の寺に落ちて塔にうたれ死にたるも、鼠色にて犬の大さ也といへり。

とある。『玄同放言《げんどうほうげん》』には

雷獣は今も目撃するものあらむ。その状小狗に類して灰色なり。頭は長く喙半黒し。尾は狐の如く、利爪鷲の如しといへり。又一説に首尾は獺《かわうそ》に似て、状鼯《ぎ》鼠《そ》の如く尾と共に長さ三尺に過ぎず、全体皺狐の如しといへり。種類一同ならぬにや。

又

元禄年間（一六八八〜一七〇三）夏六月中旬越後国魚沼郡妻有《つまり》の近村伊勢平治なる観

音堂の辺の深田の中に陥りつつ竟に斃れし雷獣ありけり。当初袖の沢の人豊与といふもの十五の時観音詣のかへる折、雨を長徳寺にさけて住持と共に目撃せしといひ伝ふ。こはよに小となる雷獣なり。その形六足前二足後四足三尾なり。首は野猪《やちょ》に似て長き牙あり。啄の長さ七八寸、尾の長さ啄と同じ。足の長さ六寸余許、爪は水晶の如く鮮にして水掻あり。狼の如し。鬘《たてがみ》三寸、その色焦茶といふものに似たり。すべて身長狐とおなじ。眼するどく形体にくむべし。

と記された頗る奇型の雷獣もいる。また『屠龍工《とりようこう》随筆』では

全体小狗の様にて爪は熊などの様に尖りて、跡足の折れやう一ふし多くして、薄々としたる毛の中に太くこわきむらむら生えたるものなり。

といい、『類聚名物考《るいじゆめいぶつこう》』では

明和八（一七七一）年卯三月朔日江戸鮫ヵ橋北町今里人栄連寺谷といふ所、和泉屋吉五郎方に、鉄網の籠に入れ有之、其の形を見るに土龍《もぐら》の蠢《うごめ》くが如く貉《むじな》に似て胸より腹の体鼯《むささび》の如し。額通毛白く鼻のさき野猪にひとし。甚だ眼光利し、目際黒く

眉なし。下腮短くして頬の長さ頭上より鼻先まで五寸、前足四寸、後足七寸。前後ともに足のはば三寸、足の像《かたち》熊の手のごとく掌至りて黒く、漆にてぬれるが如し。歯は細にして牙はなし。鼻先より尾筒まで二尺五寸余、尾の長さ七寸五分、総身の毛色白黒鼠柿色斑に交りて鹿毛の如し。毛の長さ一寸二三分ほど、腹の毛は白し。四足爪鷲の如く長さ九分、餌々蛇螻蟇蜘を食ふよし、されど飯を飼うによく食ふとなり。

と記されこれは捕獲されて飼っていたものの観察であるから、比較的具体的に理解し易いが貉に似ているとしている。

落雷のたびに落ちているから、雷獣の記録は比較的多く『駿国雑志《すんこくざつし》』にも

雷獣は伝云、益頭郡花沢村高草山に雷獣と云ふ獣あり。生温柔にして、よく昼寝し覚るといへども、眼見えざるが如し。雷鳴暴雨の日雲に乗り、空中を飛行し誤って落ちる時は、木を擘《さ》き人を害《そこな》ふ其猛勢当るべからず。其形猫の如く鼬《いたち》に類せり。総身の毛は乱生して薄赤く黒みを帯び腹より股の辺りうす黄色あり。髪はうす黒に栗色の毛交り真黒の斑ありて長く、眼は円にして尖く耳は小さく立て鼠に似たり。爪は尖りて其先裏に曲がり、尾は殊に長く四足の指前四、後に水かき指一あり頭より

尾に到る長さ二尺余、尾其半を過ぐ。是れを撫れば甚だ臭気あり。此獣声なきにや。終に鳴を聞者なし。

また『越後名寄』にも

安永の頃（一七七二〜八〇）に松城（松代か）の武家の家に雷が落ちて、その時獣が落ちてきたので捕獲したが、大きさは猫ぐらいで形も猫に似ていた。毛は灰色で艶があり、日中で見ると黄赤色に見えるのが金色に輝いていた。腹は毛が逆に向かって生え、毛の先は二岐にわかれていた。天気の良い時は頭をさげて睡っているようで薄暗い風雨の時は元気になる。この獣は天から落ちた時に足を傷めたので天に昇ることができなくなって捕えられたのである。傷が治癒してから放してやったという。考えるにこの獣は落雷のときによく見かけるというから、雷と共にいるのであろう。

とあるが、これらは普段は山中に棲んでいるが、雷雲が発生すると雲に乗って雷と共に駆け廻り、雷が落ちるときに一緒に落ちるので雷獣と名付けられるのである。

このほか『甲子夜話』には「猫よりは大きくて鼠色で腹が白い」「雷の落ちる毎に

必ずこの獣が落ちてくる」「出羽国秋田ではこれを煮て食べた」などとあり、大体猫位の大きさであるが異例としては伴蒿蹊の『閑田次筆』で

僧玉屑東国行脚の記をあづま貝となづく。その中に雷獣をとりたることをかきて、其図を出されたるは狸に類す。しかるに此ごろ、ある人のしめせる所在のごとし。虚実はしらずといへども、いとたしかなることと、其人のいへるままにここに図をあぐ。

として、顔は獅子嚙の如く背に長毛生え四脚に鱗《うろこ》あって、各々二本の黒い爪が生えた奇怪な図である。

以上の点から鼬・てん・むささび・穴熊・獺《かわうそ》・栗鼠《りす》が想像され、異形のものはこれらの誤認幻覚であろう。これらが樹上や屋上から落雷に驚いて落ち、動顚《どうてん》したために行動力を失って人に捕えられたのであろうが、こうした推理は甚だ現実的で浪漫《ろまん》がない。

この雷獣を駆雷《かみなりかり》・けりそり・千年鼬《せんねんいたち》・雷牝《らいひん》と呼ぶ地方もある。

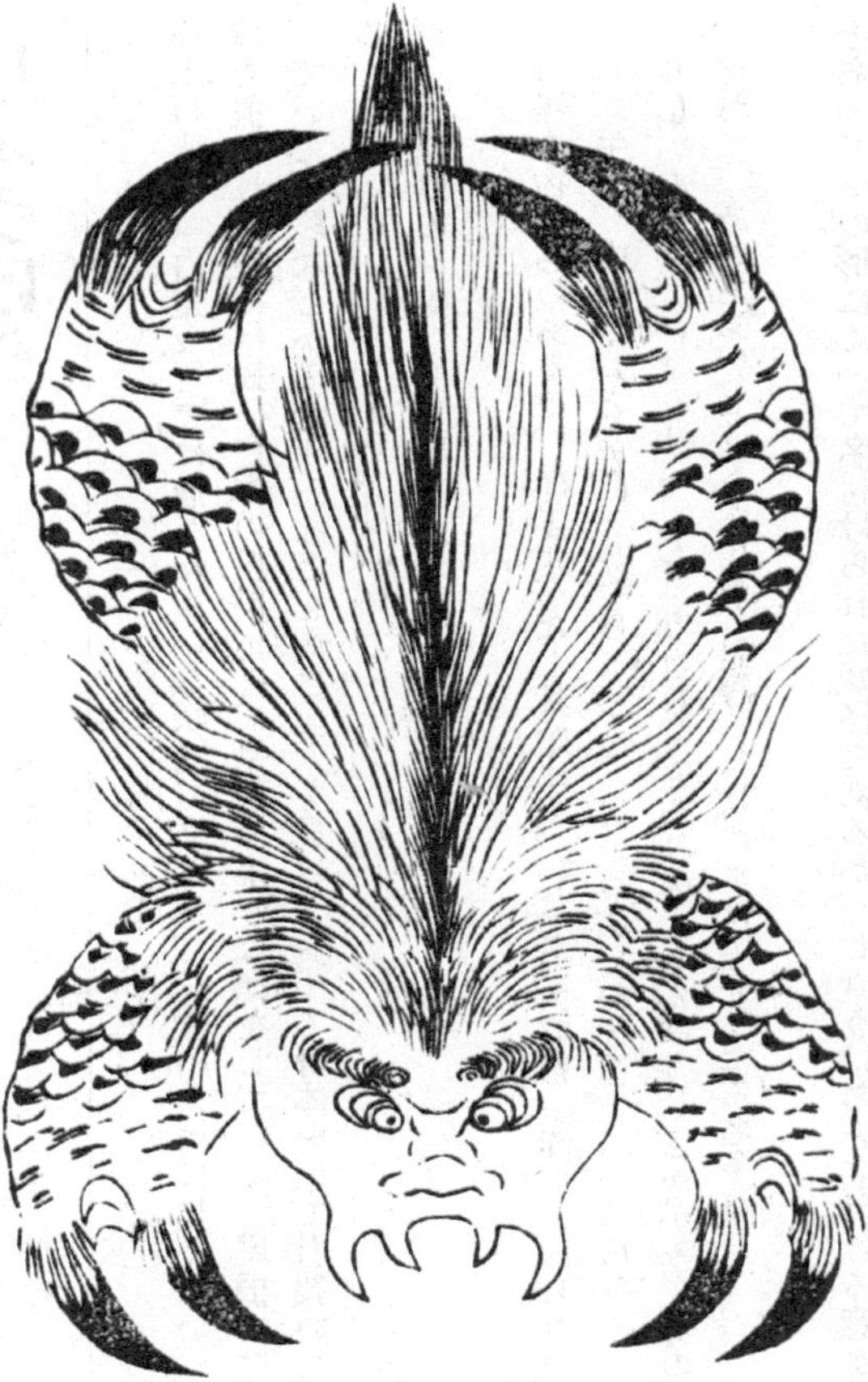

雷獣　伴蒿蹊著『閑田次筆』(国立国会図書館ウェブサイトより)

しょうけら

しょうけら

鳥山石燕の『百鬼夜行』に描かれている妖怪であるが、一般の人には見えない。固い鱗で覆われ手足には鋭い三本の爪が生え、獅子のような顔をしている。屋根にはりついていて天窓などから台所内などを覗《のぞ》き、人を見ると襲って身体を爪で引裂いたりするという。

喜多村信節の『嬉遊笑覧』巻三に

奇怪の物に名のあるは、浄土雙六など其始にや、其名の大略は、赤口　ぬらりひょん　牛鬼　山彦　おとろし　わいらうわん　目一つ坊　ぬけ首　ぬっぺらぼう　ぬり仏　ぬれ女　ひょうすべ　しょうけら　ふらり火　りんぼう　さかがみ　身の毛だちて　あふあふ　とうもこうも　是等　其状によりて作りたる名多かり。

とあってその形によって名付けられた妖怪であるが、しょうけらと名付ける意が不明である。

しょうけら　鳥山石燕筆『画図百鬼夜行』（国立国会図書館ウェブサイトより）
『春日権現霊験記』に、疫病の鬼が屋根から家の中を覗いている図があるが、昔より一般の人には見えないが、妖怪が常に家屋の中を窺って付け入ろうとしているという思想があった。しょうけら、疫病神や鎌鼬等の仲間であろうか。

天馬《てんば》

天馬《てんば》は日本では中国の思想をうけて龍馬ともいい、これは馬と龍が交わって生まれたものとし、空中を飛翔し猛スピードで走る強健の馬のイメージを持つ特殊の馬である。

但し日本に於ては天馬なる用語は無く、すべて龍《たつ》の馬《うま》、または龍馬《りゅうま》（龍は正確にはリョウと訓むからリョウマまたはリョウメで、幕末の先覚者坂本《さかもと》龍馬はこれによってリョウマと訓む）と呼んだ。この龍馬のもとは中国で、天馬といったがその元はギリシャ神話のペガサスであろう。

ペガサスは、ゴルゴン・メドウサという怪物をペルセウスが退治した時にその血から生まれた純白で銀色の翼を持った美しくすぐれた馬である。女神のアテネがこれを捕らえて飼い馴らしてヘリコン山にいる詩歌の神であるミューズに献上した。ペガサスはすぐれた馬で敵するものがない程力も強かったので、たまたま地を蹴《け》ったその跡がカスタリアの聖なる泉になったといわれる。そののちに英雄ペレロフォンがリキア王イオバテスにキマイラを殺してくれと頼まれた時にアテネ神殿で祈願をこめ、その神の御示しによってピレオの泉で水を飲んでいたペガサスをつかまえて之《これ》に乗って退治に出発した。

キマイラは頭は獅子、胴は山羊《やぎ》、尾が蛇という日本の鵺《ぬえ》のような怪獣で口から火を吹くので誰もかなわなかった。ペレロフォンはペガサスに乗ったおかげで難なくキマイラを退治し、その褒美としてイオバテスの王国の半分を与えられ、娘と結婚したが、更にペガサスの能力を利用して天に昇ろうとして神の怒りに遭って地上に墜《おと》され、ペガサスのみ昇天して星になったという。星座のペガサスというのはこれである。

またペガサスはペレロフォンのアマゾン族や海賊退治にも乗馬となって活躍し、後にオリンパス最高神であるゼウスの乗馬となってゼウスのタイターン族征伐や、その他怪物退治に協力しており、ギリシャ神話の中では美しい翼と颯爽《さっそう》たる白馬姿が大きい位置を占めているために、浮き彫りのコインや壺《つぼ》に表現され、更にローマ帝国文明にもこの伝承は伝えられヨーロッパ中に広がった。

この天馬思想はインドにも伝わったらしく、また中国にも伝わったようで、黄帝が天馬を得て、その皮で天鼓を作って打ったところその音は千里に響いたというから、雷の思想も入ってきているようである。

周の穆王《ぼくおう》は八駿馬を得て遠征したが、その中に翼のある馬もいたといわれ、天馬は

龍首水瓶に線刻された天馬＊

聖なる馬とされたらしい。故に後漢の武梁《ぶりよう》祠《し》にも石に翼ある馬の彫刻があり、唐の徳《とく》宗《そう》陵にも翼をつけた石馬が置かれている。

馬は人よりも走行力がありまたスピードがあるので、これを活用した人間は更にその健脚の優秀なるものを願い、願望は飛躍してスピードを増す空想を以て空を駆ける馬をも夢見た。そしてこうした馬を使用できるのは神であると思うことから、神の乗る天駆ける馬は天馬とし神格化され、時には太陽神に目され、または太陽神の乗る馬とされた。

インドの『リグ・ヴェーダ』では太陽神スーリアは七頭か四頭の馬にひかせた車にのって天空を駆けるのが一日とされているのも、ペルシャの太陽神ミトラが白い馬にひかせた馬車にのっているというのも皆そのイメージは同じである。

こうした天馬に対する認識は各民族の信仰意識に入り、各々それを風俗上に表徴するようになる。これらは天空を駆けることを示すため殆ど馬の背に翼をつけた姿であらわされ、多くの古美術品に見られるが、日本に於ても天馬思想が流入したのは古墳時代頃からとも思われる。
即ち熊本県和水《なごみ》町《まち》の江《え》田《た》船山《ふなやま》古墳発掘の銀象嵌《ぞうがん》太刀の馬には肩のところに渦巻状の翼が描かれ、これは天馬をあらわしたものであろうが、この太刀の神性・霊的威力を表徴したものであろう。

　また仏教による転輪王は天馬に乗って、閻浮《えんぶ》提《だい》を一日に三周するということが『阿《あ》含経《こんぎょう》』に記されており、インドや敦煌《とんこう》の仏教遺跡にも天馬が表現されているから、日本に仏教が伝わると一緒にシルクロード系の天馬表現も流入したらしい。

　その例は法隆寺《ほうりゅうじ》蔵のペルシャの連珠文内四《し》騎《き》獅《し》子《し》狩文錦《かりもんきん》に織られている馬で、明らかに翼をつけていて天馬であることがわかる。また正倉院《しょうそういん》所蔵の十二支《じゅうにし》八卦《はっけ》背円鏡《はいのえんきょう》、鳥獣花《ちょうじゅうか》背円鏡にはいずれも翼ある馬が疾走している図が表されているのは天馬である。

　これらは天馬思想が流入していた証拠であるが、日本に於ては天馬という語よりも龍思想の方が根強いので、これを龍《たつ》の馬といい、中世はもっぱら龍馬といった。

龍馬　たつのうま

龍馬というのは好色の性ある龍が馬と交わって生まれたとする中国の思想によるもので『事杖広記』に

孟河から龍馬を産するがこれは種の良い馬でその高さは二・五メートル以上もあり、頭が長く背中に翼がある。地に垂れる程の長い尾を持ち、水の上を渉《わた》っても沈まない。聖ともいうのはよく用を用いれば、こうした名馬も生まれるのであって天は神のものだけとはせず、地は龍馬を宝として人に与えないことはない。

とあって馬の中の最高のもので龍の血が混じっているから、一駆千里も走るという天馬である。日本でも俊敏強足の理想的馬の願望から早くも龍馬の思想が入っていて『万葉集』にも

龍の馬毛今もえてしが青丹《あおに》よし奈良の都に行きて見んため

龍の馬あれば求めん青丹よし奈良の都に来ん人のため

とあって、龍馬という理想の馬を渇望していたことがわかり、聖徳太子《しょうとくたいし》の伝説にも出てくる。『太平記』巻十三には「龍馬進奏事」として出雲の佐々木塩冶判官高貞《ささきえんやはんがんたかさだ》が龍馬を宮中に献上した記事が載っている。それによると

月毛（馬の毛色の名称で白に黒の混じった葦毛という色にやや赤味のある複雑な色の毛）なる馬の三寸ばかり（馬の背が四尺三寸をいう。約一・四メートル）なるを引き進《まいら》す。其相形げにも尋常《よのつね》の馬に異也《ことなり》。骨挙り筋太くして、脂内短かし、頸は雞《にわとり》の如くにして、須弥《しゅみ》の髪膝を過ぎ、背は龍の如にして四十二の辻毛を巻て背筋に連れり。両の耳は竹を剝《そい》で直に天を指し、雙の眼は鈴を懸て、地に向ふ如し。今朝の卯刻（朝六時）に出雲の富田を立て、酉の刻（夕方六時）の始めに京着す。其道已に七十六里、鞍の上静にして、たた徒に坐せるが如し。然共旋風《せんぷう》面を撲《うつ》に不レ堪とぞ奏しける。

と記され、恰《あたか》も聖徳太子の驪馬《くろうま》のようであるために宮中でも色々論議され、中国の例を引くものもあって後醍醐天皇始め群臣一同これを祝賀したが、藤原藤房《ふじふさ》のみ異議を唱えたので天皇の機嫌が悪かったという記述がある。

昔の馬は皆小馬であったから四尺三寸位で丈の高い馬とされるのであるが、現在の馬は五尺位で、いわゆる十寸《とき》に余る大きさである。

こんな程度の馬を龍馬と称したのであるから、七十六里を一日で駆けられる筈はない。塩谷判官高貞が恩賞目当てにおもねって誇大のふれこみをした馬で、決して龍と馬の間から生まれた馬ではない。

中国の基準では龍馬は周尺で八尺以上の逞《たくま》しい馬をいうのであるが、漢時代の一尺は今日日本の七寸六分六厘であるから八尺は日本の六尺四寸二分八厘（約二メートル）である。こんな大きな馬はいない。いないから龍馬としたのであろうが、塩谷判官高貞の献上した龍馬は四尺三寸（約一・四メートル）で小馬（駒）である。それで三百キロを十二時間走り通せるというのは、如何《いか》に誇大したかが窺われる。

日本古来の軍馬の走行距離は武田《たけだ》流によると一日四十二里と定められているが、山川等の地勢の状況によっては三十里にも及ばないことがある。出雲から京都までの七十六里の間には険しい道や川を幾つも渡らねばならぬから、とても無理な話であるから、藤原藤房が苦々しく思ったのは当然である。

驪駒《くろうま》

三日間で大和国から駿河国の富士山頂に登り、更に信濃国・越後国・越中国・越前国を経廻《へめぐ》って戻って来たという驚く程の猛スピードの馬の記録がある。今日なら飛行機で二、三時間で経廻れるが、大体空を飛ぶことが夢物語的空想の時代に獣類である馬が千キロ以上を三日間で走るということは有り得ないから、まさに西欧神話に出て来る天馬《ペガサス》や戦の女神ウァルキューレの騎《の》った名馬並である。

この馬は聖徳太子（摂政した期間が五九三〜六二一年といわれ推古天皇の御代《みよ》の皇子）が乗ったということが『聖徳太子伝暦《でんりやく》』に記されている。

推古天皇の六年戊午（五九八）夏四月、聖徳太子が左右に侍る諸臣に命じ良い馬が欲しいとして諸国からそれを差出すよう命令した。時に甲斐の国から貢物として送られて来た四脚共に黒い駒は諸国から集められた数百頭の馬の中で群を抜いたので、聖徳太子は御目にとめられ、この馬こそ神馬であると気に入られて乗用とすることにし、他の馬はそれぞれの国に戻した。つまり不採用となったのである。

驪駒　聖徳太子が驪に乗った御符＊

そして舎人《とねり》の調子麿に命じてこの驪駒を飼養する係を命じた。秋の九月になって聖徳太子はこの馬に試乗した。するとこの馬は一躍すると忽ち浮上して雲に乗るが如く飛行して東方に向かったので、日頃付き従っている臣下共は唯呆れて空を見上げていた。馬の口をとって付き従っていたのは調子麿一人のみであった。馬はスピードを上げて雲の中に駆け入ってみるみる小さく遠去かったので皆驚いてしまった。そして三日たってから聖徳太子は馬に乗って戻って来て臣下にこういった。わしはこの馬に騎《の》ると忽ち空中に浮び上がって雲中をかき分けて進み、すぐに駿河国に至り霊峯《れいほう》富士山頂に至った。それから方向を北にとって信濃国を経廻ったが、その速力はまるで雷電霹《らいでんへき》靂《れき》のはため光るが如くであった。そして越の三国を通って南に向かってこうして戻って来たのである。それにしても付き従っていた調子麿は少しも遅れず走りっぱなしで、少しも労《つか》れた様子を見せなかったというのは何とも忠節心の厚い感心な舎人《とねり》である。

と記してある。驪駒の驪は「り」と訓み、毛詩《もうし》の注に純黒の馬也とあるから日本訓みにして「くろうま」である。駒は小馬《こま》である。

周尺で六尺以上を馬といい五尺以下を駒《こま》といい、八尺以上を龍というが、日本では四尺が大体平均でこれが駒で、四尺三寸位を馬、四尺七寸以上を大馬といい、また四尺八寸以上の長《たけ》に余れる馬というのは標準以上の大馬という意味である。また四尺一寸から三寸までは寸を「スン」といい、四尺四寸以上の場合は寸を「キ」というともある。

従って驪駒と駒の文字を用いたのであるから、聖徳太子の乗った馬は、天馬なのであろうが小馬であったと思われる。

麒麟　きりん

麒麟は瑞獣《ずいじゅう》または神獣として目出度いものの表徴とされ、現在でも麦酒《ビール》の商標に用いられ会社の名に使われている。

麒麟　『鳥獣人物戯画巻』＊

この獣は中国で言い始めたものであるが、日本でも目出度い高貴のしるしとして、天皇が即位式の折に着用する黄櫨《こうろ》染《ぜん》の御衣《ぎょい》に織り込まれている。麒麟は聖人の治世に出るとされ、鳳凰・霊亀・龍と共に瑞獣の中の上位にあるとされているのである。

俗に麒麟というが、正確には麒は牡で、麟は牝を指していうので牡牝揃えて麒麟というのであることは『宋書符瑞志』に

麒麟者仁獣也。牡曰麒、牝曰麟

とある通りであるが、古くは麟を麐《りん》といった。『説文』に

麐牝麒也。麟大牝鹿也。麐麟二字不同。而経典多借麟爲麐。故玉篇広韻皆以為一字。

とある。その形態については『陸機疏』に

麕（麒）は尾は牛で狼の如き貌で蹄は円く黄色で、額に角があって角の端は肉が盛り上がっていて、声は鐘の如く、行動するのにめりはりがあり、遊ぶ所を撰び、歩くのに虫を踏んだり草を踏みつけたりしない。群をなさず、他と一緒に行動せず、獣を捕えるわなにかからず網にもかからない。王者が仁徳ある時に出現する。

としている。しかし麒麟を略していうときには麟とはいっても麒とはいわない。

『左伝』に

叔孫氏之車子鉏商獲麟

とか『公羊伝《くようでん》』に

春秋哀公十有四年春西狩獲麟

等のほか漢書でも麟と書いて麒の文字だけで表現する語はない。麒が牡であるとしたら牝の麟ばかり出現したのであろうか。『字彙』では「雄を鳳といい雌を凰という」として略した場合には鳳《ほう》といって雄の呼び名を以て代表するのに、麒麟に限って何故雌の呼び名の麟を以て略名とするか。

未だこのほかに不審の点がいくつかある。

『陸機疏』に「牛尾狼額馬蹄」とあるが、中国で表現される麒麟の表状は狼の額ではなく獅子か龍の相貌《そうぼう》に似ており、牛尾も獅子の尾が誇張されて表現されたのと同じである。更に馬蹄《ばてい》にたとえられているにもかかわらず、その表現されているところは殆ど牛蹄《ぎゅうてい》、つまり蹄《ひづめ》の前面が二つに分かれている形で鹿や牛の蹄である。

故に『襲格』に記されるように乾隆《けんりゅう》四（一七三九、清の高宗《こうそう》の時代）年に

王煥文の飼っていたところの牛と龍とが交わって生まれたのが、この麒麟である。

というようになるのは額に角があり、蹄が牛の蹄に似ているから、こうしたことも想像されるようになったのである。

こうした説が日本にも流入したので江戸時代の滝沢馬琴は

龍の性は淫（婬）にして交はらざる所なし。牛と交はれば麒麟を生み、豕《いのこ》と合へば象を生み、馬と交はれば龍馬を生む。

などと記すようになるのである。

しかし麒麟の文字は二つとも鹿扁を用いているから、鹿属の想像上の聖獣と見てよく、鹿と龍が交わって生まれたものと考えることもできる。そうすれば蹄が二つに分かれていることも、角がある（麒麟の角は頭上に一本であるが）ことも牛よりは妥当性がある。

果たしてこうした獣が生存していたかどうかは疑問なのであるが、中国の史書にはしばしば出現するばかりか捕らえられた記録がある。

『漢書』に

元狩（一二二年、漢武帝の頃）は白い麒麟を獲ったので元狩と年号を改めた。

とし、『宋書』には

漢章帝元和二（八五）年から章和元（八七）年の三年間に麒麟五十一頭が現れた。

とし、赤烏《せきう》八年と嘉元年間・乾隆四年等にも現れている。

中国の模倣癖のある日本に於ても麒麟出現はある筈であるが、不思議にも記録からは現れず僅《わず》かに天武《てんむ》天皇九（六八一）年に麒麟の角が発見されたことが『日本書紀』に見られる。

天武天皇九年二月辛未の日にある人が葛城山で麒麟の角を拾った。角は二枝に分かれ本が一つに合わさっていてそこに肉があって毛が生えていたが、毛の長さは三センチ。鹿の角であれば二本生えているから、そのいずれかであることがわかるが一本で枝がシンメトリーに分かれているのであるから一本角の獣であることがわかる。一角獣は日本にはいないから、これは中国でいう麒麟であろう。そうであれば目出度い獣が出現したことになるから朝廷に献上した。

のであるが、果たして麒麟の角であるかどうかはわからない。

この記録のほかに麒麟については一切記録がないが、当時の人はその存在を信じていたらしく『延喜式』にも仁獣也。麕身《くんしん》羊頭、牛尾一角端有肉。

として中国の聖獣の形態をそのまま採用しているが、結局黄櫨染の衣に図案として用いているだけであるから、甚だ曖昧《あいまい》である。

羊頭としているのは角があるから羊頭と思ったのであろうが、折角麕身としたのであるから何故鹿をイメージしなかったのであろうか。

幻の聖獣であるが、中国では聖主の御代に出現したといい、またしばしば目撃されたのであるから鹿か牛の畸《き》形《けい》がそのモデルになったと思われるが、日本ではそうした畸形は生まれなかったと見えてあくまで想像上の動物として扱われている。

現代では英名をジラフという偶蹄《ぐうてい》類で反芻《はんすう》類の首の長い動物を麒麟と名付けているが、これは中国明の初めの頃に鄭和《ていわ》という航海者がペルシャに行き金銭豹《レオポルド》・獅子《ライオン》・アラビア馬と共にジラフを持ち帰って永楽帝《えいらくてい》に献上した。その時に通訳として同行したアラビア人ハッサンがこの動物はアフリカ東岸地方ではギリンと呼ぶといった語が、中国でいう麒麟《チーリン》と似ているので、これが麒麟の本当の姿と思うようになり、現在でもジラフをキリンと呼ぶようになったのが日本にも伝わって同様に呼ぶようになったのであろう。

鳥類の変化《へんげ》

鵺《ぬえ》

得体の知れぬ曖昧《あいまい》な表現とか、物事の説明に多数の異なる内容が混在していて、一向にその本質が把握できないことに対して、鵺のようだとか、鵺的存在・鵺的表現といっている。

つまり鵺とは把握しにくい本態の曖昧な意に用いられ、妖異《ようい》な存在の生物の名称とされているが、それは『平家物語』巻第四鵺の物語からそうした認識が広まったようである。この物語は近衛院（『源平盛衰記』では二条院《にじょういん》、『十訓抄《じっきんしょう》』では高倉院《たかくらいん》。いずれも十二世紀中頃からやや後半）の御代《みよ》に、毎夜丑《うし》の刻（午前二時頃）になると、東三条《ひがしさんじょう》の森の方から黒雲湧いて、天皇の住む御所の南殿を覆うと、天皇はそのたびにおびえられた。

そこで公卿《くぎょう》たちがいろいろと相談したところ、寛治の昔に堀河《ほりかわ》天皇がやはり同じような状態で悩まれた時に源義家《よしいえ》を召され、鳴弦（弓に矢を番《つが》えないで空打ちして音を立てて魔障をはらう行為）をして物の怪《け》を退散させたことがあるから、これは源氏《げんじ》の武士にこの怪しい事を解決させようと源兵庫頭頼政《ひょうごのかみよりまさ》を召した。

鵺退治　月岡芳年筆『新形三十六怪撰』（国立国会図書館ウェブサイトより）

頼政は遠江国（静岡県）の住人井《い》（猪）の早太《はやた》という家臣を連れて参内した。午前二時頃になるといつもの如く一叢《ひとむら》の黒雲が東三条の森から湧き出でて、御所の南殿の屋根を覆うと、天皇はうなされ始める。

左少弁源雅頼《まさより》がかくと頼政に伝えると、頼政は弓矢をとって南殿の屋根を見上げると、黒雲の中に何やら怪しき物影。これこそ妖怪ならんと弓に矢を番え狙い定めて発《はっ》矢《し》と射ると怪物は凄《すさ》まじい音を立てて屋根から庭に転げ落ちて来た。「得たりや応」と井の早太が駆け寄り、怪物に馬乗りになって押さえ、刀で九回刺して息の根を止めた。人々が灯をともして集まり、よく見ると頭は猿、身体は狸、尾は蛇、手足は虎のようであって、鳴く声は鵼のようであった。天皇は大層褒められて、獅子王《ししおう》という御剣を下賜されたという記事である。

毎晩東三条の森から黒雲に乗って宮中の屋根に現れ天皇を悩ましたのは、猿・狸・虎・蛇の合成怪獣であったというのであるが、鵼とはいっていない。ただ

なく声鵼に似たりける

とあって鳴き声が鵼に似ていたというだけであるが、これが後世この怪獣を鵼というようになり、伝説では「源三位頼政の鵼退治の話」として流布してしまった。

こうした得体の知れぬ怪獣は有りようもないから、後世得体のわからぬことを鵼、鵼的という比喩《ひゆ》で呼んだが、合成怪獣の存在は少なくとも室町時代頃までは信じていたらしく、またその記録もある。

『看聞日記』によると応永廿三《にじゅう》（一四一六）年四月廿五日夜に北野《きたの》天満宮《てんまんぐう》に現れて怪異をなしたので、宮司が射殺したが、それは頭は猫、身体は鶏《にわとり》、尾は蛇であったが、これは河に捨てたという。この事は天皇の上聞に達して褒美として太刀を賜ったという。

これも鵼の一種と見られているが、「身は鶏」としているから鳥の妖怪でもあったのであろう。

平清盛も若い頃「鵼の音《こえ》して」鳴く怪鳥を退治したことが『源平盛衰記』巻第一清盛捕化鳥並一族官位昇進付禿童並王奔事の条の冒頭に記されている。

平清盛が夜内裏《だいり》に伺候《しこう》した時に鵼の鳴く声がしたので、これを退治せよと勅命を受けたので、鳴く声を尋ねて躍りかかると、この怪物は清盛の左の袖《そで》の中に飛び込んでしまった。それを捕らえて叡覧《えいらん》に供すると小さい鳥であったが見たこともない鳥であった。そこで公卿等がよくよく僉議《せんぎ》すると「毛《もう》しゅう」という生物で、「もうしゅう」（毛朱）は唐名で鼠のことをいうのであるとされた。

捕らえた小さい鳥が結論として鼠であるというのもおかしな話であるが、垂仁《すいにん》天皇三（二七）年二月二日にこの「もうしゅう」が宮中に現れ変事をなした為に、七年間大疫癘《えきれい》が流行し、飢饉《ききん》や兵乱に悩まされたが、清盛はこの「もうしゅう」を捕えたから瑞相《ずいそう》であるとして安芸守《あきのかみ》に補任したと、わけのわからぬ事が記されている。『日本書紀』巻第六活目入彦五十狭茅天皇（垂仁天皇）三年の項に勿論《もちろん》こうした記事はなく、他の正史記録にもないから、勿論これは『源平盛衰記』の作者による清盛出世のきっかけの物語の創作であるが、それにしても、この「もうしゅう」の死骸《しがい》を南殿の竹を取ってその中に入れ、清水寺《きよみずでら》の岡に埋めて「毛しゅう一竹が塚」といわれていると証明している念の入れ方であるから、疑いにくい物語である。

つまり清盛が捕らえた鵺の鳴声に似た小鳥は、唐名でいう「毛しゅう」という鼠であると結論付けられるのであるから、これも鳥とも鼠ともつかぬ得体の知れぬ生物である。

故に江戸時代末期の学者朝川鼎は『善庵随筆』巻一の鵺の項で

余が考ニハ、毛朱は毛未《モミ》ノ誤ナルベシ。モミハ鼯鼠ニテ、俗ニイフ、ムササビナリ。朱ト未ト字形近似ナルヲ以テ、誤写センニヤアラン

和名抄巻十八、毛群ノ部ニ云鼯鼠一名鼯鼠

〔割註〕上音吾、和名毛美、俗云無佐佐比、兼名苑注云、状如レ猨而肉翼、似二蝙蝠一、

(鵼)鵺退治　江戸時代版『平家物語』

能従レ高而下、不レ能二従レ下而上一、常食二火煙一、声如二小児一者也、トアルニテ知ルベシ。コノ毛朱モヌエノ音《コエ》シタル鳥、ヒビキ渡リタリトイヘバ、頼政ノ鵼モ同日ノ談ニシテ、鵼ハ鵼、毛朱ハ毛朱ニテ別物ナリヤ、毛朱ノ鵼ノ音《コエ》シツルニテ一物ナリヤ。

と記している。平清盛の退治した鵼の声に似た怪物も「鵼」とは明記しておらず、公卿僉議の結果「毛しゅう」ということになったが、これは毛朱のことで、善庵は、毛朱は毛末の誤写で毛末《もみ》は『和名抄』にあるごとく「むささび」であろうと推定している。

清盛の場合は追い廻《まわ》して捕らえたのであるから、鵼の鳴き声をした「むささび」でも納得が行くが、頼政の場合は黒雲に乗った猿・狸・虎・蛇の合成怪獣であり、北野天満宮の宮司の射留めた怪獣も猫・鶏・蛇の合成である。

かかる動物がいたとは考えられない。故にこのことに関しては後世さまざまに論議され推理されてきた。『理《り》斎《さい》随筆』では

つらつら考ふるに頼政の射芸をもつて、屋越の蟇目を修せられしならむ。屋越の蟇目といへるは、天地四方を射る也。また四隅をも射る也。四隅の形様を表し、丑《虎トラ》・未《猿サル》・辰《蛇ミ》・戌《猪イ》扨《さて》この亥のかたち無きを猪の早太といへる郎党の名を入れたるものなるべしと思はる。

と記している。つまり天皇が毎晩物《もの》の怪《け》におびえるので、頼政が鏑矢《かぶらや》を、厭勝《まじない》のために四方に射たことから創作されたのであろうと推定している。落ちてきた怪獣の頭が猿、むくろは狸（『源平盛衰記』では背中は虎、尾は狐、足は狸と一定していないが、胴を虎と見たのであろう）、尾は蛇、手足は虎で、つまり未申《ひつじさる》（南西）・辰巳《たつみ》（東南）・丑《うし》寅《とら》（北東）の三隅と戌亥《いぬい》（西北）の四隅を意味し、猿と虎と蛇で怪獣を作り、亥は井（亥）の早太であらわした四隅を鎮める厭勝《えんしょう》儀礼から創作された物語であるとしている。

しかし、『鎌倉実記』では

方角によりて頼政の弓徳を表するといへり、私云ふ。これまた付会の説なり。抑《そもそ》も頼政は一個の小臣なり、弓は頼政の一芸なり。其芸徳を表せむとて、辱くも禁庭に於て妖怪を設け、天子の御悩といひ、寝殿の上に落つなど勿体なき偽りいふべからず（中略）甚だ笑ふべき説なり。

と、すべてこの物語を否定している。

いずれにしても頼政や清盛、そして北野天満宮宮司の退治した怪物は後世すべて鵼という幻獣になされているが、それぞれの文には決して鵼とは書いていない。鳴く声が鵼に似ていると書いてあるだけである。

では鵼という動物はどんなものであるかというと、『古事記』にも『万葉集』にも記されているから、古代から知られていた鳥の名である。『古事記』上巻に八千矛神《やちほこのかみ》が高志《こし》の国の沼河比女《ぬなかわひめ》のもとを訪れた時の歌に

和何多多勢礼婆《わがたたせれば》　阿遠夜麻迩《あおやまに》　奴延波那伎《ぬえはなき》

と記され、夜に鵼が鳴いていることを叙している。また『万葉集』巻二の長歌に

霞立《かすみたつ》 長春日乃《ながきはるひの》 晩家流《くれにける》 和豆肝之良受《わぎもしらず》 村肝乃《むらぎもの》 心乎痛見《こころをいたみ》 奴要子鳥《ぬえこどり》 卜歎居者《うらなげきをれば》云云

また巻之五の有名な貧窮問答歌の中の一節に

父母波《ちちははは》 枕乃可多尓《まくらのかたに》 妻子等母波《つまこどもは》 足乃方尓《あとのかたに》 囲居而《かこみいて》 憂吟《うれいさまよい》 可麻度柔播《かまどには》 火気布《けぶけふ》 伎多立受許之伎尓波久毛能須可伎弖《きたてずこしきにはくものすかきて》 飯炊事毛和須礼提《いひかしぐこともわすれて》 奴延鳥乃《ぬえとりの》 能杼与比居尓《のどよびおるに》

また巻十に「奴延鳥之裏歎座津《ぬえとりのうらなきましつ》」、巻十七の「奴要鳥能宇良奈気之都追《ぬえとりのうらなきしつつ》」等と詠まれ、奴要、奴延の文字を当てているが、鵼が鳴くのは夜のようであるから、古くから寂しい、不吉を伴う鳥と思われた。

これが平安時代に入ると鵼が鳴くのは極端に不吉のものとし、他の何の鳥か不明の鳥が夜鳴いても鵼のせいにし、特に宮中では不吉の前兆として騒ぎ祈禱《きとう》したり神社に奉幣《ほうへい》を捧《ささ》げたりした。

そうした記録を大略抜粋して見ると、

醍醐天皇の延喜五（九〇五）年二月二日の夜空で怪鳥の鳴声がしたので十五日に諸社に奉幣して平和を祈った。（日本紀略）
鳥羽天皇の天永二（一一一一）年九月八日夜怪鳥が南方で鳴いた。（殿暦）
鳥羽天皇の永久三（一一一五）年六月廿五日夜鵼が鳴いた。（殿暦）
近衛天皇の仁平年間（一一五一～一一五三）の頃宮中南殿の屋根で鵼が鳴き、源頼政が仕留めた。（平家物語）
一に天養元（一一四四）年六月十八日夜中にも宮中で鵼が鳴いたともいう。（台記）
二条天皇の応保年中（一一六一～一一六二）にも宮中で鵼が鳴き源頼政が仕留めた。（平家物語）
順徳天皇の建暦二（一二一二）年八月七日西方で鵼が鳴いたので、宮中では慎んで修斎した。（玉葉）
後堀河天皇の寛喜三（一二三一）年四月八日夕刻頃に鵼が鳴いたので祈禱した。（吾妻鏡）
四条天皇の延応二（一二四〇）年四月八日午後十二時頃に前武州の館で鵼が鳴いたので九日に百怪祭を修した。（吾妻鏡）
後醍醐天皇の元弘三（一三三三）年七月に紫宸殿の上で鵼が鳴いた。（太平記）
称光天皇の応永廿三（一四一六）年四月廿五日夜北野天満宮に怪鳥現れ宮司に射殺

された。（看聞日記）

後桃園天皇の安永三（一七七四）年四月半ば頃の夜、御殿の上で怪鳥が手車を引くような声を立てて人々を怖れさせた。

これは鵺であろうという。（閑窓自語）

このように人々に不吉の感を与える鵺という生き物はどんな動物であるかというと、実体は全く摑《つか》めておらず、時には合成怪獣となり、時には夜なく怪鳥となり、むささび、鼠の類《たぐい》ともなる。岐阜県山県《やまがた》市には鵺が棲《す》んでいたという鵺の松があるが、これも実体不明である。

鵺は鳥であるという説は虎鶫《とらつぐみ》がこれに比定されている。『類聚名義抄《るいじゅみょうぎしょう》』に

鵺　似雉　シキ・ツクミ・ヌエ

似鹿而白　ヌエ

鵼　恠鳥　ヌエ

〓　ノセ　ヌエ

等とあるから古くよりツグミを鵺としたのであろうが、その中で羽色があまり美麗

でない虎鶫が伝説的妖怪のサブリミナル的思考から推定されていったものらしい。

虎鶫とはツグミ科の一種の小鳥でアジア東部に広く分布棲息《せいそく》しているから勿論日本にもいる。翼長は大体十五センチ位であるが総体に暗い黄緑色に暗黒の三日月状の斑《はん》紋《もん》が全体にあり、この斑紋から虎鶫の名が付けられたもので、雌雄共に同色である。嘴《くちばし》は細長くて猛禽《もうきん》でないが、何となく不気味である。

虎鶫は夜または曇天《どんてん》の時に淋《さび》しい鳴声を出すので、人々にやるせない思いや不吉の予感を感ぜしむるので平安時代頃から特に嫌われていた。

梟《ふくろう》・木菟《みみずく》・夜鷹《よたか》・五位鷺《ごいさぎ》も夜鳴声を出すが、夜空から聞こえるこれらの声から不気味な想像が広がって、昼間鳴りをひそめていた妖怪が恐ろしい威力を発揮して跳梁《ちょうりょう》するように思えるので、想像の構成から合成怪獣が作られたりするのであろう。

合成怪獣の中で鵺の存在は日本独特であり現代の怪獣玩具《がんぐ》に馴《な》れた子供たちには恐怖を感ぜしめず却《かえ》って受けるかもしれない。

以津真天《いつまで》

『太平記』巻第十二広有射怪鳥事に

元弘三（一三三三）、七月改元されて建武と改めた（本当は翌元弘四年正月晦日改元して建武元年という）が、その年の秋に紫宸殿《ししんでん》の屋根に夜になると怪鳥が現れて、いつまでもいつまでもと鳴くので皆不吉に思い、公卿たちが評議して誰かに退治させようとした。源義家が鳴弦したり、頼政が鵺《ぬえ》を退治した例にならって弓の名人にこれを射落とさせることになり、隠岐次郎左衛門広有が指名された。八月十七日月明の夜に例の如く大内山の方から黒雲が湧いて紫宸殿の上にかかったかと思うと怪鳥が現れて「いつまでも、いつまでも」と鳴いた。鳴くときにその鳥は口から火焰を吐き、稲光がする凄さであった。広有は鏑矢《かぶらや》を弓に番《つが》えたが何を思ったのか雁股《かりまた》だけを抜き去り鏑矢だけで狙い定めて射ると大音響して怪鳥は落ちて来たので居並ぶ文武百官は感嘆した。この鳥を松明《たいまつ》のあかりでよく見ると首は人のようで身体は蛇、嘴《くちばし》は曲がって歯並びは食い違って生えており、脚の毛爪は剣のように鋭かった。

以津真天　頭は鬼、体は龍で翅を持つ怪鳥で「いつまで死体をほうっておくのか」と叫んで、人の屍体を食い破る。『太平記』に広有がこの怪鳥を射たことが記されている。＊

両の翅を広げると五メートル以上もあった。広有は天皇から大層褒められて五位に任じられ因幡国の庄二カ所を賜ったという。

『太平記』は兵乱の描写に詳しいが時々中に不思議な物語を挿入している。広有《ひろあり》が何か弓矢でもって名誉の行為があったのが潤色《じゆんしよく》されたのであろうが、源頼政の退治した鵼の伝承と頗《すこぶ》る似ている怪鳥である。

羽を広げると五メートル以上あるというのはまるで大鷲《おおわし》である。それが「いつまでも、いつまでも」と鳴くというのであるから益々《ますます》怪しい。石燕の『今昔画図続百鬼』では頭が鬼、体は龍のような形をしているといい、人が死ぬとその肉体を食いあさり「いつまで死人を放っておくのか」と鳴くとしている。

姑獲鳥《うぶめどり》

『奇異雑談集』に、妊産婦が子を産む直前に死亡して、胎児が生きている場合に、妊産婦は母としての責任が妄執として残って妖怪となり、子を抱いて夜さまよい出る。

産女　鳥山石燕筆『画図百鬼夜行』（川崎市市民ミュージアム蔵）

子が飢《ひも》じさ悲しさに泣くのを「うぶめ泣く」といっていると記され、『本草綱目』でも姑獲鳥は鬼神であってよく人の生命を奪う。荊州に多くおり、毛を着て鳥の姿となり、毛を脱いでは女性の姿となる。これは妊産婦が死んでこの妖怪になるのであるから胸に二つの乳房が付いている。好んで他人の子を奪って自分の子とするから、大体小児のある家では夜裸にしてはいけない。この鳥は夜飛翔《ひしょう》し、子を見ると血で印をつけると子は驚いて病気となるが、これを無辜疳《むこかん》という。この鳥は殆《ほとん》ど雌ばかりで雄は見当たらない。七、八月頃の夜に多く飛翔して人に害を与えると記している。『和漢三才図会』でも、よく考えるとこの姑獲鳥《うぶのとり》は世間でいう産婦鳥《うぶのとり》のことで、伝承では産後に死んだ女性が未練が残って鳥と化して夜行するとされているが、これらは皆こじつけの説であると記している。

鸞　らん

鸞《らん》も鳳凰《ほうおう》と並んで瑞鳥《ずいちょう》とされ羽毛は五彩を備えているので、しばしば絵に描かれる。『和漢三才図会』巻第四十四山禽類《さんきん》に載っているから、実在の鳥と思われていたのである。

『三才図会』では鸞とは神霊の精が化して鳥となったものである。赤色に五彩を交じえ鶴の形に似て五音を備えた鳴き声を出す。雌を和といい雄を鸞と呼ぶのが正しい。鸞の血は粘りあって接着用に強力であるから膠《にかわ》として用い、弓弩の弦や琴瑟の弦を作るのに最適である。ある説では鸞は鳳凰に次ぐものといい、また鳳凰が年数経つと五彩の色が変わって鸞となるといい、君主が折目正しい時に出現するともいわれている。

鸞　寺島良安著『和漢三才図会』（国立国会図書館ウェブサイトより）

△推考するに青鸞というのが近世外国から到来し、これを飼って賞翫しているがその大きさは孔雀よりは小さく雉《きじ》よりは大きく、雉の種類のようであるが羽のいろどりは孔雀に似ている。頭は灰色であるが紫味もあり頭の後方に毛角のように突き出たものがある。目の上や頬は赤くて雉に似ており、頸は紫黄混じっている

こと虎の斑のようである。腹は黒味の強い灰色に赤が混じり白い紋がある。背は黄色であるが紫の斑点があり肩あたりは黄色に灰黒色の斑、羽は紫で緑や白の丸い小紋が二、三重にあり、または青地に赤の小紋がある。尾羽根の長いのは一、二本で二メートルを越し灰青色で両端は紫色の毛の羽となっている。そして上の方は緑白色の小点紋があること蒔絵《まきえ》の砂子《すなご》のようである。短い尾羽根は五、六本で長さは一メートル以上あって灰青色でやや紫がかっている上にうす青の小星が散っていること砂子を撒いたようである。嘴は雉に似て黄色で脚も雉に似て黄色に少し赤色を帯びている。雌の頭や頭上の毛は黄色で腹はグレーで黒斑があって首は紫地に黒い斑点、羽は紫に薄黄の斑で尾は芭蕉の葉の形に似ていて、三十センチ位の長さである。色は薄黄色地に黒斑嘴は黄で首は赤く籠の中で受胎して卵を産むが、数は少ない。この種類はどのくらいあるかはっきりしない。

と記している。中国の『三才図会』の説明では神霊の精が化して鳥となったものと説くから具体性も実体性もないが、寺島良安は外国から輸入された南方系の彩鳥を鸞と見立てた観察であるから、これが鸞の実体であるかどうかはわからない。

この鸞の出現を見れば天下安寧であるというのであるから鳳凰と同じである。

また北米大陸の南端のコスタリカに棲むツアールという彩鳥は鸞の説明に合致する

美麗の鳥である。

鳳凰《ほうおう》

鳳凰は瑞鳥で中国で信じられた美麗の鳥であるが、日本に伝わって黄櫨染《こうろぜん》の御衣《ぎょい》の図案に用いられたり絵画にも描かれている。『説文』に

神鳥也。鴻前麐後蛇頭魚尾鸇顙《せんそう》（ひたい）鴛思龍文、亀背燕頷雞啄《たく》（くちばし）五色備挙出於東方君子之国鶴翔四海之外過昆崙《こんろん》飲砥柱《しちゅう》濯羽弱水暮宿風穴。見則天下大安寧。

とあり、鳥の中の神であり、動物のあらゆる長所を備えて羽色は五色で最高に美しく、東の方の君子の国におり、この鳥が現れると天下は泰平であるとしているから、戦国乱国には現れない。『陸佃《りくでん》』には

羽虫三百六十鳳為之長

とし、鳥や虫でおよそ空中を飛翔するものの中で一番上位であるとし、

『爾雅疏』には

めでたい鳥で、高さ二メートル程で別名を鷗ともいう。

鳳凰　寺島良安著『和漢三才図会』(国立国会図書館ウェブサイトより)

とし、『山海経』では

丹穴の山にいる鳥は五彩の羽根で首は鶴のようで五つの徳節を持っている。

とし、『字彙』には雄が鳳で雌を凰《おう》という。雄雌そろえて鳳凰というとしている。

不死の瑞鳥であるために不死鳥《ふしちょう》、神鳥《しんちょう》、鳥王、仁鳥《じんちょう》、コウノトリ、霊鳥《れいちょう》、聖禽《せいきん》、長離《ちょうり》、火離《かり》、仁智《じんち》禽《きん》、雲雀《うんじゃく》、雲作《うんさく》、叶律郎《かりつろう》、丹山隠者《たんざんいんじゃ》、明丘居士《めいきゅうこじ》、五霊《ごれい》、足足《そくそく》などの異名がある。

この鳥は西欧のフェニックス、インドの伽陵瀕迦《かりょうびんが》という霊鳥の思想が中国に伝わっ

鳳凰　喜多川歌麿筆『青楼年中行事』（国立国会図書館ウェブサイトより）

て道教の思想によって中国的瑞鳥となったもので、日本に伝わっても出現したという記録はない。

鳳凰は梧桐《あおぎり》のある所に棲み、食物は竹の実で、醸泉の水しか飲まない。

羽色の五彩は人の五徳にかたどっているから、聖王の世や君子国にいるとするのである。五徳とは『論語集註《しっちゅう》』学而篇《がくじ》に夫子の盛徳は温、良、恭、倹、譲の五つを有することといい、『中庸章句《ちゅうようしょうく》』第三十一章では、聡明睿知《そうめいえいち》、寛裕温柔、発強剛毅《ごうき》、斉荘中正、文理密察の五つとし、五行説から見ると『小学紺珠《しょうがくかんしゅ》』に

天地有二五徳一、潤、讓、生、成、動。

つまり木、火、土、金、水の五つに当て

たりしているが、こうした五徳洽《あまね》き君主国や聖王などというのは、記録の上だけであって実際にはあり得ないから、鳳凰が出現したり棲むというのは理想であって願望であるからこそ、目出度《めでた》いしるしの幕や、花嫁の衣装やデザインに用いられるのである。

湿性類の変化《へんげ》

蟾蜍

ひきがえる

蟾蜍とは「ひきがえる」のことをいい「蟇」の字を当て「がま」「ひき」ともいう。蟾蜍は見るからに妖怪染《ようかいじ》みているので古くより怪しい両棲類《りょうせいるい》と思われていた。蟾蜍に霊力あると思われたのは中国からで『抱朴子』にも

蟾蜍《ひきがえる》は千年も生きると頭の上に角を生じ、腹の下が赤くなる。これを肉芝といっている。能く山の霊気を食して霊力を貯えているので、そうした蟾蜍を人が捕えて食えば、仙人になることができる。幻術を行うものはこうして霧を起こしたり、雨を降らせたりする超能力を行って、敵をしりぞけ、束縛から解放されて自由自在の行動を執ることができる。今こうして蟾蜍の能力を得たものは、蟾蜍を集めていろいろのことを行うが、蟾蜍を自由に扱うからである。

と記され蝦蟇《がま》仙人《せんにん》等がこれに当たる。こうした蟾蜍に対する認識は当然日本に於《お》ても広まっており『和漢三才図会』巻第五十四湿性類蟾蜍の項も『本草綱目』『抱朴

子』等を引用した上で

考えるに蟾蜍とは特異な霊能力を持つものである。わたしが或時ためしに蟾蜍を捕えて地上に置き桶で覆って、桶がはねのけられぬように重石で押さえ、翌日桶をのけて見たら蟾蜍は何処に消えたか全く姿は見えなかったから実に不思議な能力を持つ生物である。また蟾蜍は海に入ってメバルという魚になるといわれるが、メバルに半分変化したものは往々見るところである。

と説いている。この蟾蜍を桶《おけ》に伏せておいてもいつしか抜け出してしまうという話は江戸時代によくいわれるところであるが、『甲子夜話』巻十六の二十九項にも

浅草福井町に行弁という山伏が松浦静山の隠邸の隣の池から、蛙は風流を声で鳴くから飼おうと四匹程とって自宅の一メートル程の水溜りに入れ、簀《すのこ》で蓋をしておいたところ翌朝見たら一匹もいなくなっていた。

と記されているから、この隠遁《いんとん》の術は蛙全般に通用するものらしい。この蟾蜍の妖《よう》術《じゅつ》は忍術の中に利用され、演劇などにも取り入れられたので有名であるが、蟾蜍変じ

て眼張魚《めばる》になるというのは奇抜で、『和漢三才図会』をまとめた寺島良安もこれを信じていたらしく、眼張魚の項に

めばるは大きさ十センチあまりで赤黒の二種あって蟾蜍が化して魚となったものである。

としている。また、知識人として聞こえた肥前松浦の大名松浦静山の『甲子夜話』巻七十六の十一項で蛇が蛸《たこ》に変化する話を述べた中で

領海（松浦氏の藩領内の海をいう）にアラカブと呼ぶ魚あり。頭口ともに大にして黒鱗なり。此地にある藻魚、メバルの類にして多く海辺の石間に居る。蟾蜍《ひきがえる》変じてこの魚となる。既に見し者往々あり。その言に曰く、蟾蜍の前二足、魚の前鰭となり、後足合寄りて魚尾となると、成ほど蟾蜍は頭大にして巨口、黒色なるものなり、彼魚と化する由なきに非ず。一人又曰、蟾蜍の化するはアラカブに似て一種なり。皮滑にして黄色、黒斑あり。両鰭自ら蟾蜍の手臂の如しと、又一説なり。『和漢三才図会』云。蟾蜍入レ海成二眼張魚一。多見二半変一と。然れば余所にも有ることなり。

と記して松浦静山は蟇が海に入って眼張魚となるという俗説を領定している。蟾蜍は毒ともなれば薬としても用いられる。独特の分泌液があるのでこれも霊能薬として用いられている。『和漢三才図会』にも

蟾酥《せんそ》とは蟾蜍の眉間から出る白い汁から作ったものをいうので、その汁が目に入ったりすると目は赤く腫れて盲目になってしまう程毒性が強い。そうした時は紫草の汁で洗ったり点滴すれば治る。

蟾酥をとるのには蟾蜍の眉間の角（本当は目の後方、耳の背中寄りの耳線という瘤状の隆起）を手で強く押すと白い汁が出るので、これを採って油紙か桑の葉に置き、日の当らない処に一日置いて乾燥させる。これを竹筒の中に入れて保存するのである。これを蒜《のびる》または胡椒等の刺激物と共に口の中に入れると蟾酥は白い汁となる（これは強心剤として漢方薬で用いる）。また蟾蜍を竹篦《たけべら》でしごいて取り、麩《ふ》にぬり付けて乾燥させておき、疳疾や悪い腫瘍に用いると効果がある。

考えるに蟾酥は日本では製《つく》っておらず、殆ど中国からの輸入品で、麩に含ませたもので墨のように黒い塊で、丁度阿仙薬のようである。

とあり古来仙薬視されていたのは蟾蜍が霊的動物と思われていたからで、『本草綱

目』で「蟾蜍はよく山精を食うから、人間もその蟾蜍を食えば仙人になれる」と書かれる程である。故に『源平盛衰記』にも

昔も今も怨霊は怖しきことなり。蟇の息《いき》天に上るといふこともあるぞかし。

と蟾蜍は気を吐いて雲を起こし雨を降らせると共に人にも憑《つ》く力があると思われていた。根岸肥前守鎮衛の『耳袋』巻の四に

ある古い家に住んでいる人が、次第に精気を失い原因不明の衰弱病になったが、庭先に来たスズメが椽《たるき》の下に吸い込まれて行くのを不審に思って注意していると、庭先を通る猫や鼬《いたち》まで椽の下に吸い込まれる。そこで人を頼んで屋内の床板を剝がして床下を調べさせると、少し凹んだ所に大きな蟇《ひきがえる》がいてそのまわりにはいろいろの動物の骨や毛が散乱していたので、この大蟇が動物を吸い寄せて食ったり、人間の精気を吸っていたことがわかったので、大蟇を打ち殺して捨てさせた。するとその人の病気が治った。

私も西久保（東京都港区芝西久保桜町）のある邸で、庭の石の上に大きい毛虫が這っていたのを、一メートル程先にいる蟇が口をあけた瞬間に吸い込んでしまったのを

目撃しているから、大蟇が人の精気を吸い取るのは満更嘘ではないと思われる。柳生氏の話では、上野山内の或る寺で大蟇が鼬を取ったという。大体蟇は手足の指が前に向いているものであるが、女性が手をついて御辞儀をするように指先を後ろ向きに向けている蟇は怪しい仕業をなすといい、また厩に蟇が棲むと馬は精気衰えて枯骨のようになるともいう。

と記されている。また『甲子夜話』続篇巻二十九の三項に

江戸下谷御徒町（東京都文京区外神田）に住む江戸城の御茶坊主の中村円喜の庭の手《ちょ》水鉢《うずばち》の下から白気が三日も続いて昇った。地上には何事もないのに何故ここだけ白い気が昇るか怪しく思って、そこを五十センチ程も掘ると中から大蟇があらわれたという。成程言い伝え通り蟇は気を吐くものである。

と感心して書きとめている。江戸時代の大道芸人で傷薬売りは「陣中膏蟇の油《じんちゆうこう》」で口上に筑波《つくば》山麓《さんろく》に棲《す》む四六の蟇、前肢《まえあし》の指が四本、後が六本とその特異性を強調し、特異なるが故にその効能も頗《すこぶ》るてきめんとし、これは蟾酥でなく、油汗を流さしめて採った薬としている。松浦静山の『甲子夜話』巻の五の十項には

夏の夜に光り物が飛ぶことがあり世間ではこれを人魂といっているが、実は蟾蜍が飛行するのである。江戸本郷（東京都文京区）丸山の福山侯（阿部家十一万石）の別荘で、人魂が飛んだのを家臣が竹竿で打ち落としたら蟾蜍であったといわれ、この例はしばしば聞くところである。

と記して、蟾蜍は光り物に化けて空中を飛行するとも信じられていた。松浦静山は博学の大名で知識も広かったが、坊ちゃん大名であるから人の話を疑うことがなかったので、町の噂話も信用している。『同書』巻四十三の十一項に

ある人が十一月の頃浅草諏訪町あたりを籠《おり》に大蟇を入れたのを大勢で舁《かつ》いで行くのを見たが、大きさは二メートル程で眼は月星のように光っていたというが何処で捕えられ何処に持って行くのであろうか。

と記している。二メートル程の大蟇などいる筈《はず》がないし、本当だとしたら当時の記録、または瓦版《かわらばん》に出ている筈である。浅草であるから、恐らく見世物か芝居に使う張りボテの蟇ではあるまいか。

蟇の妖術　『天竺徳兵衛韓噺』（国立国会図書館ウェブサイトより）

蟾蜍の妖怪譚《たん》は昭和の初め頃まであり、蟇が憑くといわれていた。久留米《くるめ》地方では蟾蜍をワクドといい、ワクドを殺すと祟《たた》ったり憑いたりすると信じられていた。蟾蜍に憑かれると蟇の形になって這《は》い回ったり、頭の毛をむしりとってしまったり、目や耳が不能になったりするという。また耳の中に甘酒を醸されたり、顔が蟇に似てきたりしてやがて狂死するともいわれていた。

大蜈蚣《おおむかで》

蜈蚣《むかで》が妖怪視され、また忌み嫌われるのはその醜悪な体形と咬《か》まれると毒によって苦しむからであり、また、龍蛇にとっては大敵と信じられているからである。

これは中国の伝承が日本でも信じられたからで『五雑俎』にも

蜈蚣一尺以上アレバ則能ク飛ビ龍畏レ之　故常為レ雷撃ニ一云龍欲レ取ニ其珠一也

とあり、『和漢三才図会』巻第五十四湿性類の項にも南方に三メートル以上の大蜈蚣がいるがよく牛を襲って食う。土地の人は炬火《たいまつ》を照して洞穴を探して蜈蚣を捕らえ、皮は剝がして太鼓に張り、肉は乾かして脯肉《なましにく》にして食うが牛肉よりもうまい。

としているが大嘘で、いくら熱帯地方でも三メートル程もある大蜈蚣はいないし、肉は牛肉よりもうまいというのも出鱈目《でたらめ》である。

こうした誇張された伝聞が日本に於《お》いても実在の大蜈蚣の話となり「龍は蜈蚣を恐れる」とか「蜈蚣は大蛇を見ると毒気を吐いて蛇の脳眼を啖《く》う」と信ぜられるようになるのである。

従って大蜈蚣は龍蛇を襲うことになっており、これに関する物語も多い。

『今昔物語』巻十六加賀国諍虵蜈島行人助虵住島語第九に

加賀国の漁夫七人が海に出て暴風に遭ってある島に着いた。すると上品な身扮《みなり》の若者が迎えに来て歓待するので不審に思って理由をきくと、「風を吹かせて貴方がたの船をこの島に着けさせたのは実はわたしが行ったことで、貴方がたに助力を御願いしたい為だったのです。この島の先の方にも島があって其処の主がこの島を征服しようとしているが、とても勝ち目はないので、あなたがたに助けて戴きたい」という。七人の漁夫は丁度弓矢も持っていたので承諾した。その夜の暁方になると沖の方に二つの怪光が現れ、物凄い風が吹き付け始めた。七人が目を凝らして見ていると近付いて来るのは長さが三十メートル程もある大蜈蚣である。するとこちら側からは胴中がひと抱えもあろうかと思われる大蛇が海に向かって進み、そこで大蜈蚣と大蛇は雲を飛ばし海を荒れさせて死闘を始めた。しかし蜈蚣は沢山の手があるので大蛇は不利である。そこで七人の漁夫は弓に矢を番《つが》えて蜈蚣を射、弱ったところを刀でずたずたに斬って殺してしまった。やがて傷付いた若者が現れ、「御助力のお陰で勝つことができて誠に有難い。島に平和が戻ったから貴方がたもここに住んで下さい」というので七人は国に戻って妻子を引連れ、この島で平和に暮らした。

この物語が後に粉飾されて俵藤太《たわらとうた》の三上山《みかみやま》の蜈蚣退治の物語に発展していくのである。『太平記』巻十五、三井寺合戦並当寺撞鐘事付俵藤太事に三井寺の鐘のことからそれにまつわる話として、俵（田原）藤太秀郷《ひでさと》が琵琶湖《びわこ》の底にある龍宮の龍王の依頼で、比良山《ひらさん》に棲む大蜈蚣が襲って来るのを矢で射殺し退治した話に変わっていく。龍王は感謝して避来矢《ひらいし》という甲冑《かっちゅう》、釣鐘、いくら使っても減らない米俵や巻絹その他の宝十種を俵藤太にくれるが、これは『古事談』巻之二神社仏閣の部の、粟津《あわづ》の男が寺を建立するために出雲に下る途中で龍王に逢《あ》い、その頼みにより敵の大蛇を斃《たお》した礼に鐘をもらった話が加味されての物語であるが、大蜈蚣は三上山とも比良山とも諸説ある。しかしこれらは御伽草紙《おとぎぞうし》的伝説で井沢長秀《いざわながひで》の『俗説弁』では「これは妄誕なり」として一蹴《いっしゅう》しているが、俵藤太（藤原秀郷）の後裔《こうえい》である蒲生《がもう》家ではこの伝説を家の記録とし蒲生氏郷《うじさと》の一代記『氏郷記』にまで記しているし、『秀郷草紙』絵巻としても流布している。

こうした妖異的生物の大蜈蚣は生存する筈はないが、江戸時代にはいたという瓦版まで出て江戸東両国《りょうごく》 回向院《えこういん》境内で見せ物にされている。嘉永《かえい》元（一八四八）年に発行された瓦版に

夫伝へ聞承平の頃勇士、田原藤太秀郷龍人に被頼《たのまれ》、江州瀬田の橋にて大百足《むかで》を射留たる事世の人、よくしる処なり。今又剱道の名人千葉大先生門人、陽遊斎広光と云人、日本剱道修行の折から飛騨の国高山ニ暫く逗留をいたし道場を立、門人数多出来たり。頃は嘉永元年三月下旬、門人等大せい集り四方八方の咄しの折から一人申けるハ、当国は日本第一の深山にして怪しき事多し。元よりはるか北の方に当り天上籠といふ渡しあり。其地より越中立山つづきニて大山連り其谷合に、谷村と云人

飛騨国の大蜈蚣　江戸時代の瓦版　（名古屋市蓬左文庫蔵）

家あり。近年此辺而人のとらるる事多しと申けれバ、広光、夫ハ我等が望む処なり。見届け参らむとて門人貮三人に案内をさせ奥深くわけ入れバかの大百足に行合たり。広光一刀にてうちとりたり。余り珍しき事故其品江戸表へ伝参り。御諸候様方へ御一覧奉備候。此度釈伽如来回向院ニて開帳ニ付当六月廿四日より東両国ニ而奉御覧入候。

とあり大蜈蚣が鹿を食っている図があり、題名は「日本一飛驒国大むかで、長サ一丈五尺、幅一尺八寸、目方二十八貫目」とある。長さ約五メートル、幅約六十センチ、重量百五キロであり、回向院で見せ物にしたのは事実このような怪物的蜈蚣であったのかどうか。

　また現代の都会や都市化した地方では蜈蚣を見たことがない子供が多いから、蜈蚣の不気味さを知る人も少ないが、今から六十年程前の東京の街屋でも蜈蚣がおり、時には三十センチに及ぶ大蜈蚣がいたことは村上信彦《むらかみのぶひこ》氏の『大正・根岸の空』二一三頁に記されており、また筆者の親戚《しんせき》斎藤するゑは明治時代中頃に少女で東京市上野山下《やました》に住んでいたが、家の中に約四十センチ程の大蜈蚣が這い込んで来て大騒ぎをしたと語った。現在の動物学では日本の蜈蚣は体長大約十四、五センチとしているが、何等かの理由で三、四十センチのものもいたのであるから、伝説伝承の蜈蚣譚も誇大されているとはいえ、常識外れの大蜈蚣がいたことは否定できない。

土蜘蛛《つちぐも》

『平家物語』剱《つるぎ》の巻に
頼光瘧病《オコリ》ヲ仕出シ如《イカ》ニ落トモ不レ落、後ニハ毎日ニ発《オコリ》ケリ。発ヌレバ頭痛ク身熱ク天

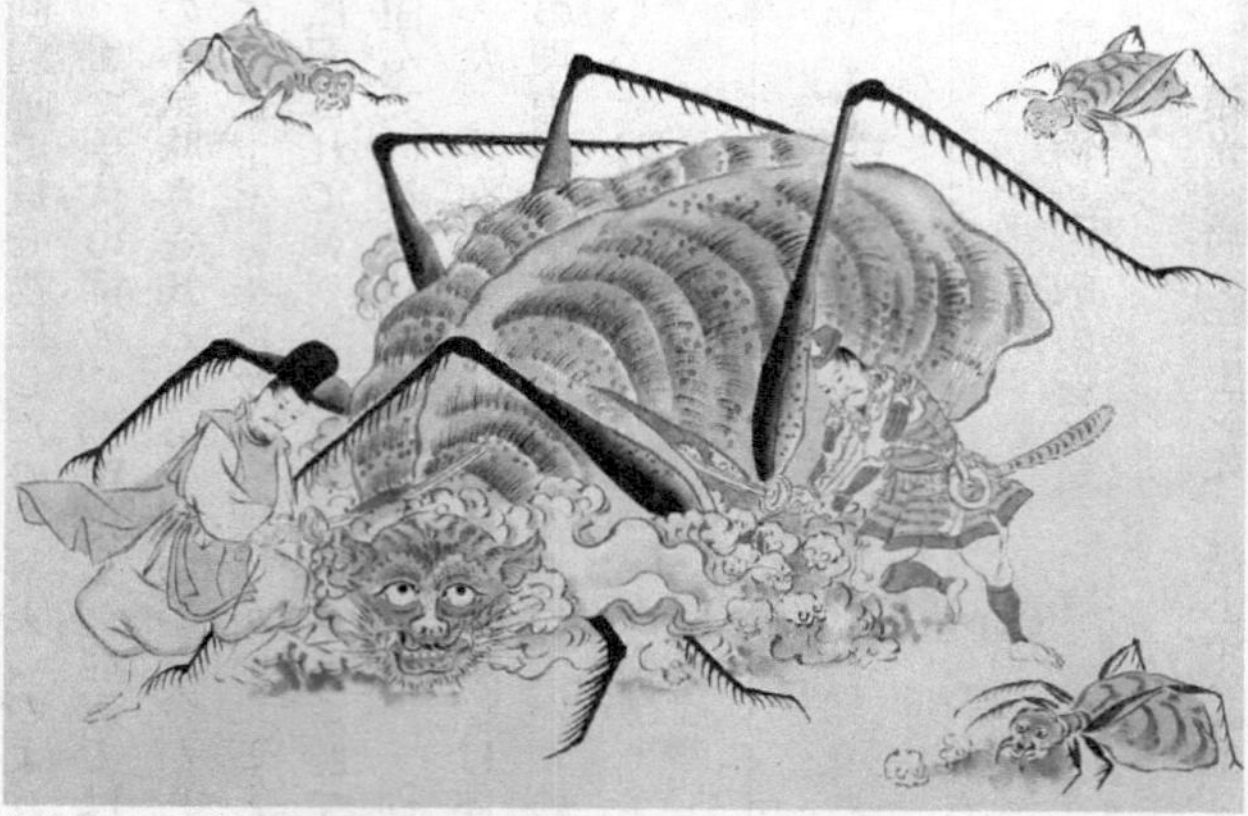

蜘蛛退治　『土蜘蛛草紙絵巻』源頼光に見破られた妖怪は洞窟の前で頼光と渡辺綱に斬られたが、腹から夥しい人骨が出てきた。（国際日本文化研究センター蔵）

ニモ不レ付地ニモ不レ付、中《チュウ》ニ浮レテ被レ悩《ナヤマレ》ケリ。加様《カヤウ》ニ逼迫スル事卅余日ニゾ及ビケル。或時又大事《オオゴト》ニ発《オコツ》テ少シ減ニ付テ醒方ニ成ケレバ四天王（頼光の家臣の中で特にすぐれた者四人を仏法護持の四神になぞらえたもので、渡辺の綱・坂田の金時・碓井貞光・卜部秀武をいう）ノ者共看病シケルモ皆閑所ニ入テ休ミケリ。頼光少シ夜《ヨ》深方《フケガタ》ノ事ナレバ幽《カスカ》ナル燭影ヨリ長《タケ》七尺計《バカリ》ナル法師スルスルト歩ミ依テ縄ヲサバキテ頼光ニ付ントス。頼光是ニ愕《オドロキ》テガバト起キ何者ナレバ頼光ニ縄ヲバ付ムトスルゾ。悪《ニク》キ奴哉トテ枕ニ立テ被レ置《オカレ》タル膝丸《ヒザマル》（源氏重代の名剣のこと）ヲ取テ、ハタト切、四天王共聞付テ我モ我モト走寄何事ニテ候ト申《モウシ》ケレバ爾々《シカジカ》ト宣《ノタマヒ》ケル。燭台ノ下ヲ見ケレバ血コボレタリ。手ニ火ヲ炬テ見レバ妻戸ヨリ簀子《スノコ》ヘ血洩《コボレ》ケリ。此ヲ追行程ニ北野ノ後ニ大ナル塚アリ。彼塚ヘ入タリケレバ　即《スナハチ》塚ヲ掘崩シテ見《ミル》程ニ四尺計ナル山蜘蛛ニテゾ有ケル。搦《カラメ》テ参タリケレバ頼光不レ安事哉《ヤスカラヌコトカナ》。是程ノ奴ニ労《ツ》カレ三十余日悩サルル社《コソ》不思議ナレ。大路ニ可レ曝《サラスベシ》トテ鉄ノ串ニ刺テ河原ニ立テゾ置ケル。是ヨリ膝丸ヲバ蜘蛛切トゾ号シケル。

とあって源頼光が瘧《おこり》（間歇《かんけつ》的に高熱を発する病気。わらわやみ・えやみともいい、現在でいうマラリヤ病のようなもの）で苦しんでいる時に襲って来たのが長さ一・三メートル程の大蜘蛛《おおぐも》であった。この大蜘蛛を切った膝丸と名付けた銘刀をそれから蜘蛛切丸《くもきりまる》と名を変えたという名刀の名の由来を記したものである。頼光の蜘蛛退治話は室町時代に入ると少し変わっていく。南北朝時代から室町時代初期頃の作であろうとされる『土蜘蛛草紙絵巻』では

源頼光が神無月（十月）廿日頃の夕刻に郎等の渡辺綱を連れて京都郊外北山の蓮台野に行くと、空に髑髏《どくろ》がひとつ飛んで行くので不思議に思って跡を追って行くと神楽岡につき、其処に公卿が住んでいた別荘と思われる荒れ邸があったので庭に踏み

込んでみると、台所とおぼしき所に醜怪の老婆が一人坐っていた。白髪で上瞼が大きく垂れるのを無理に押し上げ、笄《こうがい》のようなもので唇を押し広げ、はだけた胸の乳房は膝にまで垂れている。頼光が「汝は誰か」と問うと、「自分はこの土地に住んで九代もの主人に仕え、二百九十歳になってしまったが、この邸のものは皆死んでしまい、わたしだけが残って生き恥をさらしている。貴方に逢ったのは嬉しい限りであるから、どうか貴方の手でわたしを殺して亡き人々の所に送ってくれ」と不気味なことをいうので、これこそこの邸の妖怪と頼光が睨むと老婆の姿は消えた。やがて空の雲行きが怪しくなりおどろおどろしく雷が鳴り、稲妻が光って部屋部屋を明滅させると建物の奥の方から鼓を打つような足音がして、次々と怪物が現れたが、頼光が平然としていると、どっと笑い声をあげて障子の彼方に消えた。次に高さ一メートル程で上半身裸、下半身緋の袴、頭に頭巾をつけた尼が現れたが、何と顔は身長の三分の二程もあり、真赤な大きい唇を開くと鉄漿《かね》をつけた歯を見せてにやりと笑うさまの物凄さ。暗い中なのに明瞭《はっきり》見えるばかりか、その手は糸のように細い。大抵の者ならその気味悪さに驚くところであるが、頼光は少しも怖れず、睨みつけるとこれも消えた。いくら嚇しの手を変えても頼光が少しも驚かないので、暫く妖怪は現れなかったが、暁方近いころ障子が音もなく開いて誰か入ってくる様子。目を凝らすと何と楊貴妃か李夫人かと思われる程の美しい若い女が十二単衣に緋の袴をはいてするすると近寄って来る。その時に何ともいえぬ腥《なまぐさ》い風が吹き、美女の手から白い雲の固まりのような球が矢継ぎ早に頼光目がけて投げつけられたが、それは綿が広がって糸目の網のようになった。頼光は突嗟に身をかわして太刀を抜いて斬り付けると手答えあって床板まで斬り込んだが、美女の姿は消えそれきり現れなかった。夜が明けたので渡辺綱と共に調べてみると床板に血が流れており、頼光の太刀の鋒先は折れて失われている。

鋒先が折れて失われていることは油断のならないことで、昔中国に眉間尺という者が復讐のために折れた鋒先を口に含んで自ら首を打ち落し、仇と決戦して鋒先で相手を仕留めた話があるから、頼光の太刀の失われた鋒先も、妖怪がどのように利用するかわからないからと思って、頼光と綱は人形を作り、これを押し立て、怪物の去った血の跡をたどって行くと、西山の奥深くに洞窟があり、その中から唸き声が洩れて来る。よく見ると六メートル程で足が沢山ある怪物が目を光らせて睨んでいたが、二人を見ると口から折れた太刀の鋒先を吹き出して殺そうとした。しかし人形を盾にしていたので二人には当たらなかった。二人は怪物に躍りかかって洞窟から引きずり出して首をはね、ずたずたに斬ったが、腹から人間の首や髑髏が一九九〇個も転がり出た。この怪物は山蜘蛛が数千年の劫を経たもので、洞穴にはこのほかに子供ぐらいの大きさの蜘蛛が沢山いて逃げまどっていた。二人はこれらすべて退治して穴を掘って埋め、神楽岡の荒れ邸も火を点けて燃やしたので、その後このあたりは怪しいことはなくなった。朝廷ではこのことを知って賞として頼光に正四位下摂津守、綱に正五位下丹波守を授けたという。

これが、『土蜘蛛草紙絵巻』の内容である。

このように醜怪な蜘蛛は人間まで襲って糸を吐きかけて捕え、血や液体を吸い取ると信ぜられるようになり、地方によってはアシタカ蜘蛛、ジョロウ蜘蛛の伝説を生み、蜘蛛で劫《こう》を経たものは『土蜘蛛草紙絵巻』に描かれている如く、美女型に変化したり、本態の顔が鬼面に表現されたりするようになり、蜘蛛の妖怪譚は頗る江戸時代に多くなる。

大蜘蛛《おおぐも》

五条烏丸《からすま》辺の大善院《だいぜんいん》の大蜘蛛伝説は浅井《あさい》了意《りょうい》の『狗張子《いぬはりこ》』巻の七に記されているが、これも物凄《ものすご》い大蜘蛛である。

むかし覚円という山伏が、諸国行脚して紀州熊野に参籠して、京に赴き清水寺に詣でようと五条烏丸あたりに来たときに日が暮れてしまった。そこに大善院という寺があったので寺僧に頼んで泊めてもらう事にしたが、何故か寺僧は本堂に案内しないで傍の荒れ小屋に連れて行った。覚円は自分が身すぼらしいので馬鹿にしていると怒ったところ、寺僧が言うのには「貴方を決して見下げて此処に案内したのではない。実は本堂には妖《ば》け物がいて三十年来そこに泊った者は皆行方不明になってしまうので、此処に案内したのです」という。そこで覚円は「自分は諸国を修行して歩いて恐いものはない」と譲らないので寺僧も本堂に泊めることにした。覚円は一応の用心のため日頃身につけている刀を少し抜いて寝ていたところ夜中に寒気がしてやがて本堂が震動し始めた。そこで四辺《あたり》の様子を窺っていると天井から毛むくじゃらの手が伸びて来て覚円を摑もうとするので刀でその手を斬ったところ、手は本尊のある仏壇の前に落ちた。覚円が逃げ出さずにいると夜更けてから又手が伸びて来るのでこれも斬り落とした。翌朝になって心配していた寺僧が様子を見に来たので、覚円は昨夜のことを話して二人で本堂内を探すと、長さ一メートルで爪が銀色に光り、眼は大きくて赤く輝く大蜘蛛が斬られて死んでいた。これが今迄泊った者を食い殺していたことがわかり、この蜘蛛の死骸を本堂の近くに埋めて蜘蛛塚として祀ったので、その後は寺に妖しいものは出なくなったという。

蜘蛛は昆虫を巣にかけて捕らえ、血や液体を吸うので蝙蝠《こうもり》と共に吸血鬼にも見られている。

大蟹《おおがに》

蟹は古代から食料として人に親しまれて来ており、『古事記』中巻応神《なかつまきおうじん》天皇の項の長歌にも「許能迦邇夜《このかにや》　伊豆久能迦邇《いづくのかに》　毛毛豆多布《ももづたふ》　都奴賀能迦邇《つぬがのかに》云云」とうたわれるごとく食膳《しょくぜん》に供されており、また人とかかわり深いことは『日本霊異記』以来、蛇に狙われた女性を蟹が助けた話や蟹満寺《かにまんじ》縁起として多くの類話を有している。『日本霊異記』中巻の贖㆓蟹蝦命㆒放生得㆓現報㆒縁第八に
置染の臣の鯛女は奈良の都の登美の尼寺の尼法邇の娘であったが、野で草を摘んでいると蝦《かえる》を呑みかけている大蛇を見たので蛇に向かって「わたしはあなたの妻とな

蟹　楊洲周延画錦絵『蟹満寺の物語』(静岡県立中央図書館蔵)

りますから蝦を許してやって下さい」と頼んだ。蛇は蝦を放したが、夜になると蛇が家のまわりをうろつくので怖れた。これを行基に話したところ「蛇と約束した以上逃れられない」といわれた。戻る途中大きな蟹を持っている老人に逢い、鯛女は衣を差上げるから蟹を助けてやってくれと無理に頼んで蟹を放してやった。

するとその夜大蛇が家の中に入って来たのを何処からともなく大蟹が現れて大蛇と格闘し大蛇をずたずたに鋏《はさみ》で斬り殺してしまった。

これに似た話が第十二贖二蟹蝦命一放生現報蟹所レ助縁に記されているが、ここでは大蛇を殺したのは八匹の蟹ということになっており、女性を狙う大蛇を報恩のために蟹が退治する話は『今昔物語』巻六山城国女人依二観音一遁二蛇難一語第十六にあり、蟹満寺の縁起として人口《じんこう》に膾炙《かいしゃ》している。江戸時代の『和漢三才図会』や大朏東華の『斎諧俗談』巻の一には蟹満寺縁起では大蟹でなく数万匹の蟹が大蛇に立ち向かって斬り刻んで殺す話に変化するが、骨子とするところは食料として捕らえられた蟹が女性に助けられ、その女性が大蛇に狙われるのを助けるという報恩譚である。

つまり美味として往々食われる蟹が、純心の一女性の情けで助けられ、その恩義に感じてその女性を助ける話で、蟹は人間をも理解できる存在として認識されていた結果生じた話である。

こうした思想から逆に蟹が女性を犯す伝説まで生じる。鹿児島県の伝承であるが、沖に出ていた海女《あま》が大きい赤鱝《あかえい》に追われ海辺の洞穴に逃げ込んだところ、そこにいた大蟹が鱝を追い払ってくれた。代わりに今度は大蟹に犯され、海女は後で蟹の子を産んだ。

また鹿児島南部野間獄地方では女性が大きい山蟹に犯され、子供を産んだが、その子は背中に甲羅をつけていた。

という。この伝説は南方諸島の伝説の影響があるようである。セレベス島のトラジャ民族の伝説に、蟹に犯された女が七匹の蟹の子を産んだので川に捨てた。蟹の子はそこで成長したが、水浴するときは甲羅を脱いで美しい女性の姿となっていた。七人の男がこれを見て、脱いだ甲羅を隠してしまったので七人の女は蟹の姿に戻ることができず、七人の男と結婚したという。羽衣伝説を思わすような、人と節足動物の交婚譚であるが、人と蟹の交婚が可能と思われていたのは何故であろうか。

これは房事の体位が蟹に似ているからの発想であろう。

それにしても人と交わったり、大蛇と闘える程の大蟹が果たして海や山にいるであろうか。瀬戸内で採れる平家蟹は脚を左右に伸ばすと優に一メートルを超すものはいるが、甲羅本体は差程大きくはない。まして山蟹で長大なものは無いが、言い伝えではすこぶる大きいものがいた記録がある。

武文蟹《たけぶんがに》

蟹が人と共通していると思われるのは、甲羅にある凹凸《おうとつ》の皺《しわ》状のものが人面に見えるものがあり、それが人間の首を連想させるからであろう。壇の浦で滅亡した平家一族が、無念の形相そのままの甲羅の平家蟹になったという伝説のごとく、人は海に沈んで蟹となる。

『太平記』巻十八春宮還御付一宮御息所事に

尊良親王の家臣右衛門府生の秦武文は、嵯峨の奥に隠れている親王の御息所《みやすどころ》を、命によって四国に御送りしようと尼が崎から船出したが、敵方の松浦党の船を見誤って味方と思い、御息所をその船に乗せ、御供の女房たちをも乗船させようと漕ぎ戻ったところ、そのすきに船は沖に出てしまった。たばかられたと知った武文は憤激して「われは龍神となって松浦党の船をとどめん」と叫んで割腹して海中に飛び込んだ。この一念で暴風雨忽ち起こり、松浦党の船は淡路島の武島に漂着し御息所は無事に上陸した。それよりこの地方では鬼面に似た甲羅の蟹が現れるようになったので、この蟹は秦武文の怨霊が蟹になったとして武文蟹と名付けられた。

『和漢三才図会』巻四十六介甲部にも「鬼鬣・たけぶんがに・しまむらかに」として記され、「本綱云鬣小《サキ》者名《ク》二鬼鬣一食レ之害レ人」とあって、鬣の小型を鬼鬣《たけぶんがに》といい食うと毒があるとし、勇士が戦死しその霊が化した蟹であるという付会の説があるとしている。

武文蟹は前記の如く『太平記』の秦武文《はだのたけぶん》の怨霊《おんりょう》から生じた蟹の名であるが、島村《しまむら》蟹も

> 享禄四（一五三一）年に細川高国と三好海雲と摂津で戦った時に、細川家臣島村某が敵二人を両脇にかかえて尼が崎の海中に沈没した。その怨霊が島村蟹になったのである。

と記している。いずれにしてもこの蟹の背中は怒れる人間の顔に似ているので、さ

まざまの付会の説が出たのであろう。

大蚯蚓《おおみみず》

『和漢三才図会』巻第五十四湿性類の中の蚯蚓《みみず》の項に

人跡未踏の深い山には三メートル以上にも及ぶ大蚯蚓がいるものである。最近（『和漢三才図会』の出版された正徳二（一七一二）年からあまり過去でないころ）に丹波国（京都府の北西部）柏原遠坂村で大暴風雨があって山崩れしたときに、大蚯蚓が二匹出た。一つは約五メートル、一つは約三メートル以上であったのでこれを見た人々は奇異に驚いた。

こうした大蚯蚓の話は外国にもある。

朝鮮高麗国の太祖八（九二五）年に宮城の東方から大蚯蚓が出たが、その長さは二十三メートル以上もあった。これは隣の渤海国が来貢する前兆であったという。

と記されているが、大胐東華の『斎諧俗談』巻之五にも同様の記事が載っている。外国には三十センチ以上の大蚯蚓はあるが『三才図会』に記されている程のものは本当であろうか。蚯蚓は環形動物の貧毛綱に属する生物で目、耳、鼻、手足がなく口と肛門《こうもん》だけがあって爬虫類《はちゅうるい》のように這うばかりか土中に潜ったり、二分するとそれぞれが二匹となって生きることから、昔は不思議な生物と思われていた。従って年劫《ねんごう》経た蚯蚓もいると考えられたのである。

五、六月頃になると、夜に土中近くでジーッと虫の鳴き声がすると蚯蚓が鳴くと思われていたから「歌女《うため》」と異名されたが、蚯蚓には鳴く器官は無い。

小児などがよく陰茎が腫《は》れると、蚯蚓に小便をひっかけたので蚯蚓が気を吐いたのに当たって腫れたのである、ということは最近まで信じられていた。

そればかりか蚯蚓には歯が無いのに

人を咬ば形大風の如くにして眉髪皆落つ。ただ石灰水を以て之を浸せば良し。

とされたり、小児の陰茎が腫れた時は蚯蚓を捕らえて洗ってやれば治るといわれ『鎮江府志《ちんこうふし》』にも

今小児陰腫、多以為此物所吹以塩湯浸洗則愈。

とあり、『嬉遊笑覧』巻之十二禽虫の項にも

ここにて小児の陰はるるの時みみづを取て洗てはなつ呪《まじなひ》あり（中略）ここの呪は何のみみづにても取て洗ふに功験あるも奇ならずや。

と信じられている。また女性に火吹竹で陰茎を吹いてもらうと治る、または蟬の抜殻を煎《せん》じた液で洗うか、五苓散《ごれいさん》を服用すればよいとしている。

このほかに蚯蚓の性が寒であるのは黄泉《あのよ》の水を飲んでいるからであり、故に蚯蚓を煎じて飲めば下熱の薬となり、蚯蚓を水でよく洗って酒と共に飲むと美声になるなどの俗信がある。『本草綱目』には蚯蚓は下熱には効くが特殊の小毒があるから濫《みだり》に用いてはならないと記してある。

人畜に害を与えるどころか、土中の微生物を食って排泄《はいせつ》する故、農業などには有益であり、時には魚釣りの餌になる存在であるが、往昔の人の観察からは何とも得体の知れぬ存在であり、土中に生活するから年劫経て大蚯蚓となり風雨を呼んで山を崩したりすると考えられていたのである。

故に別名を土龍《どりよう》ともいい龍族に入れる者もある。

蛤《はまぐり》

蛤《はまぐり》は東洋では馴染《なじ》みの深い食用の貝であるから怪異は無いと思われ勝ちであるが、江戸時代までは特異の能力あるものと思われていた。これは中国からの影響のようである。『彙苑《いえん》』に

蛤は蜃《しん》ともいい、気を吐いて空中に楼閣を映し出す。春秋の頃海中から此気を出すのである。

として蛤が気を吐くとそこに楼閣が浮かび上がってくると思われていたから、海上や砂漠などで水蒸気が遠方の風物を反射して空中にそれが映るのを蜃気楼《しんきろう》と名付け、現在でもその用語が用いられているが、この蜃は蛤であるとしていたのである。

しかし『大和本草』では蛤は蜃気楼を作らず蜃という龍族のものが気を吐いて作る

とし、また別説では蛤も気を吐いて楼台を現出せしめるが、龍族の蜃が吐くのとは異なるともしている。

故に『月令《げつれい》』に

雉入ニ大水一為レ蜃蓋海蛤亦有名蜃者而同名異物也。

とあるごとく、蜃と蛤が同名であるために蜃が気を吐いて蜃気楼を作るという説に混同されたのである。

蛤は二枚貝であるが一つとして他の蛤と一片が合わぬところから貞節の意に用いられ、結婚式の祝いに用いられたり、遊戯道具「貝合せ」や薫香《くんこう》入れ、紅入れに用いられ、女性に縁があるために女陰の陰名にも用いられ、日本では食用として馴染み深い。蛤には瓜子姫の如く女性が宿るという観念から、室町時代には『蛤の草紙』という御伽草紙が作られている。天竺《てんじく》（インド）のマガダ国に母親を非常に大切にするシジロという息子がおり、ある日海に出て大蛤を釣り上げたが、その中から美女が現れ、これと夫婦になった。この美女こそ観世音菩薩《かんぜおんぼさつ》に仕える童女で、シジロの孝行に感じて現れたものであるが、この美女は美しい織物を織って昇天していった。悲しんだ母子はその織物を売ったところ高価で売れたので裕福になったという物語である。

観世音菩薩には三十三体観音があり、これは三十三種に変化するとされるところから作られたものであるが、この中に蛤蜊《こうり》観音というのがあり、蛤蜊を前にして座す観世音菩薩として表現されるが、童女身を示したものであろうから、蛤に霊性を認めていたのである。

車螯　わたりがい

蛤の特に大型のものを車螯《わたりがい》といい、これが蜃であるとしている一方で、『和漢三才図会』などでは蛤と車螯を区別して別項目を立てて説明している。車螯が蜃であって、文蛤《はまぐり》は蜃とはいっていない。

車螯は『本草綱目』では

車螯は大蛤のことである。その殻は紫色を帯びて輝いて玉のようであり花紋の斑点がある。漁夫は海に入ってこれをとり、火に炙って肉をとって食うが蛤蜊《しおふき》に似た味である。この車螯が春から夏にかけて海中から気を吐いて楼閣や風景を作り出すの

である。数種あって移角・姑労、羊蹄など名付けられたものがあるとし、寺島良安は結論として、

よくよく考えるには車鳌は気を吐くのである。からりと晴れず、そうかといって全く曇らぬ日の夜に時々この気が現れ、楼台風景を現出して、船人をまよわす。この天候は遅く晴れると晴天となり速く晴れると風雨となる。西の方の船人や漁夫はこれを渡貝《わたりがい》のせいであるといい、北の方の漁夫はこれを狐のもりたつるといい、妖しい現象であると見るのは間違っている。これは車鳌が気を吐いて為すわざである。

と蜃気楼は夜に現出し、車鳌《わたりがい》の仕業としている。

引用文出典一覧（掲載順）

＊複数引用されているものは初出の出典名のみ示した。
＊近代以降の研究書・小説に限って、著者名を示した。

『日本書紀』
『漢書音義』
『符瑞円』
『史記』
『五雑俎』
『漢書』
『今昔物語』
『平家物語』
『源平盛衰記』
『甲子夜話』
『壷芦圃雑記』
『仙境異聞』
『秉穂録』
『寂照堂谷響集』
『大聖歓喜双身毘那夜迦天形像品儀軌』
『池北偶談』
『洞房語園』
『嬉遊笑覧』
『一宵話』
『疏』
『論衡』
『箋注倭名類聚抄』
『古今著聞集』
『宇治拾遺物語』
『大言海』
『拾玉集』
『茅窓漫録』
『霖宵茗談』
『万葉集』
『倭訓栞』
『吾妻鏡』
『新編武蔵風土記稿』
『煙霞綺談』
『浅草船遊の記』
『和漢三才図会』
『怪物輿論』
『甲子夜話続編』
藤沢衛彦著『妖怪画談全集』
『閑田耕筆』
『前太平記』
御伽草子『花世の姫』
『臥雲日件録』
『中楽談義』
『当代記』
『尾張名所図会』
『西遊記』
『南路志』
『扶桑怪談実記』
『越後野志』
『粟の落穂』
『黒甜鎖語』
『譚海』
『三才図会』
『常陸風土記』
『松屋筆記』
『遊歴雑記』
『塩尻』
謡曲「雪鬼」
『続五元集』
『天地或問珍』
『宗祇諸国物語』
『北越雪譜』
小泉八雲著『怪談』
『怪物絵本』
『四方のあか』
『利根川図志』
『今昔画図続百鬼』
『善庵随筆』
柳田国男著『妖怪談義』
『左伝』
『玉篇』
『荘子』
『倭名抄』

『山海経』
『陶弘景別録』
『夷堅志』
『洽聞記』
『徂異記』
『廣東新語』
『大和本草』
『長崎見聞録』
『太平廣記』
『本町語園』
『万物夜話』
『雨窓閑話』
『海島逸志』
『世事百談』
謡曲「船弁慶」
『諸方見聞図会』
『浦島子伝』
『扶桑略記』
『礼記』
「西征賦」
『説苑』

『日本紀略』
『倶利迦羅大龍勝外道伏陀羅尼経』
『閑田次筆』
『諸社一覧』
『本草綱目』
『漫遊記』
『伽婢子』
『諸国周遊奇談』
『義残後覚』
『日本霊異記』
『信濃綺談』
『江源武鑑』
『兎園小説』
『想山著聞集』
『捜神記』
『松亭反古嚢』
『曽呂利話』
『越後名寄』
『倭訓栞』
『塵添壒嚢鈔』

謡曲「殺生石」
『白虎通』
『延喜式』
『結毦録』
『橘窓自語』
『霊獣雑記』
『新猿楽記』
『山槐記』
『百練抄』
『物類称乎』
『播磨名所巡覧図会』
『詩経大全』
『字彙』
『祖庭事苑』
『千匹狼』
『名言通』
昭和七年刊平凡社『大百科事典』
『曲亭雑記』
『筠亭雑録』
『頃痢流行記』

『本朝俗諺志』
『新著聞集』
『百物語』
『燕石襍志』
『耳袋』
『本草啓蒙』
『東遊記』
『明月記』
『徒然草』
『安斎随筆』
『本間見聞録』
『遠碧軒記』
『節序紀原』
『不忍文庫画譜』
『好色一代男』
『黄帝内伝』
『安政午秋頃痢病流行記』
『雲錦随筆』
『斎諧俗談』
『類聚雑要必』

『書譚雞肋』
『玄同放言』
『屠龍工随筆』
『類聚名物考』
『駿国雑志』
『事杖広記』
『太平記』
『聖徳太子伝暦』
『宋書符瑞志』
『説文』
『陸機疏』
『公羊伝』
『襲格』
『宋書』
『理斎随筆』
『鎌倉実記』
『日本紀略』
『殿暦』
『台記』
『玉葉』
『看聞日記』
『閑窓自語』
『類聚名義抄』
『陸佃』
『小学紺呪』
『枹朴子』
『嘉永元年発行瓦版』
『土蜘蛛隻双紙絵巻』
『狗張子』
『鎮江府志』
『彙苑』
『月令』

解説

一九九四年に刊行された『図説 日本未確認生物事典』はその書名にあるとおり「図説」をコンセプトとしており、視覚に訴えることを重視した編集がなされている。著者の笹間良彦氏は甲冑《かっちゅう》や武具などの著書を多数出しているが、『図説 日本武道辞典』『図録 日本の甲冑武具事典』など、図に重点をおいて解説するというスタイルを多用している。『図説 日本未確認生物事典』もこうした流れを汲《く》むもので、江戸時代を中心として和本、錦絵、肉筆画などからピックアップした図版を数多く紹介している。一部、錯誤や出典不明のものもみられ、どのような基準で当該図版を掲載したのか分かりにくいケースもあるが、できるだけビジュアル資料をみせるといった意義は大きく、高く評価されるべき書籍といえよう。

いっぽう、「未確認生物」については「はじめに」のなかで、「(前略) 過去の伝承された、奇現象を見せた生物達を一概に一笑に付して抹殺してしまってよいものであろうか。科学万能の現代という時代においてこそ、もう一度実在しないのに実在する? 不可思議な奇現象生物の歴史を見直す必要があるのではないだろうか。ゆえに本書は過去における奇現象・超常現象を示し、また想像の分野において発生したさまざまな生物例を収録したのである（後略）」と記しているので、これが著者のいう「未確認生物」なのだろう。UMAや幻獣といった考えとは基準が少し異なると思われるが、いずれにしてもこうした著者独自の切り口で収録されている。目次をみると「擬人的妖怪編」「魚と亀の変化《へんげ》」「龍蛇類の変化」「獣類の変化」「鳥類の変化」「湿性類の変化」に分類している。「変化」という言葉を多用し、「妖怪」という言葉を使って立項した中に「轆轤《ろくろ》首《くび》」を収録させていることなどからも著者の考え方を垣間《かいま》見ることができよう。

ここで、著者も言及した「実在しないのに実在する？　不可思議な奇現象生物」を父祖たちはどのように記録していったかを見てみたい。江戸時代にはそれらの奇現象生物（以下、著者の記述を尊重し「奇現象生物」という表現を用いる）に関する幾多の記録が残されていったが、そのなかには実際に目撃した事例もあれば言い伝えや伝説を記したケースもあり、多種多様な様相を呈している。なかでも描かれることによって見る者にインパクトを与えた奇現象生物たちは人々の脳裏にその姿を刻みつけ、広く世の中に浸透していくのに充分な可能性を有していたといえる。

いっぽうで海外からもたらされた事例も少なからず確認できる。幕末になると西洋の奇現象生物情報も多々紹介されていったが、古くから知られていた中国の『山海《せんがい》経《きょう》』は我が国における奇現象生物情報にとりわけ大きな影響を及ぼしている。『山海経』は中国最古の地理書で、その起源は戦国時代（紀元前五世紀頃）にまで遡《さかのぼ》るといわれる。内容は多岐にわたるが、中国内外のさまざまな奇現象生物をも収録している。江戸時代には中国から伝えられた『山海経』をもとに版を制作した和刻本『山海経』も刊行されているが、そこから奇現象生物の図版だけを収録した版本も出されているくらいに関心がもたれていた。こうした背景もあり、『山海経』の奇現象生物たちを描いた怪奇鳥獣図巻（成城大学図書館蔵）や山海経絵巻（湯本豪一記念日本妖怪博物館〈三次《みよし》もののけミュージアム〉蔵）といった絵巻も制作されている。絵巻は版本と違って彩色された奇現象生物たちが収録されていることから、見る人にその存在感を強くアピールしていったに違いない。

このような『山海経』を巡る展開の影響下に日本版『山海経』とでも言うべきものが作られていったが、その象徴的書籍が『姫国山海録』（東北大学図書館〈狩野文庫〉蔵）だ。「姫国」とは「日本」の意で、書名からも「日本の山海経」を意図していることは明白で、日本各地で目撃、記録された数々の奇現象生物を彩色画として描き、いつどこで発見され、大きさなどの特徴も記すというスタイルで編纂《へんさん》している。極めて具体的な情報が記載され、リアリティーのある奇現象生物録となっているが、こうした記録は肉筆だけではなく、瓦版のような木版印刷としても出されている。それらの多くは市井の人たちの目撃談や捕獲談などで、奇現象生物に遭遇した驚きや恐れ、時には信仰心なども垣間見られ、そこから奇現象生物が生まれた社会的背景なども浮き彫りとなることも少なくない。

こうした一つ一つの記録された情報が堆積《たいせき》し、版本や錦絵といったツールでも取り上げられることによって多くの人たちの共通認識として定着していった。いっぽうで、記録されたものの時間の流れのなかで忘れ去られていった奇現象生物も数多くあったばかりか、記録さえされず消え去ってしまった奇現象生物群の存在も認識しておく必要があろう。しかし、多様な奇現象生物が伝えられていったことも厳然とした事実で、そこには人々が奇現象生物を信じるだけの理由が横たわっていたのだ。その一端を見てみたい。

本書にも収録されている雷獣はその名のとおり雷のときに天からやって来る（あるいは落ちて来る）見たこともない奇現象生物の総称だ。今でこそ一般には知名度が低くなっているが、江戸時代には河童《かっぱ》や人魚と同様に誰もが知っている奇現象生物で、今日まで伝わる記録をみると、雷獣と言われるものは各地で目撃されているが、その姿は必ずしも一様でないのが特徴として挙げられる。それだけ広がりを持ち、あちこちで無数の目撃事例があったということだろう。

なぜこうも雷獣は大きな広がりを有していたのだろうか。その答えは空からやって来るということにあるだろう。現代人にとっては飛行機に乗れば容易に雲の上にも行けるし、科学的知識で空や雲がどのようなものかを理解している。しかし、江戸時代の人にとって空はまったくの未知の世界だったのだ。海中や海底も未知の世界には違いないが、少なくとも多少なりとも海とはコンタクトすることが可能だ。いっぽうで、空はどうしてもコンタクトできない永遠に未知の世界なのだ。こうした環境は想像を逞《たくま》しくして雲の上の世界を思い描かせるには充分であり、雲の上の世界の異変である雷によって、そこの住人である雷獣が地に下りて来たという話は誰にも強い説得力を持っていたといえよう。こうしたなかで雷獣なる奇現象生物は跋扈《ばっこ》することができたのである。

もう一例を挙げると、本書には収録されていないが未来を予言する奇現象生物群（私は予言獣と名付けている）が存在する。もっとも有名なのが人面牛体の件《くだん》で、一般的に彼らは豊凶と悪病の流行を予言するケースがほとんどだ。豊凶や悪病の流行は江戸時代の人にとってはいくら努力しても最後は運を天に任すしかない人智を超えた現象なのである。そんななかで、予言する奇現象生物たちはただ予言を伝えるだけでなく、悪病から逃れる妙法をも教示してくれるのだ。何の手立ても持たない庶民は藁《わら》にもすがる思いで彼らの伝える妙法に頼ることとなる。それもそのはずで、決して難しい方法ではなく、予言をした彼らの姿を描いて門口に貼ったり、朝夕拝めばよいのだ。こうした行為は素朴な信仰に他ならない。こんな奇現象生物が出現するのも当時の社会的環境を抜きには考えられない。

数々の時代のなかで生まれた幾多の奇現象生物はやがて記録され、伝えられて現代に引き継がれている。本書はそうした資料群を渉猟して纏《まと》められたもので、奇現象生物という視点から父祖たちの豊かな想像力と、その想像力を生み出した時代相にも迫ることのできるツールと成り得るものだ。

湯本豪一（妖怪研究・蒐集家）

本書は、一九九四年に柏書房より刊行された『図説　日本未確認生物事典』を文庫化したものです。

本書に引用されている古典籍の文中には、しろ子、せむし、支那等、今日の人権意識や歴史認識に照らして不当・不適切な表現がありますが、題材の歴史的状況を正しく理解するため、原文のままとしました。（編集部）

図説《ずせつ》 日本未確認生物事典《にほんみかくにんせいぶつじてん》

笹間良彦《ささまよしひこ》

平成30年 11月25日　初版発行
令和6年 12月15日　10版発行

発行者●山下直久

発行●株式会社KADOKAWA
〒102-8177　東京都千代田区富士見2-13-3
電話　0570-002-301（ナビダイヤル）

角川文庫 21313

印刷所●株式会社KADOKAWA
製本所●株式会社KADOKAWA

表紙画●和田三造

●お問い合わせ
https://www.kadokawa.co.jp/（「お問い合わせ」へお進みください）
※内容によっては、お答えできない場合があります。
※サポートは日本国内のみとさせていただきます。
※Japanese text only

ISBN 978-4-04-400443-9　C0139

角川文庫発刊に際して

角川源義

第二次世界大戦の敗北は、軍事力の敗北であった以上に、私たちの若い文化力の敗退であった。私たちの文化が戦争に対して如何に無力であり、単なるあだ花に過ぎなかったかを、私たちは身を以て体験し痛感した。西洋近代文化の摂取にとって、明治以後八十年の歳月は決して短かすぎたとは言えない。にもかかわらず、近代文化の伝統を確立し、自由な批判と柔軟な良識に富む文化層として自らを形成することに私たちは失敗して来た。そしてこれは、各層への文化の普及滲透を任務とする出版人の責任でもあった。

一九四五年以来、私たちは再び振出しに戻り、第一歩から踏み出すことを余儀なくされた。これは大きな不幸ではあるが、反面、これまでの混沌・未熟・歪曲の中にあった我が国の文化に秩序と確たる基礎を齎らすためには絶好の機会でもある。角川書店は、このような祖国の文化的危機にあたり、微力をも顧みず再建の礎石たるべき抱負と決意とをもって出発したが、ここに創立以来の念願を果すべく角川文庫を発刊する。これまで刊行されたあらゆる全集叢書文庫類の長所と短所とを検討し、古今東西の不朽の典籍を、良心的編集のもとに、廉価に、そして書架にふさわしい美本として、多くのひとびとに提供しようとする。しかし私たちは徒らに百科全書的な知識のジレッタントを作ることを目的とせず、あくまで祖国の文化に秩序と再建への道を示し、この文庫を角川書店の栄ある事業として、今後永久に継続発展せしめ、学芸と教養との殿堂として大成せんことを期したい。多くの読書子の愛情ある忠言と支持とによって、この希望と抱負とを完遂せしめられんことを願う。

一九四九年五月三日

角川ソフィア文庫ベストセラー

神隠しと日本人
小松和彦

「神隠し」とは人を隠し、神を現し、人間世界の現実を隠し、異界を顕すヴェールである。異界研究の第一人者が「神隠し」をめぐる民話や伝承を探訪。迷信でも事実でもない、日本特有の死の文化を解き明かす。

妖怪文化入門
小松和彦

河童・鬼・天狗・山姥——。妖怪はなぜ絵巻や物語に描かれ、どのように再生産され続けたのか。豊かな妖怪文化を築いてきた日本人の想像力と精神性を明らかにする、妖怪・怪異研究の第一人者初めての入門書。

呪いと日本人
小松和彦

日本人にとって「呪い」とは何だったのか。それは現代に生きる私たちの心性にいかに継承され、どのように投影されているのか——。呪いを生み出す人間の「心性」に迫る、もう一つの日本精神史。

異界と日本人
小松和彦

古来、日本人は未知のものに対する恐れを異界の物語に託してきた。酒呑童子伝説、浦嶋伝説、七夕伝説、義経の「虎の巻」など、さまざまな異界の物語を絵巻から読み解き、日本人の隠された精神生活に迫る。

新訂 妖怪談義
柳田国男
校注／小松和彦

柳田国男が、日本の各地を渡り歩き見聞した怪異伝承を集め、編纂した妖怪入門書。現代の妖怪研究の第一人者が最新の研究成果を活かし、引用文の原典に当たり、詳細な注と解説を入れた決定版。

角川ソフィア文庫ベストセラー

ジャパノロジー・コレクション
妖怪 YOKAI
監修／小松和彦

北斎・国芳・芳年をはじめ、有名妖怪絵師たちが描いた妖怪画100点をオールカラーで大公開！　古くから描かれてきた妖怪画の歴史は日本人の心性の歴史でもある。魑魅魍魎の世界へと誘う、全く新しい入門書。

大津絵
民衆的諷刺の世界
クリストフ・マルケ
絵／楠瀬日年

江戸時代、東海道の土産物として流行した庶民の絵画、大津絵。鬼が念仏を唱え、神々が相撲をとり、天狗と象が鼻を競う――。かわいくて奇想天外、愛すべきヘタウマの全貌！　オールカラー、文庫オリジナル。

江戸化物草紙
編／アダム・カバット

江戸時代に人気を博した妖怪漫画「草双紙」。豆腐小僧に見越し入道、ろくろ首にももんじい――今やお馴染みの化物たちが大暴れ！　歌川国芳ら人気絵師たちによる代表的な五作と、豪華執筆陣による解説を収録。

江戸の妖怪革命
香川雅信

江戸時代、妖怪はキャラクター化された！　恐怖の対象だった妖怪が、カルタ、図鑑、人形などの玩具、手品のマニュアル本に姿を変え、庶民の娯楽となった。日本人の世界観の転換を考察した、画期的妖怪論。

一目小僧その他
柳田国男

日本全国に広く伝承されている「一目小僧」「橋姫」「物言う魚」「ダイダラ坊」などの伝説を蒐集・整理し、丹念に分析。それぞれの由来と歴史、人々の信仰を辿り、日本人の精神構造を読み解く論考集。

角川ソフィア文庫ベストセラー

浮世絵鑑賞事典

高橋克彦

歌麿、北斎、広重をはじめ、代表的な浮世絵師五九人を名品とともにオールカラーで一挙紹介！　生い立ちや特徴、絵の見所はもちろん技法や判型、印の変遷など豆知識が満載。直木賞作家によるユニークな入門書。

忍者の兵法
三大秘伝書を読む

中島篤巳

いまだ多くの謎を残す忍者。真の姿を伝える『万川集海』『正忍記』『忍秘伝』という三冊の秘伝書を読み解きながら、歴史や概念、術や武具、禅との関わりまで、忍者のすべてを明らかにする。新史料も紹介！

中国故事

飯塚朗

「流石」「杜撰」「五十歩百歩」などの日常語から、「帰りなん、いざ」「燕雀いずくんぞ鴻鵠の志を知らんや」などの名言・格言まで、113語を解説。味わい深い名文で最高の人生訓を学ぶ、故事成語入門。

雨月物語
ビギナーズ・クラシックス　日本の古典

上田秋成
編／佐藤至子

幽霊、人外の者、そして別の者になってしまった人間が織りなす、身の毛もよだつ怪異小説。現代の文章にはない独特の流麗さをもつ筆致で描かれた珠玉の9篇を、易しい訳と丁寧な解説とともに抜粋して読む。

今昔物語集
ビギナーズ・クラシックス　日本の古典

編／角川書店

インド・中国から日本各地に至る、広大な世界のあらゆる階層の人々のバラエティーに富んだ日本最大の説話集。特に著名な話を選りすぐり、現実的で躍動感あふれる古文が現代語訳とともに楽しめる！